數位資產投資聖經

比特幣、區塊鏈、NFT及其他數位資產的實用易懂指南

瑞克・艾德曼——著
RIC EDELMAN

謹以此書
紀念安瑪莉・波塔奇
（Anne-Marie Bottazzi）

「友情是兩個人之間的彩虹。」

內文的實用清單
區塊鏈及數位資產世界的投資、產品、服務及公司

項目	頁碼
冷錢包硬體裝置	052
數位資產銀行	067
主要基礎層協議	074
主要第二層協議	080
金融產品及服務的主要區塊鏈應用	083
金融業之外的主要區塊鏈應用及服務	086
公開交易比特幣採礦公司	166
數位資產交易所	171
數位資產託管人	176
保管數位資產的合格個人退休帳戶託管人	179
數位資產借貸平台	182
擁有數位資產的公開交易公司	184
公開交易數位資產交易所	184
美國比特幣期貨 ETF	188
專門投資區塊鏈及數位資產公司的 ETF	190
專門投資區塊鏈及數位資產公司的交易所買賣產品	193
投資區塊鏈及數位資產的公開交易 OTC 信託基金	198
適合合格投資人的區塊鏈及數位資產基金	199
數位資產個別管理帳戶供應商	203
數位資產全託式資產管理平台供應商	206
投資區塊鏈及數位資產的創投基金	211

投資區塊鏈及數位資產的避險基金	218
投資區塊鏈及數位資產的組合型基金	219
投資區塊鏈及數位資產的加拿大 ETF	236
數位資產產業律師	254
接受數位貨幣的捐贈者建議基金	262
數位資產鑑價者	263
數位資產投資組合追蹤服務	265
數位資產的稅務規劃及稅務諮詢／顧問服務	267
數位資產的稅務紀錄保存及申報服務	268
區塊鏈及數位資產的新聞服務	275
數位資產保險供應商	292
區塊鏈研究及分析公司	296

目次

內文的實用清單：區塊鏈及數位資產世界的投資、產品、
服務及公司 ………………………………………… 004

推薦序 / 傑克・奧圖 ………………………………… 009

序 ……………………………………………………… 012

第一部　了解這項技術

第 1 章　商業史上四項最具改革性的創新 …………… 019

第 2 章　區塊鏈為何能帶來重大變革？ ……………… 022

第 3 章　區塊鏈及比特幣如何成形？ ………………… 032

第 4 章　區塊鏈如何運作？ …………………………… 036

第二部　了解比特幣及其他數位資產

第 5 章　比特幣如何運作？ …………………………… 042

第 6 章　誰使用比特幣？ ……………………………… 063

第 7 章　為何有這麼多貨幣？ ………………………… 070

第 8 章　數位資產是錢嗎？ …………………………… 087

第 9 章　代幣 …………………………………………… 108

第 10 章　去中心化金融，又名 DeFi ………………… 122

第 11 章　比特幣和其他數位資產的估值及定價 ……… 125

第三部　投資數位資產

第 12 章　現在買比特幣太遲了嗎？ ………………136

第 13 章　投資數位資產的風險 ……………………141

第 14 章　風險是投資數位資產的理由 ……………152

第 15 章　你的投資組合應放入多少數位資產呢？ ……156

第 16 章　選擇適合你的數位資產投資組合 …………164

第 17 章　如何管理你的投資組合裡的數位資產？ ……220

第四部　法規、稅務及法令遵循

第 18 章　數位資產如何受到規範？ ………………228

第 19 章　數位資產是證券嗎？ ……………………237

第 20 章　數位資產如何課稅？ ……………………240

第 21 章　營運及法令遵循 …………………………273

第五部　開始著手

第 22 章　十個常見問題的答案 ……………………304

感謝詞 …………………………………………………312
詞彙表 …………………………………………………314

推薦序

傑克・奧圖（Jack Otter）
《霸榮周刊》財富及資產管理全球主管
暨霸榮圓桌會議主持人

　　我對數位資產的頓悟是來自某次和瑞克・艾德曼的討論，但是啟示並非來自瑞克。

　　我在為《霸榮周刊》（Barron's）「名人堂」金融顧問主持的一場會議上訪問他。他們為有機會出席的人士訂定一道極高的標準，必須是十年或以上位居霸榮頂尖排名的顧問，這不僅是一個菁英團體，而是菁英中的菁英（而且瑞克三度榮獲排名第一）。

　　我想了解這群人，我們要談得多粗淺，以便提供他們對於比特幣及其他數位資產投資機會的所需資訊？畢竟這不是一場矽谷人的會談。在棕櫚海灘上一家擁有125年歷史的飯店裡，瑞克和我站在一間優雅的宴會廳舞臺上。來聽演講的顧問大部分都年過半百，而且花了數十年打造聰明又富彈性的投資組合，內容包含股票、債券及另類資產。他們告誡他們的客戶不要追逐流行熱潮；他們會謹慎地承擔風險，替那些已經很富有而且不追求資產暴增的人們管理資金。

　　我以我在《霸榮周刊》的職務，持續和金融顧問交流。他們大多數人都對加密貨幣抱持懷疑，習慣依據現金流及其他指標來測量內在價值；所有的數位資產，甚至是比特幣及以太坊都沒通過這些測試。許多顧問服務的公司不會讓他們為客戶帳戶買入數位資產，即便他們本人想這麼做。這些人大約有半數是「受託人」，意思是他們依法要把客戶的利益置於本身利益之前。

　　所以瑞克和我出場了，對他將近百位的同儕談話，而這些人都是美國國內最成功的金融顧問。我問他們：「你們有多少人在個人帳戶持有數位資產？」有超過半數的人舉手。我很震驚地問：「有多少人把數位資產包含在客戶的投資組合裡？」這次又有超過大半的人舉手。為了規避公司的限制，有些顧問悄悄地為客戶指出正確的方向，這不僅會讓他們的法令遵循主管盯上他

們，也會讓顧問付出代價。因為，假如客戶把基金從他們的帳戶挪去別的地方買入加密資產，他們收取費用的資產基礎就變小了。不過出乎我的意料，這些顧問已經確定擁有數位資產對客戶最有利。因此他們協助客戶這麼做，完成他們的信託責任。

從2018年約翰・奧利佛（John Oliver）把加密貨幣形容為「你對錢不了解的一切結合你對電腦不懂的一切」之後，我們走了好長的一段路。現在有一群相當保守又極富經驗的資金經理人及國內最富有的一些人，已經改變他們的觀點了。這些人不追逐dot.com泡沫，不加入特殊目的收購公司（SPAC）的熱潮，也不把錢投入伯納德・馬多夫（Bernard Madoff）的騙局。但是他們認定數位資產屬於平衡的投資組合。他們加入一長串的投資類型，包括退休基金、捐款，甚至是小型401(k)供應商，他們也樂意採納數位資產。

瑞克當然已經有好一段時間都在力勸他們所有人這麼做，他們可能很氣自己沒有早一點聽他的話。我過去也抱持懷疑的態度。身為《霸榮周刊》的編輯，我一開始注意到比特幣是在2013年，當時它的價格是31美元。我看著它一路攀升，心裡把它當成是比傻理論在運作。你買入比特幣，單純是希望某人會付更高的價格，而且他們真的這麼做了，截至2021年11月漲了2210倍。要是我在2013年投資200美元，然後在最近一次高點兌現，我就能用一臺高檔烤麵包機的價錢去支付我家一個小孩的大學學費了。

我並沒有排除我們可能見證比傻理論大肆展現的可能性，現在我把數位資產想成是類似90年代的網際網路。當然，這有點太過，可是就像網際網路，我把這種新科技視為一股轉型的力量，改變未來的能力超乎我們大部分人的想像。沒錯，現在有些高價股票會成為我們這個年代的Pets.com（有人想到狗狗幣嗎？），不過正如瑞克在接下來的內容所說明，區塊鏈技術的實用性是無可否認的。

代幣化非流動性資產的能力，能讓投資人持有幾乎是任何事物的一部分，或者是讓一對年老夫婦不必動用昂貴的以房養老貸款，就能取得他們的房屋淨值。攝影師及歌曲作者，甚至是化妝師都能以他們不曾想過的方式，從

他們的智慧財產獲利。瑞克預測到了這十年的尾聲，美國政府會創建穩定幣（Stablecoin，編按：虛擬貨幣的一種，與法幣或貴金屬等資產掛鉤，旨在維持相對穩定的價格）。政府為何要這麼做？原因之一是數位資金讓政府能追蹤交易，意思是它們得以課稅。

所以我在盡我的職責來教育人們，尤其是金融顧問。正如我對懷疑論者所說，我沒資格告訴顧問如何建構投資組合，但是我向他們保證，數位資產的基本知識會是興盛業務的先決條件。你的客戶可能沒期望投資組合裡有比特幣，但是他們的下一代會如此希望。

時光機是有幫助的決策工具。想像你在十年後說出這句話：「該死，真希望我當初不知道那種打造億萬富翁及改變金融世界的新興技術！」

享受這段旅程吧！

序

我真高興你在這裡！你即將踏上一段精采的旅程，一段我在 2012 年便開始的旅程。我為了我的 PBS 電視節目，在知名的未來主義學者——雷・柯茲維爾（Ray Kurzweil）——的哈佛研究室訪問他，訪問結束後，我們在閒聊時，雷鼓勵我參加奇點大學（Singularity University）的高階主管計畫。他和彼得・戴蒙迪斯（Peter Diamandis）共同創辦這個機構，協助世界領導人學習如何運用科技去解決全球問題，並且為地球打造更好的未來。在雷的協助下，我得以加入為期九天的指數技術進階計畫。這項課程涵蓋人工智慧、機器人學、機器學習、3D 列印、大數據、奈米科技、生物科技、金融科技、教育科技，以及農業科技等。[1]

我在那裡第一次聽到比特幣這個詞及「加密貨幣」的概念。它對我來說不合理（儘管，或者我該說是因為我所擁有的金融領域知識及經驗），不過卻讓我的好奇心大起。因此我在 2013 年研究比特幣，在 2014 年開始投資。當知道得愈多，而且得以認識許多參與的人士，我正確得知兩項事實：

首先，區塊鏈技術及它建構的數位資產可能具有革命性，這是自從網際網路的發明以來最奧妙的商業創新。

其次，沒有多少人明白這點，包括大部分的金融專業人士。

雖然加密社群打造了驚人的各式產品及服務，它還不知道要如何接觸像你這樣的投資人。而且大部分的金融服務業者（他們在美國管理投資人所有資產的三分之二）還不完全了解在這種新資產類別可獲得的絕佳投資良機。金融界也還不知道要如何給客戶管道去接觸這些機會。

我為此在 2018 年創立了金融專家數位資產委員會（Digital Assets Council of Financial Professionals，

奇點大學

---

[1]. 完成該計畫後，我被邀請成為客座講師並投資於該組織。

DACFP）。現在委員會被普遍視為華爾街及美國各大企業在這個主題方面的優質資訊來源，我們為加密社群及金融服務業搭起橋梁，我們的角色是為金融專業人士提供所需的教育，讓他們能把這些新技術解釋給客戶聽，幫助每個人都有管道接觸這些投資機會（有數千名金融專業人士已經參加 DACFP 的課程，並且取得區塊鏈及數位資產的證照）。

在過去十年來，我為數千名金融顧問和企業高層提供區塊鏈及數位資產的訓練。諷刺的是，這些人擁有的投資知識及經驗愈多，就愈難理解這個新資產類別。我確實發現擁有愈多大學學位、專業頭銜及多年投資與金融經驗的人，面對這個主題的困難就愈多，這只是因為區塊鏈及數位資產技術和金融專業人士在職涯中得知或體驗的一切，完全沒有任何共通點。

所以假如你對經濟、金融、資產管理或是投資組合分析一無所知，那麼⋯⋯恭喜你！比起那些華爾街的專業人士，你明顯占有優勢！

而且假如你是（抱歉囉）擁有多年投資及金融經驗的專業人士，那麼在你閱讀本書的同時，我力勸你要暫時拋開辛苦得來的知識及經驗，我知道是一項重大的請求。我本身在金融界待了 36 年，並且有六個專業頭銜，假如有人要我拋開我所知的一切，沒錯，我會把它稱為一大警訊。我要說的是，我了解你的感受，當我開始探索這個新資產類別時，也有相同的感覺。但是我很快便領悟到，與其說助益，我的知識及經驗其實是阻礙，我要克服很多假設、期待及判斷。現在我明白我最初的抗拒，干擾了我踏上了解這種新技術及它能提供什麼的旅程。所以你能汲取我的經驗，照我建議的去做，這會讓你省下很多時間及麻煩；或者你可以像我當初那樣一路辛苦跋涉。看你自己決定囉！

讓我們來使用正確的字詞

汽車曾經被稱為無馬馬車。想像一下,假如你現在告訴某人說你要買一輛無馬馬車,對方會有什麼表情。同樣地,比特幣一開始是稱為加密貨幣,假如你還是這樣稱呼它,你就跟那些在雨天穿鞋套的人一樣過時了。

所以讓我們來使用正確的詞彙吧,這是展現你博學多聞的最佳方式。[2] 這項技術很新,而許多詞彙也是,它們經常從類似或熟悉的單字和術語衍生而來,不過有些只是爛笑話而已。

我隨後會慢慢解釋,然而有幾個關鍵術語值得在此一提。

首先是比特幣(Bitcoin,字首大寫),然後是比特幣(bitcoin,字首小寫)。字首大寫的比特幣是指電腦網路,小寫的比特幣是指在那個網路上使用的資產。所以你在比特幣網路買賣比特幣。

沒錯,你可以使用比特幣的複數型態,不過只在某些特定狀況下。你會注意到我在本書中如何處理這個問題,你會掌握它的用法。不過假如你不確定,那就用單數型態吧,這比較像是 deer 這個字沒有單複數之分,而不是 cat 或 cats 的區別。例如「我持有大量比特幣(bitcoin)」,而不是「我持有大量的比特幣(bitcoins)」。

當你和同業談論工作時,你說**加密**(crypto)是可以的,正如我在前面十個段落的地方所提及。不過一般而言,最好還是使用數位(digital),這聽起來比可怕的加密貨幣更有親和力。此外,每個人都熟悉數位這個詞,因為我們現在生活在一個數位世界裡,例如:推特和其他社群媒體;PayPal、Venmo、Zelle[3] 及其他線上支付應用程式;亞馬遜及其他電商等。

Zelle

---
2. 你也可以藉此立刻分辨交談的對象是否真的了解這個主題。使用這個過時術語的人其實知道的不如自己以為的那麼多,而且你每次談到這個主題,幾乎都會碰到他們。
3. Zelle 為美國銀行之間的快速轉帳。

至於**加密貨幣**（cryptocurrency）的後半，現在我們需要把它一分為二：它是貨幣（currency），沒錯，不過也是資產（asset）。不要把這兩者搞混了，我們在第 8 章會有進一步的討論，現在你只要明白這其中是有差別的。

還有一項：**法定貨幣**（fiat currency），你會經常遇到這個名詞。法定貨幣是由政府發行，但是沒有任何支撐（例如黃金）；人民信任政府願意且有能力支持這種貨幣。比方說，當貨幣有黃金支撐（正如 1973 年之前的美元），可印製的貨幣數量會受限於政府持有的黃金數量。以法幣取代黃金支撐的貨幣，中央銀行可以更自由控制要印製多少錢。現在全世界幾乎每種貨幣，包括美元在內，都是法定貨幣。

> 假如我不喜歡加密這個詞，我為何要在把它放在書名裡呢？因為不幸的是，這個詞依然是通用的學術用語。我的出版商覺得這會是吸引讀者的最佳方式（呃，它奏效了），而我發現我很難不同意這種說法。不過希望你現在知道為何最好停止使用這個術語了。

揭露

本書提到許多數位貨幣及代幣的名稱，而我的妻子珍（Jean）和我擁有許多。書中也包含許多公司的名稱及描述，我和其中的許多家也有關係。在某些情況下，珍和我投資了那些公司的貨幣或代幣；在其他的情況下，我們投資了資助那些投資的公司。再者，某些公司是 DACFP 或我的媒體公司（The Truth About Your Future〔thetayf.com〕，致力於教育消費者及投資人關於區塊鏈及數位資產等相關主題）的贊助者或廣告商。最後，我是本書提及的某些產品或服務的消費者或使用者。

因此，在首次提到這些貨幣、代幣或公司的每一頁，你會看到圖示（假如需要額外揭露的話，還會附上註腳），這些圖示及它們的意義是：

在撰寫本書之際,珍和我共同持有書中討論的資產。我們在相關資產的增值上有所獲益。

在撰寫本書之際,珍和我持有股權、股票選擇權、權證、諮詢股份、可轉換公司債、債券,或是其他書中討論的發行人之債務(或是他們的產品、服務或投資受到討論)。因此我們在該發行人的成功上存在經濟利益。假如你買入、聘僱、訂閱或是以其他方式來使用這些產品、服務或投資,發行人會得到收益,結果可能讓珍和我獲益。

在撰寫本書之際,受討論的公司,或者是受到討論的產品或服務背後的公司,是 DACFP 及/或 TAYF 的贊助者或廣告商。我有經濟誘因要你去買入、聘僱、訂閱或以其他方式使用它的產品或服務(尤其是假如你告訴他們,是我叫你去的!),所以我能增加我說服他們維持下去的機會,或是增加他們對我的公司的贊助及廣告活動。

在撰寫本書之際,我是提及的產品或服務的顧客或用戶。

我只有兩種方式能避免這些利益衝突:珍和我售出我們持有的所有數位資產,或是取消我們的商業活動,不過呢,嘿!這些都不可能。或者我可以把書中的任何參考刪除任何這類的資產或公司,這會對你造成很大的損害,也會使得本書變得沒有意義,因為我甚至不能使用比特幣這個詞(它在本書中出現 718 次)。

所以,既然這些衝突無法避免,我們最多能做的就是揭露它們,這樣你能使用你的判斷力做出自己的結論。

在你評估本書呈現的績效數據時,要記住過去的表現不能保證未來的結

果。我也整理了幾十份清單，協助你找出投資公司，還有在你進入數位資產世界時，提供對你有助益的產品及服務供應商。雖然我努力整理正確又完整的清單，但我對任何錯誤或疏漏不負任何責任，這份清單應該是你自己進行研究的起始點，不要依賴它們去決定購買任何提及的產品或服務。

現在你準備好開始了！

在本書的第一部，我會介紹區塊鏈技術，包括它如何運作，以及它為何能徹底改造我們的全球經濟。在第二部，你會學到比特幣及其他數位資產。在第三部，你會發現投資機會：如何選擇適合你的投資，以及如何把它們加入你的整體投資組合。在第四部，我們會討論監管、稅務及法令遵循。在第五部，我會透過回答最常見的問題，幫助你起步。

第一部
了解這項技術

第 1 章
商業史上四項最具改革性的創新

人類的所有進步都來自於創新,包括新的思考方式及新工具的發明。在商業界,大家公認最具影響力的四項創新為:

火

車輪

網路

區塊鏈

大家應該都同意前三項改變了歷史。不過區塊鏈?

你不該要我展示它是怎麼運作的。

沒錯，區塊鏈，把它想成是第三代網際網路。第一代的網際網路大規模連結人群，例如臉書和社群媒體，你知道它具備了多大的影響力，而且迄今亦然。隨後出現了第二代網際網路（通常稱為 IoT，物聯網），這種網際網路連結物體，例如我的狗戴了項圈，要是牠離開院子，這個項圈便會通知我的手機；在雜貨店，行動條碼會告訴自助結帳機臺，說我購買的是香蕉。

第三代網際網路是貨幣聯網，也就是區塊鏈。這種透過網路連結貨幣的區塊鏈和先前的人聯網及物聯網一樣，都為商業及社會帶來變革。並且也因為「有錢能使鬼推磨」，第三代網際網路將會證明它比先前的兩代甚至更具影響力，這種全球性的財富創造機會前所未見。

沒錯，那斯達克表示區塊鏈技術「非常可能讓資本市場能以更透明及安全的方式，進行更有效的運作」。英格蘭銀行（Bank of England，英國的中央銀行，等同美國聯準會〔Federal Reserve〕）更進一步表示，區塊鏈技術能改革全世界的金融體系。全世界有超過百分之九十的銀行都在研發區塊鏈技術，2021 年，光是美國銀行（Bank of America）就提出了超過 160 項和數位支付技術相關的專利申請。摩根大通（JPMorgan Chase）表示，銀行每年能因此省下 1200 億美元。根據市場情報公司 IDC 表示，2021 年，銀行及其他公司在區塊鏈的研發耗資 66 億美元，而到了 2024 年，每年的花費將高達 190 億美元。目前在美國，幾乎所有的頂尖大專院校都提供區塊鏈及數位資產的課程，而區塊鏈工程師則成了國內最高薪的程式設計師，年收入 15 萬 5000 美元起跳。（根據領英〔LinkedIn〕表示，在 2021 年，美國的「加密貨幣」及「區塊鏈」徵才貼文激增到十倍。各大金融機構，包括摩根大通、紐約梅隆〔BNY Mellon〕、德意志銀行〔Deutsche Bank〕、富國銀行〔Wells Fargo〕、花旗集團〔Citigroup〕、高盛集團〔Goldman Sachs〕、摩根士丹利〔Morgan Stanley〕、第一資本〔Capital One〕、瑞銀〔UBS〕、美國銀行、瑞士信貸〔Credit Suisse〕，以及巴克萊〔Barclay〕，在 2021 年聘僱的加密貨幣員工，比起前一年多出了 40%。這些職務包括銷售專業人員、為消費者設計加密貨幣發行的雇員，以及替銀行打造區塊鏈平台的工程師。）

蓬勃發展的不限於金融界。根據 MarketsandMarkets 市場研究公司的調查報告，區塊鏈市場每年會成長 53%，到了 2026 年將高達 32 億美元。舉例來說，《告示牌》雜誌（*Billboard*）報導區塊鏈「為那些難以解決的問題，例如歌曲版權監管、版稅及活動票券的可靠配銷，提供了解決方案」。

這一切都有助於解釋普華永道（PricewaterhouseCoopers）何以表示到了 2030 年，區塊鏈技術會替全球的 80 兆美元經濟增加 2 兆的價值。這確實是改革無誤。

第 2 章
區塊鏈為何能帶來重大變革？

區塊鏈技術深具影響力，因為它徹底改革商業。而這一切就從再普通不過的帳本開始。

帳本是什麼？它是一個記錄存提款的地方。你的支票簿是帳本，Excel 試算表也是，這兩者都不公開，只有你能存取，也只有你能決定誰可以看到裡面的資料。假如你想騙人，可以用假資料做第二份帳本，而且你可以把假帳本拿出來給別人看，而不是拿出真的那一本（這就是所謂的「第二套帳本」，也就是艾爾‧卡彭〔Al Capone，編按：美國傳奇黑幫分子〕垮臺的原因）。

全世界的金融系統都會用到帳本。因為每份帳本都不公開，管理及維護的費用很高，而且有詐騙及濫用的空間。根據產業研究公司 IBISWorld 表示，全球會計產業的業務價值高達 1200 億美元。難怪銀行業的成本這麼高！

現在想像一份存在於區塊鏈的帳本，它廣泛分散出去給每個擁有網路連線的人，因此區塊鏈也被稱為是 DLT（distributed ledger technology）——分散式帳本技術。分散式帳本技術並不屬於私人，而是公諸於世。任何人隨時都能看到，而且不收費（只要造訪 https://www.blockchain.com/explorer 就可以了）。不過雖然人人都能看到資料，沒人能改動內容。沒錯，區塊鏈上的資料永遠無法被任何人清除、變動或複製。

我剛才說的是具有革命性的一番話。

比方說，當我看你的私人帳本資料時，你說這些資料是合法的，而我不得不信。因此我們的全球金融體系也稱為信任經濟，我們和彼此交易，因為我們信任彼此。

不過信任有限，所以我找了查核人員，要確認你跟我說的是實話。

信任（或是缺乏信任）是買房會那麼麻煩的原因。簽了買賣契約之後，你找來協商律師進行產權調查，確認賣方真的擁有契據，有合法權利把它賣給

你。接下來，你會購買產權保險，以防產權調查有缺失。這時，你還要申請貸款，貸款人確認你真的擁有你聲稱的收入及資產。這一切致使這場交易耗費幾個月的時間以及數萬美元的費用，房屋的價值卻不會因此有絲毫提升。你為了證實一切而花錢，因為我們從事的是信任經濟。

　　區塊鏈消除這一切，以驗證經濟取代信任經濟。由於區塊鏈的資料永久存在，我們不需要去信任它的合法性，因為它本來就是如此。理由在於這是分散式紀錄，多方（這個網路的每部電腦）均擁有相同的副本。所有的紀錄都以這種方式連結，沒有哪個人會是紀錄的唯一擁有者，因此沒人能竄改紀錄，因為他們必須在同一個時間改動存在各處的每一份紀錄。

　　我們回頭來看 Excel 試算表，想像你在 A1 儲存格輸入你自己的資料；在 B1 儲存格，你會看到你的房屋契據；而 C1 儲存格是關於買家的資料。每個儲存格是一個區塊，而區塊裡記錄了資料，這三個區塊連成一個鏈結。這就是區塊鏈。[4]

圖 2.1

---

4. 看吧，這玩意兒其實沒那麼複雜。

因為這些資料都經過驗證，而且連結在一起，交易幾乎可以在當下完成，就跟你在雜貨店買香蕉一樣。這意味著你能立刻獲得貸款的資格，不需要產權調查或保險，也不需要代管付款。你消除了幾個月的延遲時間，也省下數千美元的費用；你可以在買賣合約完成的同一天，搬進你的新家。

這種技術對全球商業帶來的變革無可言喻，不過也造成了重大的破壞。因為假如你是協商律師或是產權保險公司，你會像馬車製造商一樣慘遭淘汰。

事實上，區塊鏈消除了所有的中間人，也就是買家和賣家之間的中介。多虧區塊鏈技術，我們不再需要那群人了。股票經紀人、律師、保險業務員及票券代購，這些處理文件以協助買賣雙方進行交易的人，很可能都會丟了飯碗。我們說的可是美國大約 1000 萬名的白領階級工作者，代表我國內生產毛額的 21%。[5]

區塊鏈的特色

到目前為止，關於這項新技術的改造力量，我們只看到一個例子，這只是開始而已。區塊鏈的特色不少，因此用途廣泛，這些特色包括：

一、**去中央化**。
二、**沒有合謀**：去中央化之後，操控便極不可能發生。
三、**透明化**：每個人都有同等的管道去存取所有紀錄。這是資料民主化。
四、**沒有偏好的授權**：它沒有中央化系統的層級問題。
五、**無法變造**：紀錄一旦建立之後就無法被刪除、複製或竄改。
六、**沒有限制**：我們可以在現存紀錄附加資料，無止境地提供新資料。
七、**開源軟體**：這個程式不但人人都能檢視及審查，而且只有在大家都達成共識的情況下才能改動，沒有獨裁者，也沒有執行長。

---

[5]. 至於到了 2035 年，究竟有哪些工作會銷聲匿跡，請見我的另一本著作《未來的真相》（暫譯，*The Truth about Your Future*）第 14 章。

八、**交易成本低**：使用這種技術並不貴，因此全世界有更多人能更容易取得。

九、**速度更快**：我們每個人擁有的時間都一樣多，而且無法取代，因此能夠更快完成交易成了區塊鏈的主要特色之一。

十、**匿名**：在許多情況下，你可以把資料公布在區塊鏈並且執行交易，同時保有你的隱私。

區塊鏈的好處

適用區塊鏈技術的商業應用成千上萬，分散式帳本讓政府及企業能以更快的速度、更高的安全性以及更低的成本運作，並且更透明。我們來看看一些主要的用途吧。

消費購物

2020 年，在網路進行的商務交易高達 4.2 兆美元，等同全球商務的 14%。這些交易大部分是以信用卡付款，Visa 卡及萬事達卡（Mastercard）通常向店家收取 2% 左右的手續費，而美國運通（American Express）及發現卡（Discover）則是約 3%。這樣每年的手續費大約是 1000 億美元，店家便以更高的價錢把這些費用轉嫁到消費者身上。

區塊鏈技術讓消費者能跳過信用卡基礎架構，把錢直接轉給店家。如此一來消費者能省下大筆花費，不過對信用卡公司卻造成生存威脅。

匯款

每年有 4 兆美元從一個國家轉移到另一個國家，這不光是大型企業在全球轉移的金錢，也包括了一般人。根據世界銀行表示，移工跨國轉帳約 5000 億美元，通常是寄給在家鄉的親人。

要透過世界各地的銀行系統把錢寄到另一個國家（稱為

跨國匯款），你要使用SWIFT（Society for Worldwide Interbank Financial Telecommunication，環球銀行金融電信協會）網路。每天都有超過1萬1000家銀行處理這類交易，總額高達3500萬美元以上，而且每筆匯款需要多達五天的時間處理，收取的費用平均是該筆款項的6.7%（在某些撒哈拉以南的國家高達20%）。假如遇到了週五晚上，你就要等到週一早上才能告訴你的銀行進行轉帳（而且希望週一不是假日）。

有了區塊鏈技術，你可以一年到頭隨時轉帳，你的收款人在幾分鐘，甚至幾秒鐘之內就會收到款項，而且匯款免收手續費，每年能為消費者及店家省下2680億美元。像是西聯匯款（Western Union）的支付服務供應商，可能會遭到淘汰。

企業融資

數以百計的政府（包括加拿大皇家銀行〔Royal Bank of Canada〕及泰國銀行〔Bank of Thailand〕）及企業（包括匯豐銀行〔HSBC〕、高盛銀行〔Goldman Sachs〕、法國興業銀行〔Société Générale〕及桑坦德銀行〔Santander〕）透過區塊鏈出售債券。根據德國金融科技公司Cashlink表示，這麼做能減少35%的承銷費用，投資者因此獲得更高的殖利率。

國際貿易

由於銀行系統的例行延遲，和本國以外進行交易的公司面臨重大的金融危機。當你使用本地的貨幣購買商品，國外的商家必須將你的貨幣轉換成他們的貨幣，這種轉換過程耗時愈久，價格波動的風險便愈大。轉換貨幣即便可以快速完成，還是需要一筆可觀的費用。當你去國外度假，花個幾千美元已經夠糟了，想像你要花數十億美元進行企業採購，損失可是非同小可。

高盛銀行

區塊鏈技術能夠解決這兩個問題，你能即時轉帳，消除外幣匯率的風險，減輕現金流的煩惱。有了區塊鏈，貨幣能在幾秒鐘之內匯兌完成，費用相對低廉，既省時又省錢。

可程式化貨幣（又名智慧合約）

當你透過區塊鏈把錢轉給他人，對方幾乎是立刻收到。不過或許你並不希望如此，或許你想要對方在履約之後才收到這筆錢，例如外送披薩時，或是在某個特定日期、時間、溫度、天氣、政治或運動賽事結果，或是某些其他的條件之下。有了智慧合約，你的錢是寄出去了，但是只有在所有條件都完成之後才會被收取，因為它使用區塊鏈作為託管帳戶。

智慧合約能改變全球商業行為進行的方式，金融、製造、房地產及其他複雜合約的執行能更加透明化、有效率、更安全及合乎規範，保護消費者免於承擔賣方不履約的風險。

小額支付

許多產業無法成功的問題之一，是無法以小額支付款項。在 2020 年，巴布・狄倫（Bob Dylan）把他的音樂作品集版權全數賣給一家出版公司，要是這家公司決定把那些版權賣給投資者呢？能擁有〈鈴鼓先生〉（Mr. Tambourine Man）的股份很酷吧，想像這首歌在電臺或 Spotify 每播放一次，你就能分到一份版稅！

問題是你分到的錢會只有一丁點。據說狄倫的 600 多首作品賣到 4 億美元，因此每首歌平均價值約 66 萬 7000 美元，比方說那些歌每股定價為 1000 美元，所以〈鈴鼓先生〉大約占 670 股。當這首歌在電臺播出時，可以賺到 9.1 美分的版稅；假如它一年播出 12 次，每一股可以拿到 0.0016 美元。就像我說的，你分到的錢會只有一丁點。

問題不光是沒有這麼小面額（美分只是美元的 1%）的貨幣，分發這筆款項的成本會使得付款金額變得更少：寄送這張支票的郵票就要 55 美分了，而且別忘了還有支票的成本及核發和記錄這張支票的人力。在經濟層面來說是不可能做出這麼小額的支付款項。

不過這只是因為美元的最小面額是美分，也就是小數點後兩

以太坊

位。但是數位貨幣（由位元及位元組，0 和 1 組成）可以分割成甚至更小的單位，因此要把數位貨幣設定成一個銅板的 1 億分之 1，不是一件難事。這個目標已經達成了，我們在第 8 章會說明。而且因為數位的緣故，寄送款項不需要郵資，因此區塊鏈技術使得小額支付變得可行，並且更提升了全球電子商務的潛力。

事實上，全世界沒有銀行帳戶的成年人之中，有 17%（約莫 300 萬人）擁有手機，而只要有這個就能存取數位資產。新科技為數十億人提供前所未見的存取金錢管道。

供應鏈管理

供應鏈是指貨物從工廠到消費者的過程，這個鏈結很長，從取得或打造並送至工廠的原料及零件開始，然後打造或組合之後運送給批發商，最後到達消費者手上。對製造商來說，訂購所有零件及追蹤它們和成品，成本非常貴。

幸好有了分散式帳本技術，我們得以首度運用共享紀錄，監督貨物及服務在供應鏈中的進程。在分散式帳本技術模型裡，這個鏈結裡的每個人都會相互連結。貿易商、貨運業者、內陸運輸業者、港口與碼頭、遠洋貨輪、海關、美國食品藥物管理局（FDA）、執法單位及其他官方機構，全都在一個安全系統內運作，每個人都享有即時資訊，包括運輸階段、船貨細節、貿易文件、海關申報、感測器讀數等。因為這是去信任化，這套系統把對於全球貿易不可或缺的商務過程數位化及自動化，促成協同合作。

我們以漁業為例。挪威海產協會（Norwegian Seafood Association）使用由 IBM 設立的區塊鏈追蹤鮭魚的餵食、捕捉、保存及運送，消費者在雜貨店可以掃描每條魚的行動條碼，了解魚的養殖時間、是多久以前撈捕上岸。如此一來，漁民能防止詐騙並減少浪費。

或者以高級手錶為例。全世界最知名的製錶商，包括江詩丹頓（Vacheron Constantin）、雅典錶（Ulysse Nardin）及百年靈（Breitling）在內，都使用區塊鏈技術來追蹤自家生產的每一只錶，買家因此能驗證每一只錶從工廠到零售

商的出處，並且在轉手時能保證是正品。路易威登（Louis Vuitton）也是使用相同的方式來處理自家的奢華包袋。

事實上，每種產業透過使用區塊鏈技術，都能找到類似的價值及益處。目前大多數公司尚未結合這種技術，不過區塊鏈技術的應用幾乎肯定會呈指數性成長。全錄（Xerox）在 1964 年發明了商用傳真機，不過直到 1980 年代，傳真機才普遍出現在商務辦公室。但是區塊鏈技術要變得同樣普遍盛行，不會耗費那麼多時間。健保紀錄、金融轉帳、教育報告、環境資訊等，區塊鏈能記錄的資料多不勝數，公司行號及政府機關有絕大的經濟誘因去使用這種技術。

真的是多不勝數嗎？那還用說。我們談過製成品的供應鏈，不過我們很容易能把這場對話延伸到金融服務區塊，它的產品就是……貨幣。在每家銀行及證券經紀商的帳本呢？那些實際上只是財務資料的倉庫，想像把那些資料全都傳輸到區塊鏈，你知道你會擁有什麼嗎？全世界商業活動的紀錄，包括供應鏈的每個點全部儲存在一個資料庫裡，每個人都能追蹤每一筆交易，無論其中有多少參與的中介。我們開啟了一直以來都不可能的管道及透明度，那才是分散式帳本技術的真正承諾。

自主身分

臉書會在你不知情或未許可的情況下取得、擁有及使用你所有的個人資料，而且並未給予你任何補償。但是區塊鏈技術不同，它讓你能控制你的個人身分及資訊，你可以自己選擇是否同意給予你的數位資料存取權，也可以因此而獲得報酬。

最重要的好處及用途

大家很容易把區塊鏈技術視為一種流行、新奇的玩意兒、玩具或選擇，而不去加以考慮。在考慮使用時，大部分的美國人，或者該說是已開發國家的大多數人，會合理提問：「何必呢？」

畢竟沒有它，我們也都過得好好的，謝謝再聯絡啦。我們的銀行系統運作順利（雖然我們喜歡抱怨它），我們可以簽訂合約及採購協議，讓我們能承諾稍後付款而現在便取得商品，我們可以輕易貸款來購買房屋、汽車及家具。現在手邊沒錢嗎？沒問題，我們可以用信用卡支付日常消費。在銀行帳戶的錢呢？那很安全，我們從來不會煩惱銀行可能倒閉，或者政府可能沒收我們的錢。

想當然耳，假如你正在閱讀這本書，很可能你並不需要區塊鏈來讓你的生活更美好，你的生活已經過得很不錯了。

對全世界其他 56 億的人來說，生活也一樣很不錯。不過有 20 億的人口（其中 6% 是美國家庭）就沒那麼幸運了，他們全都沒有銀行帳戶（unbanked），也就是說他們沒有足夠的資金去銀行開戶，結果他們便無法享受到你我都視為理所當然的那些好處。

考慮到信用的問題。少了信用，你很可能無法念大學、開車或買房，更別提需要信用卡的購物（例如線上購物）。少了信用，企業無法投資工廠、支付研究或產品研發，或是輕鬆提供資金去配送貨物。事實上，少了取得信用的管道，全球經濟會受到嚴重阻礙。

不過美妙之處在此。根據皮尤民調研究中心（Pew foundation）表示，在 20 億沒有銀行帳戶的人之中，60% 擁有智慧型手機，他們可以用來取得並持有數位資產；他們可以因此建立自己的收入及購物交易歷史，貸方能依此決定他們的信用等級，那些想借貸低至 25 美元的小額借款人就能聯絡他們了。忽然間，在沒有銀行的參與之下，取得信用變得可行了。

有個很棒的例子是 2007 年 3 月在肯亞創辦的 M-Pesa（M 代表「mobile」〔行動〕，pesa 是斯瓦希里語的「錢」），現在有 96% 的肯亞家庭使用，在剛果民主共和國、埃及、迦納、印度、賴索托、莫三比克、羅馬尼亞及坦尚尼亞等國，也都能使用這種服務。

M-Pesa 確保顧客能收取、儲蓄金錢，以及支付帳單，你不需要銀行帳戶，只需要一支基本款的手機（智慧型手機的使用者可以下載應用程式）。肯

亞政府表示，M-Pesa 顯著降低了街頭搶案、闖空門及通常以現金交付的貪汙賄賂。「智能電表」也因此應運而生，這種預付裝置讓低收入家庭得以使用隨收隨付的方式來支付水電費用。M-Pesa 也被用來支付食物運送到 10 萬所難民營，消除中介，也因而減少配送的費用，並且創造難民營住民的就業機會。

這一切說明了在美國知道數位貨幣是什麼的人，何以只有 18% 的人支持政府發行這種貨幣；相較之下，沒有銀行帳戶的那些人則有 42% 支持這種做法。這也說明了為何奈及利亞的人口之中，有 32% 持有比特幣（這使得它在 Statista[6] 資料庫的顯示中成為全球第一的加密採用國家），薩爾瓦多為何宣布比特幣為法定貨幣（而且巴拿馬、烏克蘭及巴拉圭為何也打算這麼做），古巴為何正式通過人民使用比特幣，以及最高人均比特幣使用者的國家是越南（21% 的成年人持有比特幣）、菲律賓（20%）、土耳其（16%）、秘魯（16%），以及印度（9%）。

區塊鏈提供前所未有的途徑來消滅全球的貧窮，提升數十億人的生活水準，並且增長全球經濟，協助全世界的每個人。這毫無疑問是區塊鏈最大的承諾，也是它最重要的好處及運用。

儘管這些好處令人欣喜，要記住到目前為止，那些好處大多只是承諾而已。現在使用的應用程式不多，使用者相對來說也是少數。當你評估我們在第三部提到的投資機會時，別忘了商務原理依然適用。這家公司是否提供顧客想要的服務？區塊鏈部署是否解決某個真正的問題？或者它只是一種行銷花招？你要和面對任何潛在投資一樣謹慎行事。

Statista

---

6. 德國線上統計數據平台。

第 3 章
區塊鏈及比特幣如何成形？

大多數人把區塊鏈技術的構想歸功於中本聰（Satoshi Nakamoto），他在 2008 年寫了一份描述這個概念的白皮書。[7] 事實上，我們可以感謝史考特・史東奈塔（Scott Stornetta）及史都華・哈伯（Stuart Haber）。他們是在貝爾實驗室（Bell Labs）認識的，史考特是史丹佛大學理論物理學博士，史都華則是哥倫比亞大學電腦科學博士，兩人在 1991 年合著創新的論文敘述他們的概念，並且獲得 1992 年電腦軟體發現獎（Discover Award for Computer Software）。中本聰在 2008 年發表的白皮書中有八處文獻引用，其中有三處參考文獻是來自史考特及史都華的著作。[8]

那麼中本聰為什麼更有名呢？因為他解決了阻止區塊鏈技術運作的問題。

重複兌現的問題

比方說祖母寄了一張 50 美元的支票給你當生日禮物，你想花那筆錢，但是沒人會收那張支票作為付款，他們不知道那張支票是不是真的，或者祖母的戶頭裡是否真的有錢來支付那 50 美元（信任的問題又出現了）。所以你把支票存入你的銀行帳戶，等它兌現，然後你提出那筆錢再拿去花用。

在不久之前，你必須前往銀行，親自把祖母的支票拿給櫃員，交出支票，換成帳戶裡的存款。2009 年，聯邦儲蓄銀行（USAA）成了第一家接受祖母的支票照片的銀行，你可以用手機拍下支票的照片，再把照片以電子郵件寄給銀行。

---

7. 沒人知道中本聰是誰。許多人相信中本聰是一個人，其他人則認為這是一個合作發明比特幣的團體名稱。
8. 史考特是我在金融專業人士數位資產理事會的教職員，教導一些線上自學課程，金融專業人士可以參加以便取得區塊鏈及數位資產的證書。

不過等等，你還是持有那張實體支票。有什麼能阻止你在寄出那張照片之後，走進銀行存入那張支票呢？同一張支票存入兩次，一次是透過手機，一次是在實體銀行，結果你的帳戶會有 100 美元，而不是 50 美元。在銀行察覺到你做了什麼好事之前趕緊提款，你就會有雙倍的錢。

這當然是犯罪。資安公司 F5 表示，銀行因為這種稱為重複兌現詐騙的騙局，每年損失 17 億美元。

這個問題也可能存在於區塊鏈。要是相同的契據公布了兩份副本呢？要是兩個人都聲稱自己是同一間房子的買家或屋主呢？

中本聰解決了這個問題。基本上，中本聰的創新在區塊鏈裡的每個資料區塊添加時間戳記並加密。完成之後，每個人都知道這些資料是可靠的，因為它已經經過驗證，不需要考慮信任的問題。

比特幣的介紹

好吧，你懂了，你需要使用區塊鏈技術來加密授權資料。但是為什麼需要比特幣呢？

答案很簡單。中本聰把這種新區塊鏈稱為比特幣（Bitcoin），要把資料區塊提交到鏈上，你需要轉移的工具，中本聰把它命名為比特幣（bitcoin）。[9] 比特幣對比特幣網路而言，就像籌碼之於賭場。假如你想玩撲克牌，你必須把錢換成籌碼，籌碼就是你轉讓的工具，你需要它們來參加賭局；結束之後，你可以把籌碼換回現金。區塊鏈也是如此，假如你想把資料區塊放到鏈上，你必須使用這套系統所產出的貨幣。中本聰發明了這種貨幣，而且不取名為元、分、籌碼、代幣或股份，而是叫做比特幣。

所以假如你想參與中本聰的區塊鏈，你必須使用比特幣。它和公開交易的股票一樣，擁有自己的股票代號（BTC）。

---

9. 我會偏好取另一個名稱，而不是把同一個詞用小寫表示，以免混淆不清，但是中本聰並沒有問我的看法。

是什麼促使中本聰透過創造比特幣來解決銀行業的問題？

2008年,這世界陷入了全球信用危機的困境。房貸貸方提供借款給無力償還的人,而當數百萬名屋主違約時,貸方損失了所有的錢。

美國全國金融公司(Countrywide Financial)是最大的貸方,它和印地麥克聯邦銀行(IndyMac Federal Bank)及華盛頓互惠銀行(Washington Mutual Bank)都倒閉了。政府將兩大房貸機構——房利美(Fannie Mae)及房地美(Freddie Mac)——收歸國有。貝爾斯登(Bear Stearns)垮臺,接著是雷曼兄弟(Lehman Brothers)。政府出手拯救花旗集團,然後安排美國銀行收購面臨破產的美林證券(Merrill Lynch)。在此同時,富國銀行收購了美聯銀行(Wachovia),高盛集團及摩根士丹利成了隸屬於聯準會的銀行控股公司。儲備首選基金(Reserve Primary Fund)是美國歷史最悠久的貨幣市場基金,持有600億美元資產,此時每股淨值跌破1美元,成為這類型基金虧錢的第一個案例(也因此在華爾街開啟了一連串的類似事件)。最後,美國國會通過7000億美元的問題資產紓困計畫(Troubled Asset Relief Program),援助福特、通用汽車和克萊斯勒,以及全世界最大的保險公司——AIG。

這一切都令人震驚,也都前所未見,而且以迅雷不及掩耳的速度發生。問題資產紓困計畫有助於避免經濟崩潰,不過新的恐懼升起:貨幣大量湧入經濟,造成聯邦債務激增,導致全球惡性通貨膨脹。

中本聰受夠了。我們的全球金融系統應該要有更好的方式去運作,不是嗎?所以在2008年12月,金融危機陷入水深火熱之際,中本聰提出了一份九頁的白皮書《比特幣,一種對等式電子現金系統》(Bitcoin, a Peer-to-Peer Electronic Cash System)。[10] 在這份報告裡,中本聰描述了問題所在:

福特
——
美國銀行

---

10. 你可以在 bitcoin.org 讀取它的內容。

傳統貨幣的根本問題是讓它能運作所需要的信任，人們必須相信中央銀行不會讓貨幣貶值，不過問題在於法定貨幣的歷史中，處處可見那份信任及那種理念遭到破壞。

中本聰提出哪種解決方案呢？你不必看完那份白皮書[11]，只要看標題就夠了。我們把焦點放在它的用詞上吧。

比特幣 （Bitcoin）	標題的第一個字是中本聰提出的全新名詞，這個詞彙聰明地結合了 coin（錢幣，指的是貨幣）與 bit（位元，指的是電腦的原始資料 —— 位元與位元組）。
對等式 （Peer-to-Peer）	意即「在你和我之間」，使用比特幣時不需要中介，買家及賣家之間沒有任何人介入。這在世界上的貨幣金融系統很罕見，因為它們幾乎總是有中介。
電子 （Electronic）	中本聰創建一套專為在數位世代運作的系統 —— 使用網際網路，重要的是，它和法定貨幣不同，沒有紙本實體。
現金 （Cash）	這種全新的電子系統提供一種方式，讓現金從某個人或實體轉移給另一個人或實體。
系統 （System）	這就是比特幣，一個完整的獨立系統，讓這一切得以運作。

簡言之，中本聰的白皮書說明數位貨幣如何能當作世界上中央銀行發行的紙幣替代品。

現在你知道中本聰為何創造比特幣。不過它是如何運作的呢？

---

11. 雖然我剛才叫你去看。

第 4 章
區塊鏈如何運作？

　　我們從資料開始。假設你有一份文件，可能是簡短文字或博士論文；或許你有一個簡單的銀行紀錄，顯示你欠你的哥哥十塊錢。

　　無論這是一份什麼樣的資料，我們要把它轉換成一個雜湊值（hash）。雜湊值是一串電腦密碼，代表這份資料，這些字串可能很長，假如原始文件中有一個字改動了，它會產生出一個全新的不同雜湊值，連結到前一個雜湊值。以房地產契據為例，這就是它如何連結到賣家，然後連結到買家的方法。

　　區塊鏈上的連結安全又無法破解，並且廣泛地分散在世界各地所有的那些電腦節點上。這些連結聯合起來形成一份紀錄，幣圈把它稱為單一事實來源（single source of truth）。

　　重要的是，不光是金融交易，任何一種紀錄都能放在區塊鏈裡。

　　此外，我能告訴你，以鏈結連接在一起的區塊集合不必然是以線性連結。舉例來說，Hedera Hashgraph 是比比特幣更新又更複雜（而且有些人說也更優越）的區塊鏈。所以呢？你的重點在於，把區塊連結在一起是保證這個區塊完整性的關鍵，無論它在區塊鏈上是以哪種方式完成。

　　除了方向盤、油門和煞車，你的汽車還有一個重要的配件：鑰匙。少了它，你就上不了車或發動引擎。區塊鏈也有鑰匙，叫做數位簽章。

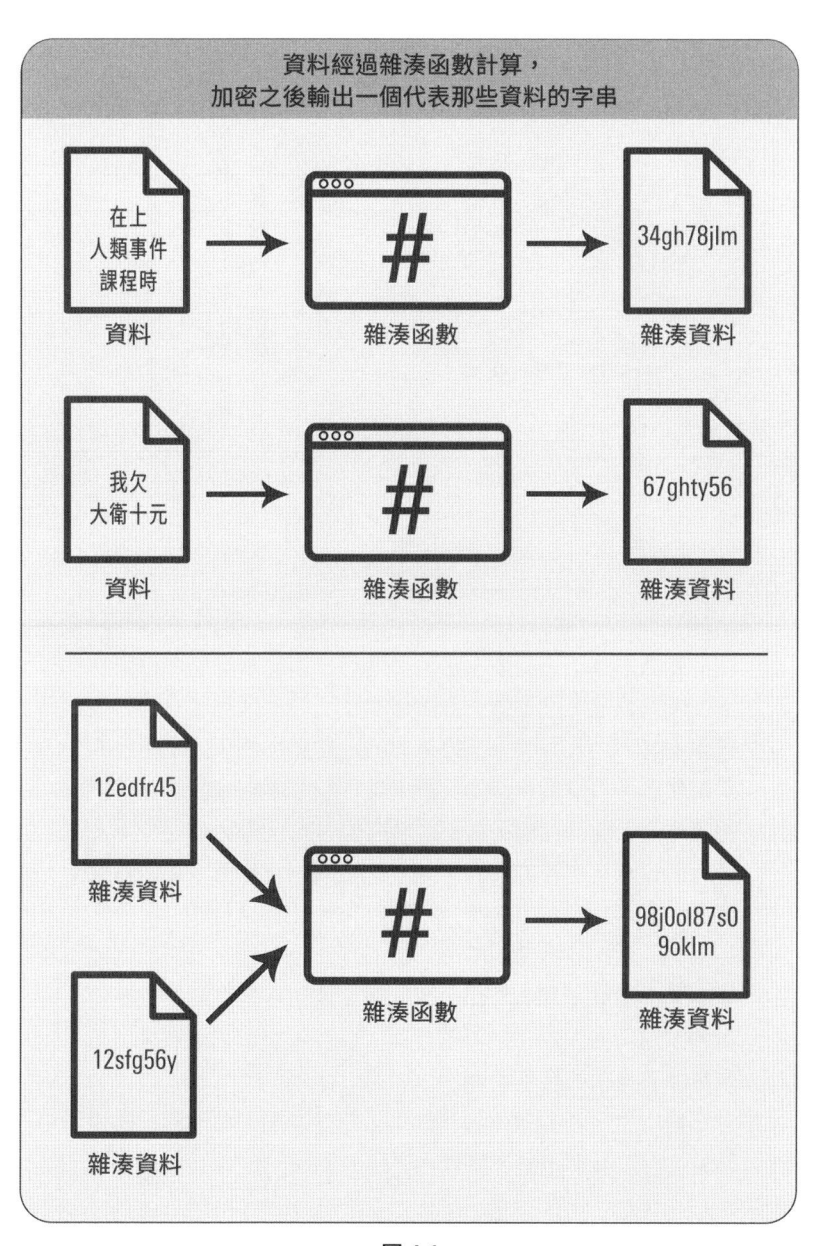

圖 4.1

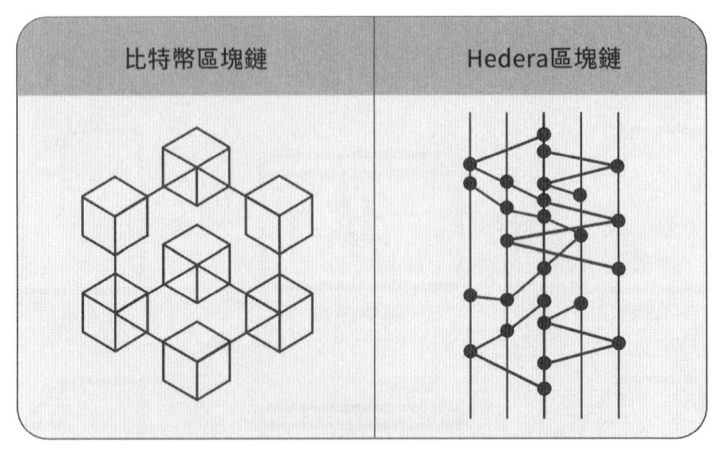

| 比特幣區塊鏈 | Hedera區塊鏈 |

圖 4.2

　　到目前為止，閱讀本書的區塊鏈技術專家可能覺得很枯燥。我過分簡單地描述分散式帳本技術如何運作，令他們大感沮喪。不過呢，呃，不好意思啦，電腦迷們，這本書是為了消費者及投資者而寫，不是大專院校 301 程式設計課程，也不是為了協助任何人當上區塊鏈軟體工程師。

　　所以囉，親愛的讀者，讓我們繼續一起努力，那些電腦迷就去買瓶冰透的 IPA 啤酒（當然是用比特幣結帳），放鬆一下吧。你在這裡讀到的一切雖然經過簡單化，不過都正確無誤。你得到了基本資訊，因此你對這個新的生態系統有足夠的了解，能決定你是否想參與，以及假如你選擇這麼做，怎樣才是最佳的著手之道。

　　換言之，我在教你如何開車，這表示帶你看油門、煞車及方向盤；我們不是在探索內燃機的原理。

公鑰及私鑰

每個數位簽章都包含兩個識別碼：**公鑰**（public key）及**私鑰**（private key）。

你的私鑰是密碼的「希望之鑽」，價值非凡，無可取代。它被分派給你（沒錯，你不能自行挑選）而且非常長，所以別妄想把它背起來。當你進行交易時，你的私鑰會產生你的公鑰，你和他人分享的就是這組公鑰。

這麼想吧：你的私鑰就像是你的登入憑證，讓你能存取你的電子郵件帳號；你的公鑰就像是你的電子郵件地址，你會拿來分享給他人。你絕對不能和任何人分享你的私鑰，絕對不行。

重點是你的私鑰要收好，它是你從分散式帳本取回你的數位資產的唯一方式，假如你搞丟了私鑰，你就永遠拿不回你的數位資產了；要是有人得知你的私鑰，他們可以偷走你的數位資產。

聽起來很嚇人嗎？害怕你的私鑰可能會搞丟或被偷嗎？我有解決的辦法，就在第 16 章裡。[12]

公鏈 vs. 私鏈

到目前為止，我們談的都是公鏈。這些是**非許可制系統**（permissionless systems），因為你不需要任何人的許可去加入或參與，而且沒人會被排除在外或遭到審查。

不過有些區塊鏈是私鏈，每一個都是由一家公司進行操作，因此也稱為**許可制系統**（permissioned systems），因為操作它的公司會先證實你的身分，然後才讓你使用。2019 年，摩根大通發行 JPM Coin，成為全球第一家推出自家區塊鏈的銀行。JPM Coin 讓銀行客戶能不受時間及跨國限制，可以進

---

12. 讓我們繼續看下去！

行立即付款。

不過要使用摩根大通的系統，你必須完成銀行的認識客戶（Know Your Customer，KYL）及洗錢防制（Anti-Money Laundering，AML）程序，這些法規的目的是要協助政府打擊恐怖主義、毒品交易及逃稅。銀行及證券經紀商被要求要了解他們的交易對象，並且假如他們懷疑某些事不太對勁，就要通報監管及執法機關。

假如摩根大通協助它不認識的人進行交易，銀行監理機關就會要它歇業。但是比特幣網路讓你保有你的隱私，有些人甚至說這個部分是比特幣最棒的特色：雖然別人有你的公鑰，他們不會知道你是誰。[13]

---

13. 現在你知道為何勒索病毒攻擊者經常要求以比特幣付款了。

第二部

了解比特幣及其他數位資產

第 5 章
比特幣如何運作？

中本聰在 2009 年 1 月 3 日推出比特幣區塊鏈，寫在帳本上的第一個區塊叫做「創世區塊」[14] 或「區塊 0」（而且沒錯，你到現在還是看得到它）。

創世區塊引用倫敦某家報紙的頭版標題：「財政大臣瀕臨二度出手為銀行紓困。」

創世區塊值得注意的地方是，它並非金融性質，只是文字。對於一個以數位貨幣聞名的系統來說，這有些諷刺。雖然那段文字通常被視為是對全世界中央銀行的批評（這就是發明比特幣的原因），不過第一個區塊鏈不是貨幣的事實，顯示出區塊鏈技術的真正價值：它能作為資料的倉儲。

可是中本聰的報告並未強調資料或區塊鏈；它強調的是貨幣：數位貨幣。因此，閱讀那份文件的每個人都聚焦在貨幣及比特幣。直到六年後，大家才認真注意到讓比特幣存在的基本技術 —— 區塊鏈。

---

14. 幣圈致力創造新詞彙的最佳案例。當然了，參考的是《聖經》的第一卷〈創世紀〉，以及創世紀這個用語的一般用法，意味著展開某事的源起。

比特幣存放在哪裡？

你知道當你把錢存進你的銀行帳戶，你的銀行會在它的帳本系統留下一筆紀錄，那是一個封閉的，或稱之為中央化的帳本，只有你的銀行和你看得到。銀行花費巨資設立大型資料中心，儲存它的所有資料。

不過是誰在運作中本聰建立的區塊鏈呢？中本聰不是一家公司，也沒有任何客戶。所以它是如何運作的？

回想一下，比特幣是分散式帳本技術。現在呢，把重點放在分散式上。比特幣帳本不像美國銀行那樣使用中央化系統，而是**去中央化**，分散在世界各地數百萬臺電腦上。結果沒有任何公司、政府或個人（包括中本聰）在控制它。

比特幣電腦網路是透過網際網路，在世界各地運作。比特幣網路內的每一部電腦都叫做一個節點（node），資料就是存放在這種節點。

我們怎麼知道節點上的資料是真的？

簡單地說，你在比特幣網路上公布一個資料區塊，那個網路上的某個人會使用他們的電腦來驗證這些資料，過程需要大約 10 分鐘。驗證之後，這個資料區塊就會成為區塊鏈上新增的區塊，新增成功之後會永遠存在，而且每個人都看得到。

為什麼有人會想去驗證我的資料？

當我把資料公布在網路，我需要有人替我進行驗證。為了誘導你這麼做，中本聰打造了一個誘因：當你把我的資料新增到區塊鏈，你會獲得報酬，這叫做區塊獎勵（block reward）。取得這份獎勵，證明你驗證了我的資料。

區塊獎勵不是給你美元，而是比特幣。

中本聰在 2009 年推出比特幣網路時，資料驗證者每驗證一個區塊，便收

到 50 枚比特幣。50 枚比特幣聽起來很多，不過在當時，比特幣的開採並不貴，沒有顯而易見的價格，而且也無法轉換成任何實質的東，因此你不會認為這 50 個比特幣是什麼有價值的東西。

但是電腦程式設計師喜歡打造新構想，與其玩電動遊戲，他們說：「管它的，我們來玩這個新的比特幣網路吧。」一開始要取得區塊獎勵並不難，畢竟沒有多少人在設法賺取比特幣。

現在，全世界有數百萬人在爭奪區塊獎勵，競爭十分激烈。

挖礦

解開解密區塊所需的複雜數學方程式，叫做**挖礦**。

你要如何增加獲得區塊獎勵的機會呢？這就像是賽車：最厲害的駕駛加上速度最快的車輛，最可能贏得這場比賽。所以，即便你能使用一般的桌上型電腦來開採比特幣，你應該考慮換一臺真正快速的電腦。

比特幣挖礦電腦要價大約 1 萬 2000 美元。事實上，你可以採買數千臺，全部串聯起來，進一步提升你的運算能力。電腦農場在世界各地運作，每一座都想搶先解開每個區塊的獨特加密難題，進而獲得區塊獎勵。

我先前提過，在 2009 年的區塊獎勵是 50 枚比特幣。現在沒這種好康了，這是因為大約每四年就會發生**減半（halvening）**[15]：區塊獎勵減少一半。在 2012、2016 及 2020 年都發生過減半，區塊獎勵從 50 枚比特幣減少成 15 枚、12.5 枚，以及目前的 6.25 枚。在 2024 年 1 月發生下一輪減半時，區塊獎勵會變成 3.125 枚比特幣；到了 2028 年，這份獎勵會再次減半，然後持續發生，直到 2140 年開挖出最後的比特幣為止。

---

15. 或是 halving，這兩個詞都有人使用，我把這個爭議留給語言學專家去處理。

挖礦農場

美國德州羅克岱爾（Rockdale）的Riot Blockchain比特幣挖礦農場

圖片由Riot Blockchain提供

因為如此，許多人對比特幣的價格充滿信心。假如區塊獎勵減半，價格就要翻倍，礦工才能維持他們的報酬水準。在每次減半之後，比特幣的價格確實都上漲，這種模式會持續下去嗎？沒人知道（過去的表現不能保證未來的結果），所以你自己看著辦吧。

2009年：比特幣礦工最初收到的區塊獎勵是50枚比特幣	區塊獎勵減少為：
2012年：第一次減半	25枚比特幣
2016年：第二次減半	12.5枚比特幣
2020年：第三次減半	6.25枚比特幣
2024年：下一次減半	3.125枚比特幣

圖表 5.1

工作量證明 vs. 持有量證明

挖礦被稱為 PoW（Proof of Work），也就是工作量證明，這是「驗證」術語的一部分；藉由解開複雜的計算，比特幣區塊鏈加密驗證每一筆交易紀錄，「信任」不再是必須條件了。

然而，工作量證明不是驗證區塊鏈數據的唯一方式，你也可以透過 PoS（Proof of Stake），也就是**持有量證明**來辦到。

持有量會逐漸形成，是因為工作量證明受到批評：工作量證明需要非常強大的力量，例如你的計算能力。你的電腦數量愈多，計算能力愈快，你就愈可能贏得區塊獎勵。不過這些電腦設備十分耗電（本章稍後會詳加說明），持有量證明避開了這個問題（以及隨著這個問題而來的批評）。

持有量證明協議就像是抽獎。假如有 5000 張抽獎券，而你只買一張，你的獲獎機率是 1/5000；不過假如你買 1000 張抽獎券，你的獲獎機會就是 1/5。所以你在持有量證明區塊鏈持有愈多比特幣，你的持有量就愈高，懂了嗎？然後你就愈可能贏得區塊獎勵。因此持有量證明協議鼓勵人們購買比特幣；理論上，有愈來愈多的比特幣被買走時，價格會上揚。

驗證區塊鏈的資料時，工作量證明和持有量證明是兩種最常見的程序（稱

為共識機制〔consensus mechanism〕），但是方法並非只有這兩種，還有其他的（例如空間及時間證明），而且經常出現新方式。不過其他的方式都還不普及，因此在這裡先不討論。

比特幣一共會產出多少枚？

聯準會會無止境地印製美元，但是比特幣不同。從 2009 年開始到 2140 年結束，一共只會產出 2100 萬枚。到目前為止大約只產出 1850 萬枚，還有約莫 400 萬枚應該是遺失了。

遺失了？！

沒錯，這也是難免啦。別忘了，在 2009 及 2010 年，比特幣並沒有議定的價錢，只有一小群電腦迷在玩這個網路，花費時間取得毫無價值的「獎勵」。那群程式設計師之中有許多人失去興趣，罷手不玩了，刪除他們的檔案及存放在裡頭的比特幣；其他的則是買了新電腦，把舊的扔了；有些則是硬碟壞掉，或者忘了他們的私鑰。

來得容易，去得快。比特幣沒有訂出價碼，因此當時的人並未真正「損失」任何有價值的東西。

> 礦工不只是唯一在區塊鏈競爭的人，用戶也是。假如你希望你的交易紀錄搶先接受驗證，你要付一筆交易手續費，讓礦工先為你服務（這有時候叫做礦工費，就像是你使用愈多汽油，你的車就跑得愈快。也就是說，你付愈多錢，你的交易紀錄就能愈快受到驗證）。
>
> 當區塊獎勵持續減半之際，交易手續費對礦工來說會變得更重要，它確保驗證者會獲得報酬，即使他們再也賺不到比特幣作為獎勵。

有個現在任職華爾街的人告訴我，在 2010 年初，他從麻省理工學院畢業不久後，受到某位前室友的邀請去他家，對方說：「你一定要來看看我們在做什麼。」他到了之後，發現前室友和其他三個人在開採比特幣，他問：「那是什麼？」

　　下一個週末，這五個人不分日夜地挖礦，賺了 250 枚比特幣。到了週日晚上，這人累壞了。「我們浪費了兩天兩夜的時間，收集這個毫無價值的廢物！」他說，「我們只是在浪費我們的時間而已！」

　　他們全都退出，關掉電腦、摧毀檔案，他們的比特幣也就這樣沒了。「假如我們當初持續下去，」那人帶著扭曲的微笑告訴我，「現在我們就全都是億萬富翁了。」

　　這類故事還有很多，人們在意識到自己放棄什麼之前就退出了。不過其他人很清楚自己扔掉了什麼，例如 35 歲的英國人詹姆士・霍威爾（James Howells）。他在 2021 年告訴全世界，八年前他意外把存放了 7500 枚比特幣

的硬碟扔進垃圾桶，他要求鎮議會同意他搜尋垃圾場，甚至假如找到的話，他會把 25% 的比特幣捐給這座城鎮。鎮議會以環保為由拒絕了。

還有舊金山電腦程式設計師史戴芬・湯瑪斯（Stefan Thomas），他把價值 3 億美元的比特幣存放在行動硬碟，然後忘記密碼（別忘了，這是去中央化帳本系統，沒有任何公司會提供「忘記密碼」按鍵來救你）。

最後是據說全世界擁有最多比特幣的人——41 歲的億萬富翁米爾西亞・帕普斯庫（Mircea Popescu），2021 年，他在哥斯大黎加海邊溺斃。如果傳言屬實，他擁有的 10 億美元比特幣便永遠遺失了。[16]

雖然這些故事聽起來令人震驚，卻也不是什麼新鮮事。根據美國財政部表示，有 3.1 兆美元遺失或毀損，包括從 2014 年起所鑄造，價值高達 30 億美元的 1 分錢硬幣。

錢包的類型

你知道錢包是什麼，你的口袋或皮包裡會有一個吧。[17]

你把錢放在錢包裡，同樣地，你把你的數位資產放在數位錢包裡。懂了吧！

不過要去哪裡買這種錢包呢？你使用的應用程式會提供錢包給你。比方說，當你開設一個 PayPal 或 Venmo 帳號時，這些應用程式就會設立一個錢包給你，用來存放你存入這個應用程式的錢。谷歌、沃爾瑪、蘋果、安卓、三星，以及許多其他的應用程式都會替用戶設立數位錢包（數位資產交易就像股票交易，我們在第 16 章會再多加闡述）。

蘋果
亞馬遜
PayPal
Venmo

數位錢包通常稱為熱錢包（hot wallet），因為它連結到網際網

---

[16] 本書不是在探討遺產規劃，所以想知道的話就去讀探討這類內容的書：《關於金錢的真相》（暫譯，*The Truth About Money*）。
[17] 看吧，你對這個主題的了解比你意識到的還要多。

路。這點很重要,因為假如你沒有網際網路連線,就無法使用應用程式,或是指示它把錢存進或挪出你的錢包。

然而,這也是熱錢包的問題:它連結到網際網路而使得它具有風險,因為駭客可能有辦法進入你的錢包,偷走裡面的錢。要解決這個問題,你可以設立或取得一個冷錢包(cold wallet):它不必連線到網際網路,所以能防止網路駭客入侵。

許多賣家以 100 美元左右的價錢銷售冷錢包,而且容易使用。它看起來像是(其實就是)隨身碟,就是你拿來存放你在桌機或筆電所建立的資料的那種。冷錢包是用來存放你的數位貨幣或代幣,因此有加密功能(只有你知道的私人密碼)。假如有人偷走你的冷錢包,他們也拿不到裡面的錢。

當然了,你可以使用任何隨身碟,只是不會有任何加密功能。或者你可以把你的私鑰寫在一張紙上,然後把那張紙收在安全又保險的地方。

冷錢包可以防止網路駭客入侵,但是防不了闖空門的竊盜,再加上還有遺失錢包、忘了自己把它收在哪裡,或是忘記密碼的風險。記得那個把比特幣存

「你知道嗎?這種事可以上網就能輕鬆辦到囉。」

放在加密硬碟,然後忘記密碼的人嗎?

　　冷錢包的最後一個問題是,存放在裡面的錢沒辦法花。當你準備要出售你的數位資產,或是拿來購買物品或服務時,你必須把比特幣上傳到你的應用程式裡的熱錢包。在冷、熱錢包之間來回轉移比特幣,可能讓人覺得單調乏味又花時間,然而,它確實能減少駭客風險。因為你的貨幣在熱錢包裡的時間不長,只夠你進行交易而已。

　　為了減少麻煩因素,有些應用程式提供溫錢包(warm wallet)。你的貨幣存放在熱錢包,不過你設定指令,限制錢包可以匯到哪裡。只有當你總是把錢匯到相同的錢包時,這招才有用。

　　這一切有兩個解決方案。第一個是開設一個具有數位資產交易功能的帳號,它們會提供你熱錢包及冷錢包,你只要告訴它們,你想在每個錢包存放多少貨幣就行了(你可以隨時在兩個錢包之間輕鬆轉帳)。

　　另一個解決方法是拿你的錢去買基金,而不是直接買比特幣,這就像是購買股票基金,而非購買個別股票。有許多基金都投資數位資產,有些只要有傳統的股票帳戶就可以了,有些只有合格投資者(言下之意:有錢人。第 16 章會有更詳細的闡述)才能購買。

　　有些資金投資單一數位資產,有些則是購買各式數位資產,提供更多變化。所有的基金都收取手續費,而交易所也會衍生交易成本,你應該比較一下這兩者的差異。我們在第 16 章會更詳盡地討論這部分。

比特幣第一種廣為人知的商業用途

　　我們先回頭看那些早期的比特幣礦工,他們收到的每一份區塊獎勵是 50 枚比特幣,要贏得及累積這些比特幣既容易又便宜,然而你沒辦法決定它們值多少錢。

冷錢包硬體裝置

BC Vault Bc-vault.com	BC Vault 是冷儲存虛擬貨幣錢包，把用戶的私鑰存放在安全的硬體裝置。每個 BC Vault 在出廠前都會預裝一個私鑰，加密方式和裝置上的每個錢包相同，這個私鑰對應到某個擁有一枚比特幣的公共位址。
BitBox Shiftcrypto.ch	BitBox 是瑞士製造的硬體及軟體，讓你輕鬆存放數位資產。
BitLox Bitlox.com	BitLox 結合了 Darknet 存取工具的絕對隱私及最佳硬體錢包的安全性，它可以使用 TOR 存取。
Coldcard Coldcard.com	Coldcard 是非常安全的開源硬體錢包，可以輕鬆透過加密的 microSD 卡備份。你的私鑰存放在一個精密的安全晶片裡，MicroPython 軟體設計讓你能進行更動。
CoolWallet Coolwallet.io	CoolWallet 是如同信用卡大小的藍牙硬體錢包，支援各種代幣，包括比特幣、以太坊（Ethereum）、萊特幣（Litecoin）、瑞波幣（XRP）、ERC20 等。
D'CENT Biometric Dcentwallet.com	D'CENT Biometric 透過 D'CENT 硬體錢包來保護用戶的數位資產，這種錢包結合了軟體及硬體安全解決方案。
ELLIPAL Ellipal.com	ELLIPAL Titan 是一種完整的隔離網路離線冷錢包，ELLIPAL 冷錢包提供完整的保護，隔絕遠距及線上攻擊。

欲知最新名單及超連結，
請瀏覽 https://dacfp.com/cryptocatalog/

冷錢包硬體裝置

KeepKey Shapeshift.com	KeepKey 是沒有作業系統的冷儲存錢包，提供 PIN 及密碼保護，防止未授權使用，你可以在一個裝置上自訂交易速度及無限制錢包位址。KeepKey 是 ShapeShift 的旗下產品，這家公司提供一個數位資產平台，讓用戶能對他們的數位資產進行買賣、交易、追蹤、傳送、接收及互動。
Keystone Keyst.one	Keystone（Cobo Vault）支援超過 30 種貨幣及 700 種代幣，為進階用戶提供質押高端冷儲存錢包，並且為機構投資人提供託管服務。
Ledger Nano X Ledger.com	Ledger Nano X 能透過連接線選擇性或暫時地連接到 Mac 或 Windows 裝置，你得以買賣、交易、質押、借貸及管理 1500 多種代幣。選擇性 Live Ledger 行動應用程式能透過藍牙管理錢包，除此之外會封鎖無線網路連線。
NGRAVE Ngrave.io	NGRAVE ZERO 為百分之百的實體隔離及非 WiFi ／藍牙／ NFC，沒有 USB 網際網路連線，以防止線上攻擊。它使用的是單向行動條碼來轉達資訊，不鏽鋼外殼具防火功能。
Opendime Opendime.com	Opendime 是讓你能花用比特幣的小型 USB 隨身碟，它能連接到任何 USB，讓你得以查看你的結餘。
Prokey Prokey.io	Prokey 硬體錢包是離線及冷儲存的安全裝置，讓你的私鑰受到離線保護，而你能接收、儲存及簽署交易，傳送比特幣、以太坊、萊特幣、泰達幣（Tether）等數位資產。

欲知最新名單及超連結，
請瀏覽 https://dacfp.com/cryptocatalog/

冷錢包硬體裝置

Secalot Secalot.com	Secalot 是硬體加密貨幣錢包為小型的 USB 適配器，採用 OpenPGP 智慧卡、U2F 驗證器，以及一次性密碼產生器。
SecuX Secuxtech.com	SecuX 技術提供軍用等級的 Infineon SLE Solid Flash CC EAL 5+ Secure Element，它的跨平台運作包括 SecuX 及行動應用程式，為 1000 多種數位資產提供高達 500 個帳戶。
Trezor Trezor.io	Trezor 是全世界第一個比特幣硬體錢包，Trezor One 及 Trezor Model T 冷錢包分別支援超過 1000 種貨幣，具有容易使用的 LED 介面，和 Windows、Mac 及 Linux 相容，同時具有數種安全特色，包括 PIN 碼輸入、密碼輸入及裝置復原。

> 欲知最新名單及超連結，
> 請瀏覽 https://dacfp.com/cryptocatalog/

　　為了得知它的價值，軟體研發工程師拉斯洛・漢耶茲（Laszlo Hanyecz）提出以比特幣購買兩個 Papa John 的披薩。2010 年 5 月 22 日，他找到一個自願的參與者，而那個日期現在就成了大家口中的比特幣披薩日（Bitcoin Pizza Day）。在那一天，拉斯洛完成全世界第一樁使用比特幣的商業交易。

　　那兩個披薩總價 14 美元，完成這筆交易究竟需要幾枚比特幣呢？

　　1 萬枚。

　　以每一枚價值 5 萬美元來算，那 1 萬枚比特幣的總價高達 5 億美元。

　　那兩個披薩還真貴啊！

收取貨幣的其他方式

挖礦及質押不是取得虛擬貨幣的唯一方法，還有其他的方式。

分叉（Forks）

我說的不是你用來吃義大利麵的叉子，而是當研發者在研討區塊鏈時，對技術應該如何運作產生意見分歧時所發生的情況。而且沒有喔，我的意思不是說他們之中會有人大喊：「×你的！」

中本聰在創造比特幣時開放軟體原始碼，其他研發者因此得以加強改善。少了共識就無法做出改變，不過有時候就是無法達成共識，比方說，有些研發者開始哀嘆比特幣的速度太慢（要驗證一個資料區塊需要十分鐘）。他們說，如果改動原始碼，可以讓比特幣的速度變快；不過其他人表示，讓它變快會削弱它的安全性。

研發者無法取得共識，於是在 2017 年 8 月同意將比特幣一分為二，稱為**分叉**。這就像是當一家大公司進行分割，把一個部門變成個別的獨立公司。[18]

當公司分割及加密貨幣分叉發生時，原本的持有者能保留他們所有的，同時也獲得部分的新實體。在 2017 年的分叉案例中，比特幣的所有持有者都得到一些**比特幣現金**（BCH，新的比特幣貨幣），這時比特幣現金進行改動，提供更快的速度（目前比特幣現金的速度是比特幣的將近 17 倍）。

將比特幣轉換成比特幣及比特幣現金，叫做硬分叉（hard fork），因為現在不是一個區塊鏈，而是分成兩個了。在軟分叉（soft fork）中，新舊兩種貨幣會使用原有的區塊鏈。

萬一你感到疑惑，沒有，比特幣現金硬分叉並沒有解決研發者的爭議。進一步的意見不合帶來另一次的硬分叉，這次是從比特幣現金到比特幣 SV（BSV，意即比特幣中本聰願景〔Bitcoin Satoshi

比特幣現金

比特幣 SV

---

[18] 分叉的稅務處理不同於分割，我們在第 20 章會有更多闡述。

Vision〕）。比特幣 SV 承諾堅守中本聰的白皮書，它的速度是比特幣的 128 倍，擁護者說它提供更好的使用者經驗、較低的成本，以及更好的安全性（我在下筆的當時，比特幣是最大的數位資產，比特幣現金排名第 19，比特幣 SV 排名第 51。這意味著人們並未全然相信分叉應該要帶來的改進）。

過去十年以來發生過數百次和許多貨幣相關的分叉，因此上述的內容只是幾個案例。再者，分叉還有課稅問題，我們在第 20 章會說明這部分。

空投（Airdrops）

貨幣產生的另一個方式是透過**空投**。這個名詞的出處是源自 2008 年開始使用的用語，**直升機撒錢（helicopter money）**，當時美國聯邦政府為經濟注入（也就是空投）7000 億美元，以便對抗信用危機。

結果發生了這樣的事：你創造一種勝過比特幣的全新協議。為了讓人們使用它，你創造貨幣，然後發送給擁有其他類型貨幣的人，或許那些貨幣和你的類似（不過在你看來還是略遜一籌）。這就像是一個新樂團想引起注意，於是在地方酒吧預定演出場地，然後寄免費門票給附近的每戶人家。

空投確實經常只是行銷的花招。為了收取貨幣，你有時必須做點什麼，例如追蹤某個推特帳號。而且沒錯，收取空投時還有課稅問題（第 19 章）。

關於比特幣涉及非法活動的顧慮

罪犯、恐怖分子及無賴國家喜歡在不揭露身分的情況下進行金融交易。比特幣的一項主要特色是匿名，因此壞人自然受到吸引。

想像你能買賣毒品、槍枝及遭竊的信用卡，卻不必透過銀行系統進行匯款轉帳！2011 年，非法網站絲路（Silk Road）就是這樣運作的。

2013 年，聯邦調查局查禁了絲路。2021 年，駭客要求 Colonial Pipeline 以比特幣支付 440 萬美元，而聯邦調查局在兩週內取回 Colonial 大部分的錢。當駭客從 Poly Network 偷走了高達 6 億 1100

萬美元的數位資產時，竊賊在數天內歸還了他們偷走的大部分資產。這些案件為何能如此快速破案及取回資產呢？因為數位資產會留下數位足跡（Poly Network 執行長只需要發一條推文說，他知道駭客的電腦及電郵地址。變變變！錢就立刻歸還了）。

我的意思不是說，擁有數位資產沒有任何風險，許多託管平台曾遭受駭客入侵，包括 Mt. Gox、Bitfloor、NiceHash、BitFunder 及 Bitstamp。從 2014 到 2020 年，美國證券交易委員會（US Securities and Exchange Commission，SEC）採取 87 項與區塊鏈及數位資產有關的強制執行行動，包括詐欺證券發行、與加密貨幣交易相關的詐欺、無法適當披露賠償，以及涉及比特幣的龐氏騙局，每年平均有 15 起這類案件。

然而，這些案件囊括在每年超過 700 件的證券交易委員會強制執行行動之中，意即在證券交易委員會的案件裡，加密貨幣只占了 2%。同樣地，有一份由 Chainalysis 所做的 2020 年報告顯示，在所有加密貨幣成交量之中，犯罪活動只占了 0.15%。這直接牴觸了美國財政部長珍奈特・葉倫（Janet Yellen）於 2021 年的主張，也就是數位資產「主要被用於非法金融活動」。事實上，Compound Lab 法務長傑克・切溫斯基（Jake Chervinsky）告訴《富比世》：「她的說詞顯然有誤。」

別忘了每一種資產類別都發生過詐欺案件，包括股票、債券、石油、黃金、房地產、藝術品等，沒有人提議要查禁那些市場。不幸的是，每一種創新事物都有壞人參與，這是無可避免的。

事情向來就是如此。美國第一支公開交易的股票是由亞歷山大・漢密爾頓（Alexander Hamilton）發行的聯邦債券，用來償還美國獨立戰爭時期在殖民地所衍生的負債。漢密爾頓的計畫消息走漏，債券隨即淪入有史以來的第一場投資騙局──內線交易（內部知情者從退役軍人的手中以超低價買下債券，因為他們知道漢密爾頓不久後便會以原價贖回）。

打從有投資開始，就有投資詐欺，這就像是發明汽車之後便出現汽車竊盜一樣。

來自聯合國的資料證明，由於非法活動而批評比特幣，是多愚蠢的事。根據聯合國估計，經常性的洗錢及其他非法活動是全球國內生產毛額的 2% 到 5%。與其因為少許比特幣被用在不好的地方而禁用，我們是不是應該先消滅所有的法定貨幣，因為它們更常遭到不當使用呢？

關於比特幣挖礦對環境衝擊的顧慮

或許你想買比特幣，但是你聽說它「對地球有害」。其實，你可以放手去買比特幣，而且不要覺得愧疚，因為「對地球有害」的說法根本是錯的。

這種主張只是在轉移注意力，通常是那些不相信比特幣是好投資的人所鼓吹的（我們在第三部會闡述那個問題）。

既然那些詆毀者無法阻止人們購買比特幣，或是抑制比特幣的價格上漲，他們便使出另一招 ── 罪惡感。「比特幣對地球有害！」那又如何？抽菸、酗酒和賭博也都對你有害，但是我們並沒有查禁這些事，只是加以管制，所以比特幣也可以用相同的方式來處理。

或許比特幣根本不需要這類管理，或許它對我們無害，並不像抽菸、酗酒及賭博那樣。我們來探討這部分，就從比特幣採礦每年消耗的能源和阿根廷一樣多的抱怨開始吧。

阿根廷？

我查證過了，這種主張顯然是正確的。不過事實上，阿根廷並未使用太多的能源，在全世界 30 個最大的工業化國家之中，它的能源使用量排名倒數第一。

在你對比特幣的能源消耗感到氣急敗壞之前，你可能會先對汽車感到不滿。根據美國能源資訊局（US Energy Information Administration）指出，運輸是全世界最大的耗能大戶，消耗掉全世界能源的 25%。而根據劍橋替代金融中心表示，比特幣網路的能源消耗量不到 0.5%。因此，假如你願意開車、搭公車或搭飛機，對於購買比特幣就不該有任何疑慮。

汽車並非總是消耗那麼多能源。1920 年，當汽車產業剛起步時，汽車消耗的能源並不多。然而汽車愈來愈普及，能源消耗量也隨之增加。

比特幣也是如此。十年前，比特幣使用少許的能源，現在它消耗大量的能源，反映出日漸增長的需求。這是成功的徵兆。有些人主張，汽車至少具有商業用途，不過如我們所見，比特幣也擁有可貴的商業用途。

所以與其打擊比特幣，我們不如來打擊更大的耗能大戶，一個更糟糕的耗能大戶，因為它一點用處也沒有。我說的是你家裡那些總是開啟的設備：電視機、咖啡壺、Alexa 語音助理，還有烤箱上那個愚蠢的時鐘。[19] 在美國，那些裝置每年消耗 3 億 4400 萬千瓦時的電力，並且排放 2 億 5000 萬噸的二氧化碳，根據自然資源保護委員會（Natural Resources Defense Council）表示，這占了全美國溫室氣體排放的 4%。單就美國來說，那些設備所消耗的能源和全世界的比特幣礦工一樣多。所以在你叫比特幣礦工停止之前，你可能要先告訴大家，每天晚上都要拔掉家裡的電視機插頭。

「我們開採比特幣賺了 30 億美元，扣掉電費帳單，最後結餘是 1.61 美元。」

---

19. 總之，烤箱幹嘛需要時鐘呢？

假如你真的想消滅能源浪費，告訴每個人停止打電玩吧。有一份 2020 年的報告發現，打電玩的人所消耗的能源，比全世界的比特幣礦工要多出 46%。

重點在排放，不是能源

那些抱怨比特幣消耗能源的人忘了一個重點：你使用多少能源並不重要，重點是你排放多少二氧化碳到大氣層。

運輸業使用的能源有將近 80% 是石油、天然氣及煤炭，它們的使用排放大量二氧化碳，對地球有害。但是比特幣的能源消耗有 73% 是碳中和，根據劍橋比特幣電力消耗指數（Cambridge Bitcoin Energy Consumption Index）顯示，礦工大多使用水力、太陽能、風力或地熱能源，只有 38% 仰賴煤炭。因此，《焦耳》（*Joule*）雜誌在 2021 年報導，比特幣的年度全球排放量大約等同倫敦市，而非阿根廷全國。

想像福特這麼說：雖然需要大量能源來製造汽車，但是駕駛不必使用任何能源就能開車。如果是這樣就好了。但是對於比特幣來說卻是如此：比特幣的能源使用幾乎全都是來自採礦，開採完之後，買賣這些貨幣所需的能源微乎其微。

儘管如此，比特幣的能源使用並非零，我們確實會消耗能源，而且幣圈的每個人都知道這個事實。正因如此，根據《哈佛商業評論》（*Harvard Business Review*）的報導，已有許多人都簽定了《加密氣候協定》（Crypto Climate Accord）（類似《巴黎氣候協定》），提倡減少比特幣的碳足跡。

為了解決全球能源危機，礦工可能比其他產業做得更多。為什麼呢？因為他們擁有這麼做的最大動機。對大多數產業而言，原料及薪資是它們最大的支出，但礦工的最大成本是能源的價格。這賦予他們一大誘因去降低能源成本，進而鼓勵他們尋求更便宜的替代能源來源。舉例來說，許多採礦公司已經把它們的礦場搬到可取得再生能源，例如風力發電及水力發電的地點。毫無疑問地，未來無論比特幣網路構想出哪些解決方案，其他產業都會跟著使用。

第 5 章 比特幣如何運作？ 61

依市值排名的PoS類型加密貨幣

貨幣	發行人
ADA	Cardano
ALGO	Algorand
ARDR	Ardor
ARK	Ark
DCR	Decred
EOS	EOS
HBAR	Hedera Hashgraph
HIVE	Hive Token
ICX	ICON
LSK	Lisk
ONT	Ontology
QTUM	Qtum
RUNE	THORChain
STEEM	SteemROSE
TOMO	TomoChain
TRX	Tron
TOMO	Tezos

圖表 5.2

ADA

ALGO

對於比特幣應該遭到禁止，因為它對環境有害的觀點，我並不贊同。但是假如你是這樣認為，那麼就別買比特幣吧，改買持有量證明機制的數位資產。問題解決了。

第 6 章
誰使用比特幣？

自從拉斯洛花 1 萬枚比特幣買兩個披薩之後，我們走過了很長的一段旅程。現在比特幣的年度成交量高達 1.5 兆美元，是 PayPal 的兩倍以上，也比 Discover 多出不止六倍。難怪在我下筆的當下，比特幣的市值勝過摩根大通、萬事達卡、聯合健康（UnitedHealth）、家得寶（Home Depot），以及華特迪士尼公司（Walt Disney Company）。然而，比特幣沒有辦公室、員工及股東，這是真正的全然創新。

2021 年，各家公司開始提供連結到比特幣的信用卡；當你使用信用卡時，你得到的不是現金回饋或飛航哩程，而是比特幣。Visa 卡表示，它的客戶已經使用比特幣獎勵信用卡消費超過 10 億美元。萬事達卡也提供「安全又可靠的體驗給當今數位經濟的客戶及企業」，而 PayPal 讓它的 3 億 2500 萬名用戶在它的平台購買比特幣，並且使用它在連結到應用程式的 2400 萬家電商購物；該公司表示，它有將近 20% 的用戶已經這麼做了。

全球第三大保險公司 AXA 由於「與日俱增的客戶要求」，現在允許客戶以比特幣付款，並且表示「比特幣使得付款更容易」。網路旅行社 Travala 表示，預訂 1000 萬趟行程中有 70% 的客戶以比特幣付費。美國抵押貸款機構 United Wholesale Mortgage 讓它的屋主以比特幣繳納房貸款項。

接受比特幣的不只是零售業者，政治人物也是，聯邦選舉委員會（Federal Election Commission）讓候選人接受比特幣政治獻金。華頓商學院（Wharton Business School）讓選修數位資產的學生以比特幣及以太坊支付學費。數以千計的慈善機構和非營利組織也接受比特幣捐款。

年度交易量

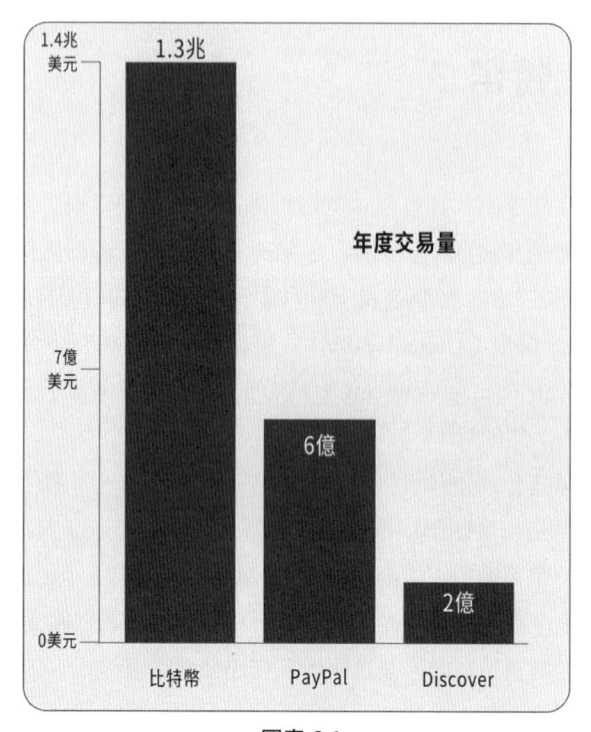

- 比特幣：1.3兆（上限1.4兆美元）
- PayPal：6億
- Discover：2億

圖表 6.1

誰擁有比特幣？

在我下筆的此時，根據 Crypto.com 顯示，有 2 億人擁有比特幣，其中有 24% 是美國人。Coinbase 是 Apple 商店最受歡迎的免費應用程式。另外有 63% 的人說自己「對加密貨幣感到好奇」。人們會參與，是因為他們聽說了很多關於加密貨幣的事。

而且這可不是意外發生；幣圈努力想要確保你能了解比特幣。Coin Cloud 公司不只裝設比特幣 ATM（沒錯，你可以在路邊機臺購買比特幣，而且沃爾瑪也在美國各地的分店裝設比特幣 ATM），還找來史派克‧李（Spike Lee）執導並主演一部電視廣告片。另一家比特幣 ATM 營運商 CoinFlip 也

找了尼爾・派屈克・哈里斯（Neil Patrick Harris）在他們家的廣告片露臉；亞歷・鮑德溫（Alec Baldwin）替 eToro 交易所拍廣告；Crypto.com 的行銷廣告不但找了麥特・戴蒙（Matt Damon）參與，還有綜合格鬥選手龍達・魯西（Ronda Rousey）、籃球明星「甜瓜」安東尼（Carmelo Anthony）、單板滑雪選手琳賽・雅各貝利斯（Lindsey Jacobellis）、饒舌歌手 CL，以及太空人史考特・凱利（Scott Kelly），它的競爭對手 FTX 則是找了兩度獲選美國職籃最有價值球員的史蒂芬・柯瑞（Stephen Curry）擔任品牌大使；Voyager Digital 交易所簽下超級盃四度冠軍羅布・格隆考夫斯基（Rob Gronkowski）為品牌大使；流行樂手瑪麗亞・凱莉（Mariah Carey）替加密貨幣交易所 Gemini 宣傳。綠灣包裝工（Green Bay Packers）四分衛，同時也是 NFL 三度最佳球員的阿倫・羅傑斯（Aaron Rodgers），以及饒舌歌手梅根尤物（Megan Thee Stallion）及歌手麥莉・希拉（Miley Cyrus）合夥推出 Cash App，在推特及 Instagram 發送價值 100 萬美元的比特幣。有位球迷接到了坦帕灣海盜（Tampa Bay Buccaneers）的四分衛湯姆・布雷迪（Tom Brady）第 600 次觸地得分球之後，湯姆送給這位球迷一枚比特幣。布雷迪和他的妻子──超模吉賽兒・邦臣（Gisele Bündchen）買了虛擬貨幣交易所 FTX 的股權，現在是該公司的代言人。史坦波中心（Los Angeles Staples Center）是美國職籃湖人隊（Lakers）及快艇隊（Clippers）、NHL 的國王隊（Kings）以及 WNBA 火花隊（Sparks）的家鄉，現在成了加密貨幣網體育館（Crypto.com Arena，該公司付了 7 億美元，取得 20 年的冠名權）。達拉斯獨行俠（Dallas Mavericks）和比特幣交易所 Voyager 合作，NBA 及 WNBA 則和 Coinbase 簽下一紙多年合約，讓它成為獨家虛擬貨幣贊助商。餐飲業巨擘 Landry's（擁有 Bubba Gump Shrimp、Morton's The Steakhouse、Rainforest Café 以及其他數十個品牌）展開常客獎勵方案，消費 250 美元即可獲得價值 25 美元的比特幣。愛迪達和 Coinbase 合作（「可能不算什麼」，愛迪達在一則推文中開玩笑地說。）；漢堡王和 Robinhood Crypto 合作，發送比特幣、以太幣及狗狗幣，甚至在俄國發行自家的數位資產，叫做 WhopperCoin。

比特幣提款機

© Adobe Stock printed with permission

AMC 劇院宣傳它現在接受比特幣、以太坊、比特幣現金及萊特幣,而且聲稱有 14% 的影迷是透過這些數位資產支付線上票券。

這一切不是只發生在美國,而是全世界。例如印度在板球世界盃期間的電視廣告,有 70% 都是在宣傳加密貨幣公司。

比特幣及其他數位資產的價格大幅增長,支持這一切宣傳推廣,打造出一股似乎無可抵擋的力量。Coinbase 是一家數位資產的公開交易線上交易所,現在擁有比嘉信(Charles Schwab,美國最大的券商)更多的帳戶持有人。而嘉信在 2019 年表示,灰度比特幣信託(Grayscale Bitcoin Trust)名列該公司千禧世代客戶的前十大持股人(我們在第 16 章會有更詳盡的說明),千禧世代擁有的比特幣確實比他們所有的波克夏・海瑟威(Berkshire Hathaway)、迪士尼(Disney)、網飛(Netflix)、微軟(Microsoft)或阿里巴巴(Alibaba)還更多。

亞歷山大・漢密爾頓於 1792 年創立的紐約梅隆銀行(Bank

數位資產銀行

Anchorage Digital Bank anchorage.com	Anchorage Digital Bank 是美國第一家國立數位資產銀行，是聯邦特許設立的合格託管者，負責管理客戶基金、保管證券，以及使註冊投資顧問符合聯邦託管規定。在 Anchorage 的託管管理區塊鏈協議之下，帳戶持有者能質押及借貸數位資產。
Avanti Bank & Trust avantibank.com	Avanti Bank & Trust 是一家位於懷俄明州的銀行，成立目的在於將數位資產連結到傳統金融系統。它是數位資產託管者，符合最嚴格的機構託管標準。
Kraken kraken.com	Kraken 是第一家在懷俄明州取得特殊用途存款機構（SPDI）銀行營業執照的銀行數位交易所，其客戶能無縫儲存數位及法定貨幣，以及將銀行帳戶的資產進行投資與交易投資組合。
Silvergate Bank silvergate.com	Silvergate 銀行是聯準會成員銀行，也是為日漸成長的數位資產業提供創新金融基礎設施解決方案及服務的領導者。

> 欲知最新名單及超連結，請瀏覽 https://dacfp.com/cryptocatalog/

of New York Mellon）是全美最古老的銀行，現在提供比特幣及其他數位資產的託管服務；亞馬遜（Amazon）正在墨西哥進行一項數位貨幣計畫；摩根大通、高盛銀行、美銀美林（Bank of America Merrill Lynch）及美國萬通（MassMutual）都提供比特幣給它們的客戶。優步（Uber）也接受以比特幣支付車資。

美國財政部金融管理局（Office of the Comptroller of the Currency）已經開始核准銀行接受及託管數位資產，2021 年核准了第一家數位資產銀行──Anchorage Digital Bank。

社區銀行及信用合作社也服務散戶。藉由與國家收銀機公司（NCR，成立於 1884 年的收銀機公司）及紐約數位投資集團（NYDIG，一家數位資產投資公司）合作，來自 650 家銀行（占美國所有金融機構四成）的 2400 萬銀行客戶能透過手機交易比特幣。

別忘了孩童。數十個加密貨幣夏令營教導 5 歲以上的小孩如何採礦，家長們也可以親自教，只要有諾頓（Norton）防毒軟體就行了。點擊一個按鍵，你沒在使用電腦時，它就會開採比特幣，讓你開著電腦就能輕鬆賺錢。

採礦的不光是一般客戶。高盛銀行表示，該行有 24% 的富有投資人及 10% 的機構客戶也交易數位資產，另外有 20% 則是有興趣這麼做。摩根大通表示，目前該行有 10% 的機構客戶在交易數位資產。

每家大公司都忙著替它的客戶買進數位資產。摩根士丹利提供比特幣投資基金；花旗集團設立數位資產集團；美銀美林透過它的數位資產研究團隊，讓客戶交易買特幣期貨；道富環球投資管理（State Street Global Advisors）擁有數位資產基金服務部門；富達（Fidelity）透過富達數位資產（Fidelity Digital Assets）服務機構客戶；而富蘭克林（Franklin Templeton）也擁有一個數位資產部門。

大學捐贈基金也購買數位資產，包括哈佛、耶魯、史丹佛、達特茅斯，以及北卡羅來納大學。德國有 4000 家退休基金及捐贈基金，管理總額高達 2 兆 1000 億美元。它們在 2021 年取得政府核准，將資產中的 20% 投資於數位資產（假如它們全數投資到法定上限，有 4000 億美元會流入比特幣及其他數位資產）。美國

退休基金已經展開投資了，包括休士頓消防員和救濟及退休基金（Houston Firefighters' Relief and Retirement Fund）、維吉尼亞州費郡員工退休系統（Fairfax County〔VA〕Employees' Retirement System），以及警員退休系統（Police Officers Retirement System）。

億萬富翁也擁有自己的數位資產，包括保羅・都鐸・瓊斯（Paul Tudor Jones）、史丹利・卓肯米勒（Stanley Druckenmiller）、里卡多・皮烈哥（Ricardo Pliego）、比爾・米勒（Bill Miller）、雷・達里歐（Ray Dalio）、喬治・索羅斯（George Soros）、馬克・庫班（Mark Cuban）、提姆・庫克（Tim Cook）、彼得・席爾（Peter Thiel），以及比爾・格雷利（Bill Gurley）。

企業也買入數位資產，包括：PayPal、Square、微策略（MicroStrategy）、《時代雜誌》（TIME）、美國萬通（MassMutual），以及特斯拉（Tesla）。全國廣播公司商業頻道（CNBC）的吉姆・克拉莫（Jim Cramer）表示：「公司未持有比特幣，作為部分企業資金準備，幾乎是不負責任的行為。」

很多基金經理人也投資比特幣，包括文藝復興（Renaissance）、Ruffer、古根漢（Guggenheim）、橋水（Bridgewater）、貝萊德（BlackRock），以及天橋資本（SkyBridge），彩衣傻瓜（Motley Fool）也這麼做。

比特幣變得如此常見，以至於現在退稅申請的第一個問題就是這個。申請表格會有這樣的提問：「今年的任何時間，你是否收取、賣出、匯出、交易任何虛擬貨幣，或是從中獲取任何利息？」國稅局的意思是，它知道很多美國人持有數位資產，但是並未向政府通報交易，或是繳納應付稅款。

先鋒領航
貝萊德投信
方舟投資
富蘭克林・坦伯頓
馬拉松數位控股公司
微策略

PayPal
全國廣播公司商業頻道

天橋資本

第 7 章
為何有這麼多貨幣？

中本聰在 2009 年發明比特幣，取代了法定貨幣。而這種虛擬貨幣只有一個目的：電子現金系統。

然而，結果比特幣有其限制。比如說，它的價格波動非常大，平均每日價格變動是 3%，或是比股市多出三倍。波動性對貨幣不利，因此有人發明了第一種穩定幣（stablecoin）──泰達幣，這種數位資產的價格應該相當於美元或某些法定貨幣（第 8 章會詳細介紹穩定幣）。

另外也有人意識到，比特幣要花很長的時間（7 秒）去驗證每次交易。Visa 每秒處理 1700 筆交易（每天 1 億 5000 萬筆）。這導致了萊特幣（Litecoin）的出現，萊特幣每秒處理 56 筆交易，相較於比特幣快得多，但仍然遠比不上 Visa 的速度。[20]

還有一件事，比特幣交易是立即進行，而這可能不是你想要的。以太坊引進了智慧合約，讓你得以控制你的交易時間點。

好吧，我們剛找到三種合理原因來說明比特幣何以不足，以及為何會有泰達幣、萊特幣及以太幣的出現。有了多一點的解決方案、創新及改善之後，你得以證明我們確實可能需要十幾種貨幣。

然而，CoinMarketCap（數位資產行情網站）列出了 1 萬 1233 種貨幣，以及 393 家可以買得到這些貨幣的交易所，而且每天都出現更多的貨幣。許多貨幣是噱頭，有些則是騙局（第 13 章會有更詳盡的介紹），有一些只是行銷策略，專為吸引消費者的注意及金錢而設計，其中有很多只是品牌延伸而已。

---

20. 不過速度愈快，你的安全性愈低。根據尼爾森市調報告（Nelson Report），2020 年美國消費者在信用卡詐騙損失了 110 億美元；Visa 公司則表示，在它們的伺服器上每個月平均有 14 萬起惡意軟體的案例。相較之下，比特幣網站從來不曾遭駭。

有一天，我在 Levi's 的網站買了一條牛仔褲。網站要求我選擇我偏好的版型，並且提供了這些選項：錐形、直筒、合身、運動型、寬鬆、窄管、靴型、原創、寬版、高腰或西部。接著它問我是否想要 501 系列牛仔褲，或者是 502、505、510、511、512、513、514、517、527、531、541、550、551、559 或 569 系列。還有我想要黑色、藍色、棕色、深藍水洗（誰知道那是什麼顏色）、綠色、灰色，或是卡其色？等等，還不止如此。我想要的材質是永續、節水、有機棉、永續柔軟天絲、萊賽爾、棉化寒麻、再生聚酯纖維、再生棉，或是再生紗線，以及我想要有彈性或無彈性，刷破或無刷破的設計？我也必須選擇風格款式：卡其休閒褲、工作褲、七分褲、摩登捲折褲、束口褲，或是西部牛仔褲。我是要想要百分之百純棉、四季科技、訂製（喔，不會吧！）、環境友善（Eco Ease）、寒麻、彈力布料，或是赤耳包邊？最後，我要鈕扣或拉鍊？

我買番茄醬時也遇到相同的問題。亨氏（Heinz）提供各式大小的番茄醬，這不消說，不過也有下列選項：

- 無人工甜味劑
- 無添加鹽
- 無添加糖
- 只用蜂蜜增加甜味
- 含蔬菜混合物
- 以 Tabasco 辣椒醬調製辣味
- 墨西哥辣椒口味含墨西哥辣椒實物
- 是拉差辣椒醬口味含是拉差辣椒醬

假如你以為中本聰在 2009 年發明的比特幣，永遠會是我們所需要（或擁有）的唯一數位貨幣，那麼當你把番茄醬打翻在牛仔褲上時，可別忘了你的這個想法。

Levi's

亨式食品

© sheilaf2002 / Adobe Stock printed with permission

數位資產世界

數位資產生態系統非常複雜，而且不斷成長。世界經濟論壇（World Economic Forum）將所有的貨幣分成四大類，而我看過其他人將其劃分為少則兩類，多至七類，天哪！

我的目的是要協助各位對現存的協議及貨幣類型有個概念，部分是為了能讓大家增進理解，也有部分是為了投資考量。因此我整理出如下四大類別，前兩類與世界經濟論壇的分類方式相符：

- 基礎層協議（base layer protocols）：根區塊鏈網絡，方便數位資產的發明、交易及儲存。
- 第二層協議（second layer protocols）：建立在基礎層之上，提供更多特色及功能。

接下來兩大類包含各種產品及應用,讓消費者、投資者及企業得以和基礎層及第二層互動:
- 金融
- 非金融

基礎層協議

基礎層也叫做原生層(native layer),一切都是從這裡開始的。所有的數位貨幣一開始是某種協議,每個都是由發明者命名。舉幾個例子來說,中本聰發明了比特幣協議,維塔利克・布特林(Vitalik Buterin)打造以太坊協議,而傑德・麥卡勒布(Jed McCaleb)構想出瑞波協議。

每種協議都創造出一種數位資產,在各自的平台上運作,這有點像是在說:「我要打造一條公路,然後我要製造在這條路上跑的汽車。」這條公路就是區塊鏈,貨幣或代幣就是在上頭跑的車輛,協議則是制定那些貨幣必須遵守的規則。

每位發明者給他們的區塊鏈一個名稱,他們也替自己的貨幣命名。中本聰不算太聰明,把他的區塊鏈及貨幣都命名為比特幣。以太坊的貨幣是以太幣,瑞波的則是瑞波幣,以此類推。

就像股票有股票代號,例如亞馬遜(Amazon)是 AMZN,福特汽車公司是 F,華特迪士尼公司是 DIS。數位資產也有代碼,比特幣是 BTC,以太幣是 ETH,而瑞波幣是 XRP。所以每種協議都有三個描述詞,包括區塊鏈、貨幣及代碼,例如比特幣(Bitcoin)、比特幣(bitcoin)、BTC,或是以太坊、以太幣、ETH。

亞馬遜

華特迪士尼

主要基礎層協議

Arweave　arweave.prg
Arweave 的主要目標是確保重要的歷史及文化資訊永遠不會遺失、遭受審查或修改，它的代幣（名稱與該協議相同）獎勵儲存資料的人，因此把應用程式寄存在網路上的那些人不必擔心技術維護或經常性的寄存成本；他們的編碼一旦部署完成，就會永遠延續。

為了保存歷史資訊，Arweave 和 Internet Archive 這類的機構合作，確保記錄的安全。只要給付一次性費用就能儲存檔案，內容會上傳並且匿名分享。Arweave 在 2018 年問世。

Avalanche　avax.network
Avalanche 自詡是區塊鏈業界最快的智慧合約平台，擁有最多驗證者，確保它的任何持有量證明協議活動都安全無虞。它每秒能處理超過 4500 筆交易。

Bitcoin　bitcoin.org
第一個區塊鏈。

比特幣現金　bitcoincash.org
比特幣現金讓你花費不到 1 美分就能把錢轉給他人，並且安全地儲蓄而不需透過任何中介。比特幣現金也保有隱密性，沒有像銀行帳戶那樣的交易紀錄。自從它在 2017 年開始之後，每個月有超過 1100 萬筆、總價超過 3 億美元的比特幣現金交易。你能在數十家交易所買賣及持有比特幣現金。

cUSD　celo.org
cUSD 是一種追蹤美元價格的穩定幣。Celo 的目標是為那些沒有銀行帳戶的人提供服務。cUSD 於 2020 年推出，擁有 2 萬 7000 個錢包地址及 1500 萬 cUSD 的流通量，它已經處理過 100 萬筆以上的交易，由 Alliance for Prosperity 支援它的平台。Alliance for Prosperity 是擁有超過 100 個組織以上的團體，致力改善全世界資源不足及無銀行帳戶者的生活。

欲知最新名單及超連結，
請瀏覽 https://dacfp.com/cryptocatalog/

主要基礎層協議

柚子幣 (EOS)　eos.io
愈多人使用比特幣，它的價格就愈高。EOS 公鏈具有不同的模型：它鎖定 EOS，以便保留 CPU 頻寬（處理交易的時間）、頻寬（以位元組為單位的交易大小）以及 RAM（以位元組為單位的資料儲存量）。本質上，EOS 擁有數位房地產；當你鎖住代幣，你便保留了所有可用資源的一部分。你可以付少許手續費，讓你的帳戶啟動得夠久，能夠進行你的交易，或是存入閒置貨幣，以便收取由整個 EOS 區塊鏈產生的手續費利潤。依你的使用程度而定，你獲得的手續費可能多過你支付來啟動帳戶的費用。

以太幣　ethereum.org
以太坊首創「智慧合約」，它是一個可用程式控制的區塊鏈，意思是你能指定以太幣的轉帳條件。以太坊的數千部電腦網絡追蹤每份合約的狀態，每個人都能在以太坊的公開帳本上審查這些合約，這份公開帳本是由非營利組織 — 以太坊基金會（Ethereum Foundation）負責管理。要了解其規模的話，我們這麼說吧，微軟僱用了 4 萬名軟體研發工程師。相比之下，以太坊區塊鏈有 20 萬名研發工程師在進行程式設計。

Filecoin　filecoin.io
Filecoin 的宗旨是讓用戶從數千家散布各地的儲存供應商之中任意選擇，藉此將雲端儲存去中心化。你支付 Filecoin 來取得儲存空間，讓那些擁有多餘儲存空間的人能有動力去分享這些空間。Filecoin 在 2020 年 10 月推出；在 3 個月內，有數千名礦工提交了 1.3 艾位元組的儲存空間（容納量是存放在美國研究室所有資料的 650 倍）。到目前為止，Filecoin 上已經建構了超過 100 個應用程式。

萊特幣　litecoin.com
比特幣的轉帳平台用途受限於它處理交易的能力，萊特幣是為了解決這個問題而誕生，它確認區塊的速度比起比特幣要快八倍。

欲知最新名單及超連結，
請瀏覽 https://dacfp.com/cryptocatalog/

主要基礎層協議

MobileCoin mobilecoin.com

MobileCoin 的設計用途是手機用的數位現金，大部分的交易不到 10 秒就能完成。像是 WhatsApp、Facebook Messenger 及 Signal 等行動通訊應用程式，都能用一個 MobileCoin 錢包整合起來，每筆交易都受到加密保護。由於隱私支付的緣故，美國用戶無法使用 MobileCoin（編按：基於隱私支付可能衍生的洗錢疑慮，目前除美國以外也有其他國家禁止隱私支付。）

Neo neo.org

Neo 擁有目前最全面的區塊鏈平台功能，可用於構建去中心化應用程式，支持去中心化存儲、預言機和域名服務等多種功能。Neo 由達鴻飛和張錚文於 2014 年創立，是中國第一個公開的智慧合約平台，使其成為早期區塊鏈行業先驅。如今，Neo 擁有來自全球各地的開發人員，包括微軟、Facebook、亞馬遜、三星、戴爾、西門子等企業的人才，為核心開發、基礎設施和工具提供貢獻。

恆星 stellar.org

比特幣網絡的創建目的是專為交易比特幣。反之，恆星幣網絡將所有的貨幣數位化，讓全球金融系統能在單一網絡上運作，它也比其他區塊鏈更快又更便宜（它的帳本每五秒就驗證及更新）。它在 2015 年問世，為超過 400 萬個帳戶處理了 4 億 5000 萬筆以上的交易。

恆星網絡的數位貨幣是恆星幣（lumen），只需要初始化帳戶即可。完成後，你可以使用任何貨幣進行交易。比方說，世界各地的人都能使用數位美元，不需要美國銀行帳戶，對所有的法定貨幣來說也是如此。事實上，你能使用恆星網絡為任何資產發行代幣，從玉米到你提供一小時的顧問服務都可以。

任何用戶都能看到、持有及交易恆星幣，不過它具有高配置性。和其他支付系統不同的是，恆星網絡讓用戶能轉出某種貨幣，而收受者能接收另一種貨幣，在交易時一併兌換貨幣。Cowrie、Settle、Tempo、Finclusive 及許多其他貨幣，都在恆星網絡上進行操作管理。

欲知最新名單及超連結，
請瀏覽 https://dacfp.com/cryptocatalog/

主要基礎層協議

泰達幣　tether.to
泰達幣是穩定幣，和美元、歐元及離岸人民幣（編按：指在海外市場流動或是中國離岸交易的人民幣）掛鉤，它是目前在數位貨幣兌換法幣時，最廣為使用的幣別。

Tez　tezos.com
Tezos 在 2011 年問世，首創持有量證明協議。這個平台讓用戶能設置智慧合約，建立無法由第三方審核或禁止的去中心化應用程式。持幣人也能在沒有硬分叉的情況下，參與網絡升級，透過評估、提議或同意的方式進行修正。Tezos 能代理股票、黃金、不動產，甚至是總統選舉投票。

XRP　ripple.com
RippleNet 網絡能連透過單一介面連結世界各地數百家金融機構，讓匯款變得更快、更便宜也更可靠。透過使用 RippleNet，金融機構不需要以受款地貨幣預付帳戶，即可順利進行跨國支付。支付大約 3 秒鐘就能結算完畢；這個網絡每秒能處理超過 1500 筆交易，每筆只要花費 0.0003 美分。
RippleNet 在六大洲的 50 餘個國家都可使用，支付功能在超過 70 個國家通行。數十家公司和它簽署按需流動性（On-Demand Liquidity）的合約，包括速匯金（MoneyGram）、Azimo、桑坦德（Santander）、美國運通（American Express）、聯昌國際銀行（CIMB）、泰國匯商銀行（Siam Commercial Bank）、SBI，以及 HDFC。

Zcash　electriccoin.co
Zcash 能進行透明化交易，用戶也可以選擇部分或完全遮蔽他們的資訊，獲取交易級別隱私。Zcash 是由 Electric Coin Company 及 Zcash Foundationy 支援的開源專案。

欲知最新名單及超連結，
請瀏覽 https://dacfp.com/cryptocatalog/

第二層協議

研發者持續尋找方法來改善區塊鏈網絡,他們想達成三個目標:

一、去中心化,意即網絡(不是個人、公司或政府)要為資產負責。

二、安全性,意即網絡不會遭受破壞,或是它的資料不會遭到複製、改變、刪除、竊取,或是變得無法存取。

三、可擴展性,意即你原本為十個人做的事,現在你能為 10 億人而做。

達成這三項目標的努力叫做三難困局(trilemma),這是以太坊創辦人布特林發明的用詞。打造能達成這些目標之中一、兩項的區塊鏈很簡單,不過要三項都能達成非常不容易。

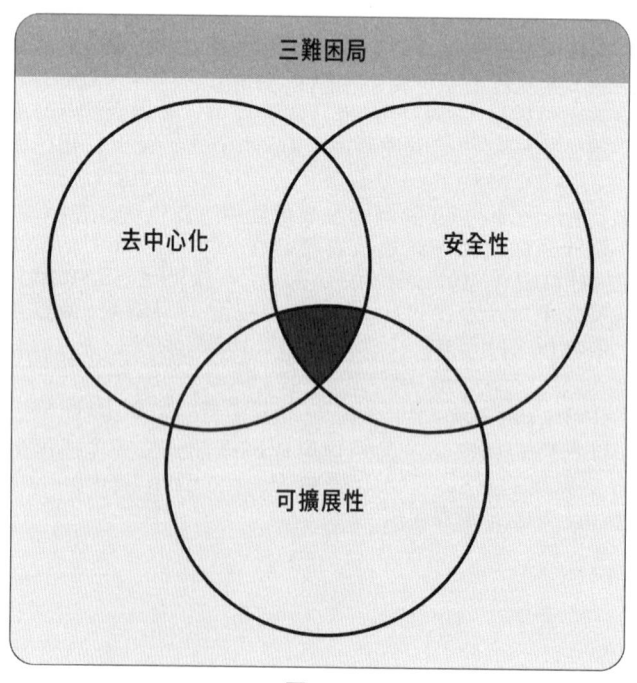

圖 7.1

舉例來說，比特幣及以太坊的目的著重在去中心化及安全性（兩者均非屬於任何人所有，而且也都不曾遭駭），不過它們提供這些特點，卻犧牲了可擴展性（以太坊每秒僅能處理 15 筆交易，比特幣的速度甚至更慢，每秒只能處理 7 筆。反之，Visa 每秒處理 2 萬 4000 筆，不過它受控於一家企業，而且多次遭駭）。

三難困局阻礙了基礎層協議，因此研發者在基礎層之上建立了一個架構。基礎層提供安全性及去中心化，而第二層協議提供速度及可擴展性。

第一個也是最知名的案例，是建置在比特幣區塊鏈之上的閃電網絡（Lightning Network）。閃電網絡是約瑟夫・普恩（Joseph Poon）及薩帝厄斯・追亞（Thaddeus Dryja）在 2015 年創立，完成交易的速度更快也更便宜，因為它不需要比特幣工作量證明的完整計算及結算，而是透過鏈下（off-chain）交易來進行，也就是說交易並非在區塊鏈上執行。

你可以想像在賭場的生活，把賭場當作區塊鏈。你走進賭場，把錢換成籌碼（賭場的數位貨幣），這是鏈上（on-chain，意即在區塊鏈上）交易，你需要荷官同意把你的錢換成籌碼，然後賭場會記錄這筆交易。不過你一旦上了撲克牌賭桌，你和其他玩家就能自由交換籌碼，而且賭場經常不會注意到這種鏈下（意即在各方之間）交易。只有在你把籌碼換回現金時，賭場才會插手，而這就是區塊鏈上所記錄的唯一交易。

比特幣
比特幣現金
比特幣 SV
以太幣

鏈上交易　　鏈下交易

圖 7.2

主要第二層協議

Aave　aave.com
Aave 是最早的去中心化借貸協議之一，讓你能使用數十種數位資產來放款或借款，這個平台上有超過 250 億種資產。

Bancor　bancor.network
Bancor 協議以合理及可預期的價格立即轉換代幣，它將以太坊及跨區塊鏈的自動化代幣兌換加以去中心化，使用智慧合約建立自動做市商（也稱為 AMM、流動性池〔liquidity pool〕或聯合曲線），因此它成為傳統交易所常見的買賣報價或委託簿方式的替代方案。

Bancor 協議持續顯示所有代幣的即時匯率，而且不只是金融機構及大型投資者，任何人都能隨時把任何代幣添加到網絡裡。自從 Bancor 在 2017 年推出之後，以太坊區塊鏈上的數百個代幣流動性池已經添加到這個網絡裡，數萬個錢包之間的代幣轉換已經超過 20 億美元。

Cardano　cardino.org
Cardano 建立在 Ouroboros 協議上，使用 Haskel 程式設計語言打造出無可比擬的安全性及穩定性。

Chainlink　chain.link
以太坊的智慧合約有時會要求鏈下資訊，少了它，這些合約便無法運作。Chainlink 解決了這個問題，把智慧合約安全地連接到可靠的外部資料來源及系統。LINK 代幣能啟動 Chainlink，它也能用來買賣法幣或數位貨幣。

Compound　compound.finance
Compound 存在於以太坊區塊鏈上，透過以太坊取得的任何資產都能存入 Compound，可以賺取利息；你也能公布資產作為抵押品，全天候都能從世界任何地方取得貸款。Compound 因此打造了一個新的信用市場，依供需來訂定利率。

欲知最新名單及超連結，
請瀏覽 https://dacfp.com/cryptocatalog/

主要第二層協議

Etherisc　etherisc.com
Etherisc 是第一個建立在以太坊區塊鏈上的保險協議，它確保保單條款永久性地編碼寫進智慧合約內，並且能立即又可靠地執行賠償。核發許可執照限制了成長；它對各種方法進行檢測，以便在未核發保險許可執照下，評估可程式化的風險保障。

The Graph　thegraph.com
The Graph 是索引協議，可以跨應用程式分享資料，因此任何人都能輕鬆地查詢疑問。在 The Graph 之前，開發團隊使用私有的索引伺服器；現在資料的儲存及處理都是在開放網路上進行，具有可驗證的完整性。

Lightning Network　lightning.network
Lightning 的目標是讓比特幣更快又更便宜，因此比特幣能成為網際網路的主要支付網絡。有了 Lightning，傳送及接收比特幣就和寄收照片一樣簡單。你可以即時結算一筆比特幣交易，而且手續費低得令人不敢相信：只要 0.0000001 聰（satoshi），所以你可以執行 1 億筆 Lightning 交易，手續費只要 1 聰。

> 欲知最新名單及超連結，
> 請瀏覽 https://dacfp.com/cryptocatalog/

我們也有其他的擴展方式，例如側鏈（sidechain）及子鏈（childchain）。側鏈是依附主鏈的區塊鏈，但是速度比較快，例如 Rootstock 及 Liquid。子鏈也是一個區塊鏈，在原始區塊鏈而非側鏈上運作，例如 Plasma。因此子鏈依賴它們的主鏈，而側鏈則否；子鏈和主鏈一樣安全，而側鏈則否。

Chainlink

Uniswap

MetaMask

主要第二層協議

OMG　omg.network
這個網絡的目的是實現數位資產的即時與點對點轉帳及支付，而且不只是數位資產，還有其他無形的價值，例如忠誠點數。OMG 建構在以太坊區塊鏈網絡之上，讓應用程式能運作得更快及更便宜，卻不會危害以太坊的安全性。OMG 能以三分之一的費用，每秒處理數千筆交易。OMG 的代幣分散到 67 萬 8000 個地址，讓它成為以太坊生態系統中最廣泛分散的代幣之一。

SushiSwap　sushi.com
SushiSwap 是 Uniswap 的對手（請見下方敘述），在 2020 年 8 月問世。

Uniswap　uniswap.org
Uniswap 是以太坊最大的專案之一，是一家去中心化的交易所（第 10 章會有更詳盡的說明）。從 2018 年起，這個協議支援了由超過 25 萬個唯一地址及超過 8000 種資產提供的 200 億美元成交量，並且為超過 4 萬 9000 個流動性供應商存入的 10 多億美元保障流通性。

> 欲知最新名單及超連結，
> 請瀏覽 https://dacfp.com/cryptocatalog/

金融產品及服務

　　中本聰創造了比特幣，人們因此能隨意把錢匯到世界各地，你認為這樣有創意嗎？等你讀完接下來的這些創新應用吧！這些全都建置在區塊鏈技術的基礎層及第二層之上。

Bitgo

金融產品及服務的主要區塊鏈應用

Binusu　binusu.com

烏干達有 4200 萬人，只有 600 萬個銀行帳戶，卻有 2300 萬個行動支付訂閱者。然而，行動支付的費用高，交易速度慢，而且功能及服務都有限。Binusu 讓烏干達人得以借貸、儲蓄、投資及買賣，方法是使用客製化區塊鏈來交易 BNU（一種和先令〔烏干達的貨幣〕掛鉤的穩定幣）。Binusu 因此得以為銀行系統之外的商家及消費者提供非託管型金融服務，它擁有全烏干達最低的利率，其商家服務提供即時結算功能。

BitGo　bitgo.com

BitGo 服務機構客戶；在 2018 年，BitGo 信託公司成為第一家專為數位資產設立的獨立受監管託管人。有數百家交易所、機構投資人及數位資產空間都使用它的安全平台。現在 BitGo 提供數位資產的安全儲存、主要服務（包括單一管理帳戶的借貸、買賣、清算、結算和其他資金市場服務），以及投資組合工具，包括稅務解決方案，以便協助客戶管理他們的持股。開發者及機構能輕鬆地把 BitGo 的服務整合到它們的應用程式裡。BitGo 擁有 350 多家機構客戶，分布在 50 個國家，每個月處理超過 150 億筆交易，占所有比特幣交易的 20%。

Cowrie　cowrie.exchange

奈及利亞的貨幣並非全球都能進行交易，導致跨國支付速度慢又昂貴。Cowrie 讓奈及利亞人能使用奈及利亞的奈拉支撐的數位代幣，快速又便宜地進行全球交易。

德意志銀行

cib.db.com/solutions/securitiesservices

德意志銀行是全世界十大金融機構之一，為機構客戶及其數位資產開發出完全整合的託管平台。這個易於使用的全方位平台透過保險等級防護下的機構層級熱、冷儲存，保障客戶安全。

欲知最新名單及超連結，
請瀏覽 https://dacfp.com/cryptocatalog/

金融產品及服務的主要區塊鏈應用

LocalBitcoins　localbitcoins.com
LocalBitcoins 讓不同國家的人能把各地貨幣交易成比特幣，全球經濟能在世界通行無阻。LocalBitcoins 在每大洲都通用，有超過 8000 個城市均能使用，最大成交量是俄國盧比和委內瑞拉玻利瓦。和交易所及中心化交易所不同的是，LocalBitcoins 讓用戶得以彼此協商，交易過程能客製化，速度快，適合交易而非投機買賣。

MetaMask　metamask.io
MetaMask 提供安全又易於使用的以太坊錢包，讓用戶能一次登入之後，和數千個網站及智慧合約互動，提供的使用案例勝過任何其他的解決方案，包括支付、交易及去中心化交易所（DEX）兌換、去中心化金融服務、遊戲、藝術收藏、國際交易、自主身分權及驗證等。有三分之二的 MetaMask Mobile 用戶來自北美及歐洲以外的地區，大多是在無銀行帳戶市場。

PayPal　paypal.com
這家支付公司擁有 3 億 4600 萬名消費者及分布在 200 多個市場的 2600 萬個商家。PayPal 企圖把他們對數位資產的採用擴展到全世界，它的目標是讓買家以比特幣支付，並且讓交易以法幣清算。在我下筆的此時，用戶能買賣及持有比特幣、以太坊、萊特幣及比特幣現金。

Rally　rally.io
Rally 讓擁有數百萬追蹤者的網紅、運動員及創作者發行及管理他們自己的數位貨幣，以便增加粉絲的互動。創立之後，粉絲可以購買或賺取這些貨幣，建立一個去中心化的社群。它的「無編碼」工具讓任何創作者都能發行貨幣，不需要任何技術知識或對數位資產的深入了解。

欲知最新名單及超連結，
請瀏覽 https://dacfp.com/cryptocatalog/

金融產品及服務的主要區塊鏈應用

Ripio　ripio.com
2019 年，阿根廷中央銀行（Central Bank of Argentina）將每個月的美元購買額度限制在 200 美元，徵收的稅率高達 65%，以避免準備金大量流失。Ripio 是南美洲數位資產公司的領導品牌，它讓阿根廷人能透過符合當地法規的產品存錢及賺取利息，卻不會受到購買限制及稅金的影響。

SuperRare　superrare.co
SuperRare 讓擁有網路連線的任何人都能取得藝術品。每位藝術家會替他們的作品核發鑑定證書，讓客戶能追蹤出處。

XBT Provider　coinshares.com/etps/xbtprovider
2015 年，CoinShare 的比特幣追蹤器（Bitcoin Tracker）成為第一個在受監管的交易所能取得的比特幣安全系統，讓投資人能輕鬆透過傳統證券交易所購買數位資產。

> 欲知最新名單及超連結，請瀏覽 https://dacfp.com/cryptocatalog/

非金融應用及服務

　　假如你對金融界的創意留下深刻印象，在你讀到該產業之外的那些創新之舉時，你會加倍佩服。

金融業之外的主要區塊鏈應用及服務

CryptoFund　cryptofund.unicef.io

2019 年 10 月，UNICEF 推出 CryptoFund，收取及支付比特幣和以太幣，以便資助在新興或發展中經濟體的新創公司，使用創新技術來解決當地的問題。把數位資產匯入新創公司可以在短短幾分鐘之內完成，不需要任何手續費；相較之下，傳統方式需要幾個中間銀行花好幾天才能完成，而且最多會收取匯款金額的 8% 作為手續費。

World Food　Programme innovation.wfp.org/project/

2020 年諾貝爾和平獎得主──世界糧食計畫署（World Food Programme）──是全世界發送人道主義現金的最大型機構，它發送了數十億美元給分布在幾十個國家的數千萬人。贈與現金給那些弱勢者經常是分配人道援助最有效又快速的方式，同時也能支援當地經濟。然而，在世界糧食計畫署營運的許多地區，經常沒有足夠或可靠的金融提供商，甚至根本無法取得。在其他的地方，難民無法開設或使用銀行帳戶。

為了解決這些問題，世界糧食計畫署使用數位資產網絡，透過手機發送金錢。受益人能掌控他們如何及何時收取及花用現金，例如在零售商店、ATM，或是透過行動支付等。比方說，有 2500 萬美元是透過 110 萬筆交易匯給難民，包括在約旦的 10 萬 6000 名敘利亞難民。世界糧食計畫署使用區塊鏈技術，刪減了 98% 的銀行交易手續費。

欲知最新名單及超連結，
請瀏覽 https://dacfp.com/cryptocatalog/

第 8 章
數位資產是錢嗎？

　　中本聰的用意顯然是讓比特幣被視為金錢，成為一種取代所有法幣的數位貨幣。中本聰的美夢成真了嗎？如果沒有的話，未來有機會成真嗎？

　　要回答那個問題，我們必須首先回答這個：錢是什麼？我們來探索這個概念，你才能決定比特幣或任何其他數位資產是否符合（或者未來是否會符合）這個定義，或者這是否真的重要。這能幫助你決定你是否想擁有任何數位資產，以及如果是的話，你想要哪一些。

錢是什麼？

　　幾世紀以來，金錢一直擔任社會的核心協調功能，讓我們有效地進行交易，我們就不必依賴效率差的以物易物（barter system）方式了。

　　如果你給你的鄰居一夸脫牛奶，交換一杯糖，這就是以物易物。歷史紀錄顯示，早在西元前 6000 年，還沒發明貨幣之前，美索不達米亞人、腓尼基人及巴比倫人就使用過這種方式了。

　　不過以物易物很麻煩，因為你必須帶著那些牛奶，直到你找到有糖的人。這時需要更簡單的交易方法，因此錢的概念便油然而生了。與其帶著牛奶，我可以帶幾張小紙片、金屬或其他物品；當你告訴我，你要一些糖，我可以給你紙片來交換，日後你可以把紙片給某個提供你牛奶的人。

以物易物 vs. 金錢經濟

　　錢讓生活變得有效率，你不必在給我糖的當下就收下牛奶。比起牛奶，錢更容易攜帶及保管，那張紙片可以交換任何物品，你不必擁有那個有牛奶的人想要的東西。

　　我們的祖先使用各種物品當作錢，包括動物、農作物、貝殼、金屬、紙張、鹽，甚至是大石塊。

　　牛奶就是牛奶，假設是新鮮的，任何牛奶其實都差不多，因此人們很容易同意要拿多少牛奶來換一杯糖。不過假如我給你錢幣來換糖，你會要多少個錢幣呢？

　　你會想知道是誰製造那個錢幣，這是第一個問題。在早期，任何人都能打造錢幣，就像任何人都能擠牛奶一樣。因為個人及商家打造自己的錢幣，其中很多都證明了毫無價值，結果人們不願意接受他人支付錢幣，最後又回到麻煩的以物易物了。

　　為了帶給大家信心，相信錢幣值得接受，於是政府開始宣布只有他們才能印製鈔票。政府比較穩定，也擁有權力（感謝他們的軍隊）去執行他們的法規。不過問題是，政府來來去去，而且總是不會只有一個。

雅浦島石幣

住在密克羅尼西亞雅浦島的人使用石頭當作貨幣，稱為rai。這些石幣的直徑從1.5吋到12呎不等，重量可達8800磅，最大的石壁太難搬動，因此所有權是靠口述歷史為依據。在島上還是能看到這些石塊，世界各地的博物館裡也有。

© Adobe Stock printed with permission

比方說在美國，13個殖民地都發行貨幣，但是麻薩諸塞州的貨幣和賓州貨幣的價值不同，那些相對價值也並未獲得廣泛的一致認同。

這不是一本經濟歷史的書，因此我會跳過細節，不過你知道這一切的結果如何：在美國，現在聯邦政府是唯一的貨幣發行者，而且就像每張1元紙鈔上所寫的，貨幣對於公家及私人的債務都有效。其他政府也印製貨幣在各自的國內使用，而許多人拒絕接受由其他政府印製的貨幣。不過美元在世界各地幾乎是每個人都接受。

但是那些美元依然是印製在紙張上。[21] 美國財政部印鈔局（Bureau of Engraving and Printing）每年印製42億美元的貨幣，價值從1美元到100美元不等。

---

21. 事實上，它的材質有75%的棉、25%的麻，部分原因是政府為了防偽所做的設計。

你要怎麼支付?加密貨幣、Venmo、Zelle、電子資金轉帳、信用卡、支票、現金、貴金屬、色彩鮮豔的貝殼,還是家畜?

當然了,把錢放在錢包裡比帶著牛奶要輕鬆很多,不過錢還是很麻煩,尤其是當你有很多的錢,你想在口袋或錢包裡放個幾十萬或幾百萬元到處走嗎?

因此人們很快便決定,他們需要一個地方來存放他們的錢,所以銀行便誕生了。一開始,你把錢存到地方銀行,然後銀行把錢放進金庫裡。但是現在情況不一樣了,你可以透過電子方式存款,地方銀行的手上也沒有多少現金。(在瑞典,提領現金需要事先通知銀行,而且要收取手續費)

不過財政部依然繼續印製紙鈔。

我們已經幾乎把所有的東西都數位化了,包括照片、醫療紀錄及契據等,因此不可避免的是,有人會想出如何把錢數位化。那個人不是聯準會、世界銀行,或是國際貨幣基金組織(International Monetary Fund),而是中本聰,真是出乎意料。

但比特幣真的是錢嗎?

「喔,我們的婚姻其實沒什麼問題。我們只是想要找個方式來把它貨幣化。」

定義「錢」

要回答這個問題,我們先來確定什麼才能稱為錢。錢(money)通常具有三種主要功能:

一、價值的儲存
二、計算的單位
三、交易的媒介

我們來逐一探討吧。

◆ 價值的儲存

你有信心錢包裡的每一塊錢都能維持它的價值,多虧這種信心,你今天願意收下一塊錢,即便你沒打算在未來的幾天或幾十年內花掉它;同時你也能輕鬆地隨時儲存或取回你的錢。對牛奶而言,這一切都行不通,因為它會隨著時間流逝而腐敗,所以無法保持它的價值。

然而錢不是完美的價值儲存方式,因為它的購買能力也會隨著時間消失,這是由於通貨膨脹的緣故。在美國,聯準會的目標是每年減少 2% 的貨幣價值,這是一項刻意制定的政策,因此你能預期錢包裡的每 1 美元到明年此時,價值會只剩 98 美分。

假如每年損失 2 美分令你感到惱火,想想看那些政府及經濟都更不穩定的國家吧。委內瑞拉的 2021 年通膨率高達 2300%,也就是說你在早上花 100 元買的雜貨,到了當天晚上就要花 300 元才買得到。在 2021 年,你需要 4000 億委內瑞拉玻利瓦去買 1 美元就能買到的東西。

我們可以放心地說,假如你的貨幣不能儲存價值,那就不算是錢了。

◆ 計算的單位

錢能用來形容商品及服務、資產及負債的相對價值,這讓我們為某樣東西訂定價錢,並且拿它和別的東西做比較。

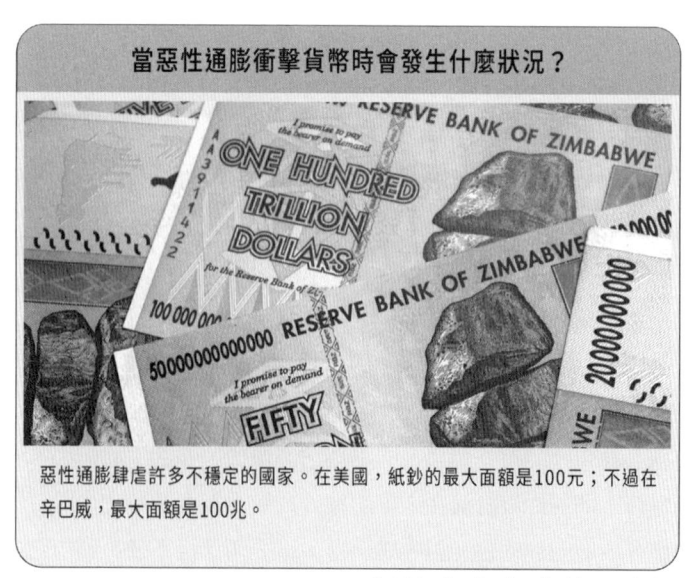

惡性通膨肆虐許多不穩定的國家。在美國,紙鈔的最大面額是 100 元;不過在辛巴威,最大面額是 100 兆。

© Adobe Stock printed with permission

當我們看到一輛車價值 3 萬美元，另一輛價值 10 萬美元，我們立刻明白兩者的相對價值。少了錢作為共同點，大家幾乎不可能進行商務交易。

◆ 交易的媒介

錢是一種媒介物，讓商品及服務的交易更便利。少了它當作交易媒介，我們便不得不仰賴麻煩的以物易物了。

比特幣能滿足這三種定義嗎？

是的，根據這三項特徵，比特幣就是錢。

但是有些人主張，我們要考慮的不只這些。他們說比特幣不能被視為錢，因為它沒有任何有形物品的支撐，例如黃金或白銀。這種主張不成立，最簡單的理由是美元也沒有黃金或其他物品的支撐。

美元具有價值，因為使用它進行交易的雙方贊同它具有價值。這兩方

	美元	比特幣
價值的儲存	✓	✓
計算的單位	✓	✓
交易的媒介	✓	✓

圖表 8.1

對於這種貨幣有信心，因此願意使用它，他們信任這種貨幣。

比特幣具有類似的贊同、信心及信任嗎？

人們對於比特幣的贊同、信心及信任程度，無法與美元相比擬。或許當比特幣的流通性更高，這些程度會隨之增加。世界各地有數百萬人已經相信比特幣是錢，因為它通過上述三種特徵的考驗。或許有一天，每個人都會贊同吧。

我們假設在這個當下，你屬於贊同比特幣是錢的那群人之一，這表示比特幣也是貨幣嗎？

定義「貨幣」

貨幣（currency）是錢的實體呈現。因此當我們提問比特幣是不是錢的同時，我們必須也要問，比特幣是否能被視為貨幣。

貨幣具有六種特徵：

一、耐用性

二、可攜性

三、可分割性

四、一致性

五、限量供應

六、接受性

我們來逐一檢視，這樣才能決定比特幣是否通過考驗。

耐用性：貨幣必須夠耐用到能重複使用。家畜及農產品無法通過這項考驗，但是紙鈔和硬幣可以。

可攜性：貨幣能輕鬆地攜帶及使用。紙鈔攜帶方便，桶裝油則否；少量黃金可以隨身攜帶，但是大量則否。

可分割性：貨幣必須能縮減成小面額。美元可以縮減成美分，金條能切割成盎司或公克，假如你有適當的設備，甚至能分割成原子。

一致性：貨幣的每一單位必須和其他相等單位具有同樣的價值，不管那個單位是何時製造的都一樣。比方說，每一美元和其他美元都具有相同的價值。

限量供應：為了讓錢維持價值，貨幣必須保有稀缺性。聯準會嚴格控管美元的發行，以防止過度供應進入市場。正如我們所見的委內瑞拉玻利瓦及辛巴威元，貨幣過度發行會遽減錢的價值。

接受性：貨幣必須被人們普遍接受，用來交易商品及服務。美元在全世界通行，不只是美國境內的 50 州。

比特幣是否滿足這六項特徵呢？

耐用性：數位資產非常耐用，因為它們是位元及位元組，軟體編碼永遠不會降解或蒸發，那些構成我們的電子年代的 0 和 1 會永存不朽。

可攜性：數位資產可以任意攜帶沒問題，因為資料儲存在網際網路，然後透過手機上的應用程式存取，你的數位資產會如影隨形跟著你。你總是能立刻存取，也能在數秒內把你的數位資產轉匯給其他人。

可分割性：比特幣的最小面額是聰（縮寫為 sat），每一聰值 0.00000001 枚比特幣。1 億聰等同一個比特幣。[22]

一致性：比特幣就像是美元和黃金，每一枚都一樣。家畜、蔬果、房屋或汽車就不是這樣了。

限量供應：美元的供應不斷成長，因為政府持續印製（尤其是在金融危機時期），比特幣則不同，是限量供應。比特幣的總生產量只會有 2100 萬枚。[23]

> 許多人（包括我）相信，比特幣的有限供應有助於它的價格上漲，這是典型的供應與需求經濟學理論，我們會在第 11 章詳述。無可否認地，這可能妨礙比特幣成為貨幣，因為假如你確信價格會上漲，你就不會想拿它去買雜貨，而是大量囤積。事實上，有一種說法來形容這種人：守幣人（HODLer），這些人也叫做鑽石手，因為就像那句名言——鑽石恆久遠，一顆永流傳。

---

22. 為了這個原因，無論比特幣的價格變得多高都無所謂。它的價格已經高到大多數人都買不起一枚，人們改買一枚比特幣的一部分 1 聰（類似的例子是，沒人有足夠的錢去買 Apple，所以改買一部分的 Apple，也就是一股。而且因為現在 Apple 一股很貴，你可以花 5 美元買一股的一部分）。在未來，人們不會提及比特幣，而是改談聰。
23. 限量供應並非總是數位資產的特色，有些容許無限制的產量。（比方說，現存的狗狗幣有超過 1300 億枚，而且每年增加 50 億枚——這是投資狗狗幣既愚蠢又危險的諸多原因之一，我們之後再詳述。）

接受性：愈來愈多人接受比特幣作為支付的方式。全世界有數千萬店家接受透過 PayPal 支付比特幣，政府（由薩爾瓦多開始）也開始指定比特幣作為法幣之外的官方貨幣，但是接受度還不普及。

比特幣顯然具有貨幣的所有特徵，或許除了接受性之外。比特幣有資格成為貨幣嗎？我想這要看你詢問的對象以及你所在的國家而定。最後，這個答案會變成是明確的是或否，不過在此時此刻，就交由你來決定了。

	美元	比特幣
耐用性	✔	✔
可攜性	✔	✔
可分割性	✔	✔
一致性	✔	✔
限制供應	✔	✔

圖表 8.2

勝過比特幣的數位貨幣

把比特幣當作貨幣使用的最大顧慮之一是它的波動性，你怎麼能對一種價格不斷波動，而且經常大幅變化的貨幣抱持信心呢？

這時穩定幣上場了。我們在第 7 章介紹過泰達幣，它和所有的穩定幣宣告要做比特幣做不到的事 —— 提供穩定的價格。假如這話屬實，這能使得它們真正擔任數位貨幣的角色。因此讓我們來進一步探討穩定幣吧。

穩定幣

比特幣和其他數位資產的價格都是「由投資者隨便喊」,但是穩定幣不同,它的價格和它要取代的貨幣是一樣的,因此減少了波動性。

比方說你要買價值 100 美元的美國穩定幣。贊助商用你的錢去買 100 美元,因此打造出穩定幣與美元 1:1 的比例。實際上,這使得使用穩定幣和使用美元毫無二致。

那麼為何要費事使用穩定幣呢?為什麼不像我們一直以來使用美元就好?

答案很簡單:美元是在聯邦金融系統之內運作,你需要銀行帳戶來儲蓄,而且只能依照它的規則匯款,也就是如同我們在第 2 章所得知的,耗時又耗錢。相反地,你隨時都可以轉匯穩定幣,而且幾乎是免費的。

穩定幣確實是有兩個問題,而且第二個是第一個所造成的。第一個問題是,如前所述,穩定幣不見得符合聯邦銀行法。比方說,銀行被要求維持某種額度的資金,但是穩定幣沒有這種義務,也未被要求遵守洗錢防制法、守法納稅或其他的法規,而且沒有美國聯邦存款保險公司(FDIC)來保護你。

> 有些穩定幣和美元掛鉤,另外的則是和歐元或日圓,或是一籃子組合法幣掛鉤。
>
> 其他穩定幣和商品掛鉤,例如金、銀或石油。有些甚至有演算法支撐,控制供需以穩定代幣價格。
>
> 而且沒錯,有一種穩定幣是由(你猜到了)其他數位貨幣支撐。

「股票的價格會根據這三種因素波動……」

這帶來了第二個問題。所有的穩定幣都表示它們是以 1:1 和它們所選取的貨幣掛鉤，但是沒有任何法律或規章要求它們這麼做。因此你可能預料得到，那些據稱擔保某些穩定幣的資產便會引發疑問。

想想泰達幣，它是最大的穩定幣，宣稱所有的存款只以美元支撐。不過美國證券交易委員會表示，泰達幣的許多資產都是存放在美國財政部、銀行定存、商業票據、公司債券及市政債裡，那些資產不如美元那麼安全（2021 年 10 月，泰達幣和 Bitfinex 繳交 4100 萬美元的罰款給美國商品期貨交易委員會〔CFTC〕，因為它不實表述它的數位代幣由美元完全支撐）。

政府憂心忡忡，因為投資人及消費者在穩定幣投入了 1200 億美元。許多聯邦機關正在處理這個問題，包括美國總統金融市場工作組（President's Working Group on Financial Markets）、聯準會、金融管理局，以及金融穩定監督委員會（Financial Stability Oversight Council）。穩定幣有可能受到監管，甚至是廢止嗎？答案將在本書的續篇中揭曉。

不過政府豈不是有點可笑嗎？我是說，他們為何要反對穩定幣？就概念來說，比起目前的金融系統，它們是更好的選擇。我們現有的金融系統要匯款到國外的話，花的時間太久（五天），手續費也太高（平均6.7%）。在美國境內要匯款的話，甚至要花一週或更久的時間（試試看把一張支票郵寄給住在另一州的某人，看看在存入支票之後要花多久的時間結算）。假如你電匯資金，會有衍生的匯費。這一切的前提是假設你擁有銀行帳戶。我們目前的系統在50年前可能符合時宜，不過現在由於目前的技術能力，我們的系統已經嚴重過時了。

所以與其煩惱穩定幣及毫無規範的事實，並且害怕擔保不足，政府何不創建自己的穩定幣呢？！

新聞快報：他們即將這麼做了。

中央銀行數位貨幣

在這個十年結束之前，你會賺入、收取、使用及儲存數位美元（digital dollar）。它們和你的口袋或錢包裡的美元一樣，都是由聯準會發行，並且受到美國聯邦政府的完全信任及信用支持。

要了解這件事為何及如何發生，我們先退一步，看看政府（獨力或者和鄰近國家合作）如何發行貨幣。

這個過程的開始很簡單：政府僱用一家銀行，銀行印製貨幣，分配給其他銀行。它的特許證內容包括這家銀行要為國家的貨幣政策負責，這包含了設定利率及決定它要在全國分配多少貨幣。這家銀行甚至擁有監管其他銀行的權力，例如相對於它們的存款，它們必須持有多少現金（這會影響到它們的獲利潛能）。獲得這份政府特許證的銀行能獨占上述所有權力，國內沒有其他銀行擁有相同的特權。

很顯然地，這是一筆好交易。你可能會想，國內的每家銀行都想爭取獲選的機會。其實不然，事情不是這樣運作的。政府通常只是設立一家新銀行，把

所有的權力與責任交給它。因為這家銀行對於國家的經濟體系如此重要，占有中心地位，於是把它叫做中央銀行（central bank）。

全世界的每個國家幾乎都有中央銀行，甚至還有一個協會，叫做國際結算銀行（Bank for International Settlements）。目前全世界的179家中央銀行裡，有63家是它的會員。

所有中央銀行的運作都很類似，它們所有的共同慣例之中，有一項特別值得注意：它們全都依然在印製貨幣。

認真的嗎？

沒錯，就算在這個數位時代，它們依然以傳統的方式進行。就算你，身為一位平凡的公民，都用比中央銀行更先進的方式在管理你的錢。你透過電子銀行存款收取你的薪資、退休金、年金以及社會安全福利金。你用信用卡及簽帳金融卡繳交帳單，而且透過數位應用程式，例如PayPal、Venmo及Zelle來匯出及收取款項；你甚至不需要手動繳交大部分的帳單，只要把它們加入自動轉帳，這樣就不必費心去處理了。你申請退稅、繳稅，也能透過電子方式收取退稅款項。

你大多透過網路購物，當你在實體店面，你只要在收銀檯刷一下手機。你不記得最後一次用現金買東西是什麼時候了，你可能甚至不再攜帶現金，因為根本派不上用場。

然而政府還是繼續印製鈔票。

那些印製的鈔票問題重重，其中之一是花費大量的功夫。美國印鈔局每年花費超過10億美元印製面額1到100美元、總值58億美元的紙鈔。那筆錢必須安全防護，送達地方銀行，並且防止偽造。而且每年會有大量紙鈔遭到銷毀，衍生出更多的花費。

就算是紙鈔本身也會製造問題，第一個問題和恐怖主義及毒梟有關。罪犯和恐怖分子不會拿Visa卡或萬事達卡去購買毒品或炸彈，而是使用現金。舉例來說，2007年，美國及墨西哥當局在一場破獲毒品行動中，查獲2億美元。流氓國家及恐怖組織大多透過非法使用現金來資助自己。

另一個問題是逃稅。當你支付你的褓姆 50 美元時 [24]，你在報稅時可能不會申報這一筆，而且褓姆在申請退稅時也不太可能會提報這筆收入。同樣的情況也適用於營造商，他們說你想要的新屋頂要價 2 萬 5000 美元，不過付現的話就只要 2 萬美元，因此屋頂工人有機會「忘記」跟國稅局申報這筆收入，可能因此省下 1 萬美元的稅金。這個問題有多大呢？美國國稅局局長查爾斯・瑞提格（Charles Rettig）表示，一年的未付稅款高達 1 兆美元，等於聯邦政府在新冠疫情前的全部預算赤字。換言之，國會不需要提高守法納稅人的稅率，只需要收取那些逃稅人的未繳納稅款。

當然了，從執法及守法納稅的角度來說，紙鈔既危險又有害。但是現在有解決方案：數位貨幣。

數位貨幣就算無法徹底消滅恐怖主義籌資、非法毒品交易及逃稅，也能對這些行動造成嚴重阻礙。這是因為數位貨幣會留下數位足跡，每一筆電子交易都能被追蹤，這或許會惹怒隱私權倡議者，但是可以讓犯罪分子驚慌失措。

這就是數位資產普遍為人所接受的原因：政府愛死它們了，這也是為何全世界的每一家中央銀行都投資或開發中央銀行數位貨幣（central bank digital currency）。巴哈馬已經發行屬於它們的中央銀行數位貨幣，叫做沙元（巴哈馬的貨幣是元）。這個島國的政府意識到颶風經常迫使地方銀行歇業數週，居民因此無法在需要用大筆金額時提領現金。即便在銀行無法讓島上的經濟運作時，沙元卻可以辦到。

不光是巴哈馬如此，中國正在試驗數位元，俄國則是嘗試數位盧布，日本是數位圓。奈及利亞在 2021 年推出數位貨幣，巴西及瑞士在 2022 年推出，瑞典則是在 2023 年。澳洲、馬來西亞、新加坡及南非的中央銀行正在測試和國際結算銀行共同發行聯合中央銀行數位貨幣，香港、中國、阿拉伯聯合大公國及泰國也在做同樣的事。

在美國，波士頓聯邦準備銀行和麻省理工學院數位貨幣倡議合作，找出

---

24. 使用 Venmo 或 PayPal，對吧？還有人在使用現金嗎？有誰？有嗎？

數位貨幣的好處及難處。波士頓聯邦準備銀行協理羅伯特 · 班區（Robert Bench）表示這項企畫的潛力「無窮」。同時聯準會也聘請了它的第一位首席創新官，聯準會理事會副主席萊爾 · 布雷納德（Lael Brainard）在2021年7月表示：「重要的是聯準會在中央銀行數位貨幣方面的研究及政策發展保持領先，」並且提及：「美元在國際支付占有重大的主導地位，如果世界上其他主要司法管轄地能提供中央銀行數位貨幣，但美國卻沒有，這樣實在是不合理。對我而言，這聽起來不像是永續的未來。」

其他人也同意。英格蘭銀行在2021年7月的一份報告指出：「新型態的數位貨幣會是經濟體中支付方式演化過程中，最新的一項革新。它們能讓支付變得更快、更便宜又更有效率，也能潛在地強化普惠金融。新型態的數位貨幣可能在成本及功能的部分帶來益處，在轉換到更加以市場金融為導向的過程中，也可能獲得潛在利益。它也可能強化貨幣政策的傳播。」隔月，歐洲中央銀行總裁克莉絲汀 · 拉嘉德（Christine Lagarde）說：「我們需要確定我們正確地進行，這是我們欠歐洲人的。」日本、加拿大及南韓的中央銀行全都發布白皮書，讚揚中央銀行數位貨幣的好處。

總之，根據國際結算銀行表示，全世界有80%的中央銀行正在探索中央銀行數位貨幣，預計在2025年會在世界各地受到廣泛使用。難怪勤業眾信（Deloitte）在2021年進行的調查中，有76%的金融專業人士同意，數位資產「在接下來的五到十年間，會成為高度替代或完全取代法幣的選項」。德意志銀行的某項研究也做出了相同結論，表示到了2030年，虛擬貨幣可能取代現金。

臉書的威脅

但是我們不要騙自己了。中央銀行不是只為了中央銀行虛擬貨幣的好處才計畫發行，它們發行這些貨幣是因為太害怕萬一不發行可能會發生的狀況。

它們的恐懼在2019年浮出檯面，因為當時馬克 · 祖克柏（Mark Zuckerberg）宣布他在瑞士創立一個非營利組織，而且將會發行穩定幣Libra

（現在稱為 Diem）。Diem 和世界各大法定貨幣掛鉤，只有屬於 Meta 平台的應用程式用戶才能擁有，例如臉書、WhatsApp 和 Messenger。這些用戶能轉帳給彼此，而且在與亞馬遜、沃爾瑪、Craiglist 及 eBay 競爭的 Facebook Marketplace 上購買商品。

臉書在全世界擁有近 30 億名用戶，差不多是地球上的一半人口；在所有擁有網際網路連線的人之中，有三分之二的人擁有臉書帳號。假如世界上的每個人現在都能使用在政府的許可或控制之外運作的貨幣，立即購買任何東西及匯款給任何人，那麼為何會有任何人還需要使用美元、英鎊或歐元呢？一個世界，一種貨幣，這些全都在一個人的掌控之中，那個人是馬克‧祖克柏。

全世界的政府立刻嚇壞了。在祖克柏宣布消息的短短幾分鐘之後，法國財政部長布呂諾‧勒梅爾（Bruno le Maire）表示法國不會容許 Diem 進入歐盟，並且列舉對它的貨幣主權造成的威脅；日本立刻開始調查 Diem 以及它對日本貨幣政策及金融法規的潛在衝擊；來自 26 家中央銀行的高層隨即召開會議討論 Diem。

在美國，就在祖克柏發表聲明之後的數小時內，美國有一群監管者及立法者便高聲抗議。美國眾議院議員瑪克辛‧華特斯（Maxine Waters），也是眾議院金融服務委員會主席，她把祖克柏帶到國會大廈出席聽證會，後來寄了一封信給臉書，要求停止開發 Diem，列舉對於隱私權、國家安全、貿易及貨幣政策的顧慮。聯準會主席傑洛姆‧鮑爾（Jerome Powell）告訴國會，聯準會對 Diem 有「重大顧慮」，川普總統也推文表示，假如臉書想要進續進行，它「必須申請新銀行執照，並且遵守所有的銀行法規」。2021 年 10 月 19 日，美國參議員理查‧布魯蒙索（Richard Blumenthal）、謝羅德‧布朗（Sherrod Brown）、布萊恩‧夏茲（Brian Schatz）、蒂娜‧史密斯（Tina Smith）及伊莉莎白‧華倫（Elizabeth Warren）寫信給祖克柏，要求他「不要把 Diem 帶進市場」。

當局並沒有到此為止。國會也找上 Visa 卡、PayPal、萬事達卡及 Stripe，強迫他們說明假如 Diem 推出之後，他們會怎麼做。

面對這麼多的阻力，祖克柏……扼殺了 Diem。他起初試圖安撫政府官員，將那家非營利組織從瑞士搬遷回美國，但是國會不為所動。因此祖克柏以 1 億 8200 萬美元（現金及股票，不是比特幣）的價格，將 Diem 賣給了 Silvergate Bank。

儘管施展了這些計謀，全世界的政府都知道它們阻止不了這件事。當然了，它們或許阻擋了 Meta，不過這只是因為 Meta 是一家大公司，有其他它想保護的商業利益。但是可能會有另一個沒有這種弱點的玩家出現，網際網路無所不在，區塊鏈技術讓組織得以在沒有中央地點或當權者的情況下成立（第 10 章會詳述這些去中央化的自主組織），政府因此更難阻止或者甚至只是規範他們。

因此，中央銀行虛擬貨幣提供絕佳福利給所有的對象，包括政府、企業及消費者。全世界的中央銀行都想打造自己的數位貨幣，因為它們知道不這麼做的話，會有像祖克柏這樣的人起而代之，消滅它們及這世界現有的金融系統。

假如你不能打敗它們，那就加入它們吧。

於是這些中央銀行便加入了它們。當它們這麼做，問題便浮現了：假如政府提供我們數位貨幣，我們會依然需要穩定幣嗎？

中央銀行數位貨幣對比特幣造成威脅嗎？

監管機關不必禁用穩定幣，它們可以讓穩定幣失去必要性，方法是創建自己的穩定幣。沒錯，比起由私人實體發行的數位貨幣，聯準會發行的應該會更受企業及消費者的歡迎。一切取決於市場機制，不過毫無疑問的是，聯準會的中央銀行數位貨幣會是極具競爭力的穩定幣。

假如中央銀行數位貨幣贏得這場穩定幣戰爭，對於比特幣來說代表著什麼呢？中央銀行數位貨幣是否對比特幣及其他類似的數位資產造成存在的威脅 —— 要不是因為政府會禁用比特幣（就像他們可能禁用穩定幣），不然就是消費者興趣逐漸消退（然後比特幣就會失去價值而逐漸消失），因此大家都選擇聯準會的中央銀行數位貨幣？

我認為這兩種情節都不會發生。比特幣作為貨幣的前景依然絲毫無損，例如薩爾瓦多便決定將它訂定為正式貨幣（在我下筆的此時，巴拿馬、烏克蘭及巴拉圭也起而仿效）。不過就算比特幣並未被廣泛視為貨幣，它依然不會對中央銀行造成威脅，像是 Diem 那樣。

原因是什麼呢？人們可能爭論比特幣是不是數位貨幣，但它毫無疑問是數位資產。數位資產不會對聯準會形成威脅，證據是，現在已經有很多數位資產，例如飛行哩程、禮物卡、忠誠點數等，但是它們並未令任何中央銀行感到害怕。當然了，比特幣及其他數位資產面臨價格、可用性、安全及隱私的問題，不過那些都能輕易地受到規範，就像股票及債券市場受到規範那樣。

那也說明了為何人們對比特幣的興趣不曾消退。所有資產的價格都會波動，這點並不曾讓投資者卻步，反而是一種吸引。你不能透過購買貨幣致富，但是你可以購買股票、房地產及棒球卡而變得富有。假如人們認為他們能藉由購買比特幣及其他數位資產來賺錢，他們就會繼續買下去。

所以，世界各地的政府發行中央銀行數位貨幣，是提升而非減損比特幣的合法性。發行數位貨幣是聯邦政府在坦白承認，數位貨幣行得通，並且擁有紙鈔所缺乏的特色及好處，這是對區塊鏈（這種技術會被用來發行及管理所有的中央銀行數位貨幣）毫無保留的背書，因此也是對所有數位資產的背書。

因此，你會得以購買由政府發行且價格穩定的數位貨幣，或是由其他機構發行的數位資產，而其價格會帶給你致富的機會。這兩者會和平共存。

黃金 vs. 比特幣

既然討論到錢，怎麼能漏掉討論黃金，這不是因為黃金是錢，而是因為有些人堅持它是。這些「金蟲」相信黃金是唯一真正的錢，而股票、債券、房地產及所有其他的資產都不值得擁有。

但是比特幣擁護者相信比特幣勝過黃金，有些人甚至將比特幣稱為是「數位黃金」。

對黃金狂熱者而言，這番話會引發論戰。而且黃金擁護者自然會提出很多持有黃金的理由：

- 黃金是 5000 年來價值的儲存，提供了其他資產比不上的信心。
- 黃金是實體資產。它不只是一張代表其他意義的紙。
- 黃金可以抗通膨及地緣政治的不確定性。
- 黃金有許多商業用途，因為它是惰性金屬，不會褪色或腐蝕，不需要上油、保養或維修。它可以熔化，容易製成金屬絲，敲打成超薄金屬片，或是和其他金屬鑄成合金。它能導電，而且不會引起過敏。黃金經常用於珠寶，不過也用在電子產品、空間計畫及醫療保健（包括牙科和類風溼性關節炎及癌症的治療）。因為黃金長久以來令人聯想到優越性，因此經常用來製作獎品及獎章。
- 黃金開採從 2020 年起便開始式微，但是需求卻日益增長，供需理論顯示黃金的價格會上漲。
- 黃金和股票或債券沒有正相關，這使得它成為投資組合多元化的一個絕佳選項。
- 購買黃金有許多方式，例如金條、金幣、黃金開採公司股票、黃金期貨合約，還有黃金指數股票型基金（Exchange Traded Fund，ETF）。

我對上述的清單並沒有特別感到印象深刻。黃金的歷史不重要，它的未來才算數。

至於地緣政治不確定性，假如世界崩毀的話，你想要的不會是黃金，而是子彈及威士忌。至於實體資產的好處，100 萬美元大約等同 35 磅的黃金，試試看拖著它到處跑一整天吧。

黃金也不必然能有效抗通膨，在過去幾百年來，黃金價格有時會隨著通膨上漲。不過假以時日，它的價格會回跌，你就是不能自信滿滿地認為黃金能抗通膨。

我們也別忘了黃金經銷商、價格和手續費並未受到規範，而且黃金開採股票的價格經常偏離金價。黃金確實永遠不會消失或過期，不過這也表示它的供應每年成長，因此需求必須增長以防止價格崩盤。

　　所以我是在告訴你不要持有黃金嗎？完全不是。相反地，我相信「黃金vs. 比特幣」的爭論很愚蠢。這兩種資產類別沒有任何共同點，而且比特幣及黃金這兩個詞永遠不應該出現在同一個句子裡。

　　這整場爭論是由狂熱分子（來自雙方）製造出來的曲解；這群人相信只有當其他人都是錯的，他們才會是對的。事實是，你不需要在這兩者之間擇一。假如你是投資組合多元化（我們在第 14 章會探討這個概念）的信徒，你應該兩者都持有。

第 9 章
代幣

嗯，這裡又出現了一個新名詞……代幣（token）。但是別害怕，因為你已經熟悉這個字眼，以及它是如何運作的，你只是還沒意識到而已。

代幣很小，是某種無形物品的實體呈現。數十年以來，你需要代幣搭乘紐約公車及地鐵，你在許多遊樂園使用代幣玩遊戲。至於「象徵性動作」（token gesture）則是呈現情感的小舉動，例如遞一朵玫瑰花給你心愛的人。

請注意「小」這個字，這是關鍵。想像購買一個大披薩，你沒辦法整個吃完，所以把它切成八塊。每塊是一片，是整個披薩的一部分（share）。

股票也是如此。擁有亞馬遜豈不是太酷了？不幸的是，亞馬遜價值 1.6 兆美元，而你沒有那麼多錢。別擔心，你可以買下那家公司的一小片、一部分，就像披薩一樣，然後你就會擁有一些亞馬遜了。你買的股份愈多，你便擁有那家公司愈多的部分。

在虛擬貨幣的世界，它們不賣股份。正如我們所見，有時它們會賣貨幣；不過在其他的情況下，它們賣代幣。它和股份及貨幣一樣，只是有不同（第三種）名稱。

我們來看看以代幣型態發行的數位資產吧。

功能型代幣

功能（utility）這個字指的是某種有用的東西。飛行哩程點數是功能型代幣的一個例子，每個點數都有它的價值，假如你累積得夠多，你能拿去換一些有用的東西，像是機票或住宿。

功能型代幣只有在適用範圍才有效，你不能用飛行哩程去搭地鐵，也不能使用地鐵代幣搭機飛去巴黎。

大家稱之為新創（start-up）的新公司經常發行功能型代幣。比方說你開創一項新事業，很快就會有很棒的新產品可以販售，可是目前還沒準備就緒。少了產品，你就無法吸引顧客，或是他們的錢，不過你現在就需要他們的錢，以便資助你的產品開發。因為你還不能賣產品，於是向顧客推銷代幣，讓他們在你的產品推出時有權利取得它。「現在買我的代幣，」你告訴可能成為顧客的對象，「未來你能拿它來交換我的產品。」

功能型代幣和地鐵代幣一樣，都不是類似股票及債券的投資或證券，它們的價格是由發行公司設定，不會有波動（不過假如新創公司只推出少數產品，並且讓購買者可以轉售的話，就可能會有價格波動了）。人們購買功能型代幣，通常是因為他們想要你承諾會做出來的產品，而且他們想要搶先擁有；或者是萬一那項產品是限量供應，他們會想在完售之前買到手。

購買功能型代幣有其風險，因為發行的公司可能永遠不會推出這項產品，或是等到推出時，你可能不想要了，而且你可能無法出售你的代幣。這就像是買演唱會的票，你一定希望演唱會能如期舉行，而且你真的可以成行。否則你可能無法賣掉你的門票，而且萬一演唱會取消，主辦單位可能不會退錢。

購買功能型代幣時，千萬要小心。

證券型代幣

這類型代幣的英文名稱（security token，直譯為安全型代幣）取得並不適當，因為它和網路安全毫不相干。這個（糟糕又不精準的）名稱是參考美國聯邦證券法，因此這些代幣應該叫做證券型代幣（securities token）才對。

不過（唉），既然幣圈使用這個錯誤的名詞，我們也只好將就了。那我們就繼續下去吧（碎念中）。

證券型代幣是真正實體資產的線上代理物品。你知道器具代表房屋的所有權，證券代表公司的所有權。證券型代幣也是如此，它代表某項資產的所有權，而這項資產是由發行代幣的人鑑別。

不過證券型代幣不只是公司發行股票的新世紀方式，這些數位資產能用來募集資金，以及為任何資產提供流動性，包括那些在歷史上極度缺乏流動性的資產。

你是否能想到有某項資產值很多錢，但是卻很難賣掉？沒錯，就是房地產。比方說，如果能擁有帝國大廈，當然超酷的。不過這幢建築物價值23億美元，這不僅對你來說是個問題（因為你的銀行帳戶裡沒那麼多錢），對於這幢建築物的擁有者也是。當他想賣掉這幢建築，他要找到一個口袋夠深的人才行。

這時區塊鏈前來神救援，大樓的主人可以把這個不動產代幣化，發行證券型代幣，就像蘋果公司發行股份一樣。每個代幣都代表這幢建築物的部分所有權，而且假如代幣的價格親民，數百萬的投資人都能購買，然後彼此輕鬆交易，就像他們處置股票一樣。

這不是科幻故事。第一個代幣化的房地產交易在2018年成交，是一幢位於下曼哈頓，價值3000萬美元的豪華公寓大樓。近期則是在2021年，杜拜房地產公司Arms&McGregor International Realty推出中東的第一個房地產代幣化平台，使用代幣化基礎設施供應商，Blocksquare。

根據Savills World Research調查顯示，房地產是全世界最有價值的資產類別，或者大約比全球股市多三倍，而且全部都能代幣化，為投資人打造出一個龐大的新資產類別。藉由這種做法，全世界最龐大但缺乏流動性的資產能夠變得和股票一樣輕鬆地交易。

全球股票及房地產市場

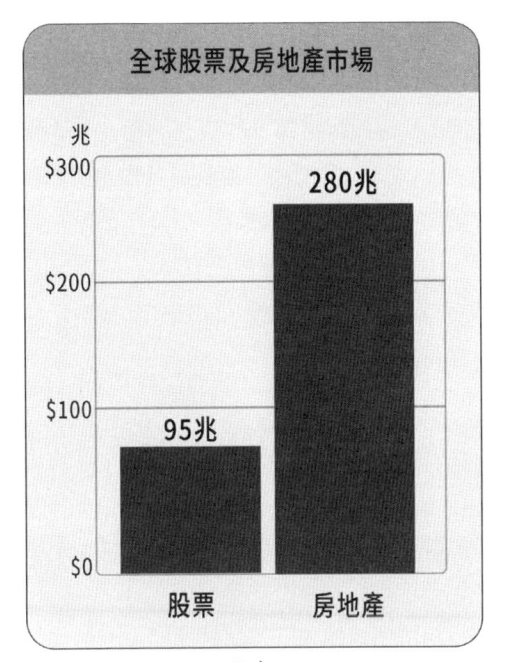

- 股票：95兆
- 房地產：280兆

圖表 9.1

　　想像把你家代幣化吧。為何你想這麼做呢？假如你和大多數的屋主一樣，房子是你最大的資產，比方說它價值 100 萬美元。你已經退休了，需要額外的收入來養老，你可以賣掉房子，但是你不想搬家。你可以拿去貸款，不過在退休之後很難申請到貸款。此外，你不想要每個月背房貸。

　　所以你把房子代幣化，先把房契切割成 10 萬份，或是 10 萬個代幣，每份價值 10 美元。然後你想賣掉多少代幣都可以，現在賣一些，以後賣一些，隨你自己高興。買家等於是投資房地產 —— 你的房地產，他們可以在區塊鏈上把手上的代幣賣給其他投資人。你想要的話，甚至可以把代幣買回來，這些代幣的價值會根據當時的房屋價值及供需情況而定。

　　房地產被視為一種低流動性的資產，可能要花很長的時間出售，還會衍生出很多費用來進行交易。這項交易是孤注一擲，你必須賣掉整個不動產（不能只賣掉餐廳）。但是幸虧有了區塊鏈技術，你可以只賣掉餐廳，你的家變成具

流動性的資產，就像股票和債券。

任何實體資產都能代幣化，包括藝術品、收藏品（例如棒球卡、稀有硬幣和郵票，我們在第 20 章會探討這部分的稅務問題）、骨董、稀有車款、美酒、權利金及演出合約（演員、藝術家、運動員及作家長期以來賺取的錢）。賣家得到流動資金，買家得到新的投資機會，以及用前所未有的方式去創造全新的多元化投資組合。

這真是令人期待萬分！只不過要確定，在買任何代幣之前，你要像處理任何其他投資一樣，先進行評估。

治理型代幣

我們見過研發者之間的意見不合可能導致代幣分叉，不過哪些研發者能投票做出這些決定呢？

有些協議透過發行治理型代幣來回答這個問題，一個代幣等於一張票，所以你收集愈多代幣，你對那個特定的區塊鏈就有愈多的發言權。

現在先想一想，當一家公司面臨某個決定，董事們坐在公司總部的會議桌旁進行投票。這是中央化結構，每個人都知道誰要投票，以及投票會在哪裡舉行。

但是當世界各地的數十萬名研發者及用戶要針對去中心化的區塊鏈進行投票，誰負責掌控呢？沒有人，這個組織是自主運作。投票會在哪裡舉行？既沒有固定地點，也可以說是在世界各地。

這個組織因此稱之為「去中心化自治組織」（Decentralized Autonomous Organization，DAO）。根據追蹤器 DeepDAO，這些實體已經持有超過 80 億美元的資產，《金錢周刊》（*MoneyWeek*）宣布 2020 年代是「DAO 的十年」；有些人說 DAO 是數位資產的下一件大事。我個人認為它們是再下一件大事，因為下一件大事（即將到來）是……非同質化代幣。

非同質化代幣

要了解非同質化代幣是什麼,以及我為何說它是下一件大事,你首先必須了解同質化代幣是什麼。

同質化(fungible)的意思是完全相同並且可互換的,舉例來說,紙鈔具有同質性。比方說我借你 1 元,你下週把錢還我。你還我的那張 1 元鈔票不必一定是我給你的那一張,因為 1 元鈔票都一樣,它們具有同質性。你從 Visa 卡賺得的哩程點數也具有同質性,賭場的籌碼也是。我們隨意交換同質化代幣、股份、貨幣及其他資產,因為每一個和其他的都一樣。比特幣、以太幣及瑞波幣也是,每一枚貨幣及每個代幣都具有同質性。

只除了在例外時刻。當代幣不具同質性,也就是說彼此並不相同,這些就成了非同質化代幣(non-fungible token),或者 NFT。每個 NFT 都是獨一無二,就像畢卡索的畫作,沒有兩幅是一樣的。

NFT 是代表真實世界物品的數位資產,例如藝術品、音樂,以及電玩道具。NFT 和其他數位貨幣及代幣一樣,是創建在區塊鏈上。(在我下筆的此時,有幾個區塊鏈容許它們的創建,以太坊區塊鏈是最為廣泛使用的一個,買賣 NFT 使用原生區塊鏈貨幣,在這裡指的是以太幣。)

人們在 2021 年 2 月開始注意到 NFT,當時佳士得拍賣一幅由居住在南卡羅來納州查理頓的藝術家麥克・溫柯曼(Mike Winkelmann)創作的數位影像。他使用的名字是畢波(Beeple)其 NFT 以 6900 萬美元售出。買家持有這幅數位影像的合法權利,不過就只是如此,一幅影像。這幅藝術品在真實世界裡並不存在。買家不能把它掛在牆上,只能在手機上欣賞。

為什麼會有人想買一幅不能掛在牆上的藝術品?

簡單的原因是你不會太常看你的牆壁,看手機的頻率要高出太多了。所以你隨身攜帶藝術品,隨時想看都能看,這豈不是很合理嗎?

好吧,這樣有道理。不過其他有數百萬人也看得到畢波的藝術品,不光是買家而已,因為每個人在網路上都能輕而易舉地看到這幅影像(去吧,谷歌搜

尋一下）。

等等，所以那位買家究竟買了什麼呢？

有部分是吹噓的權利，不過買家也買到了合法主張，成為這份資產唯一的真正擁有者（雖然它可能是數位的），以及他有權任意出售、授權或發行這幅藝術品，包括停止並終止其他人張貼這幅影像的權利，否則要自負法律後果。

無論你是點頭表示了解，或者不可置信也不贊同地搖頭，要知道在 2021 年，全世界的非同質化代幣銷售總額高達 130 億美元，而在 2020 年則是不到 3000 萬美元。每天都有超過 400 萬人買賣 NFT，它們在各處出現，發行者爭奪買家的注意。當 Coinbase 在 2021 年建立它的 NFT 平台時，在首日就有 90 萬人註冊。

NBA（美國國家籃球協會）成了 NFT 最成功的發行者之一，發行的虛擬球員卡叫做 NBA Top Shot。這些是收藏卡，很像是幾世代以來孩子們交換的棒球卡，只不過這些新卡只存在網路上。NBA 最初發行了 2500 盒，標價 999 美元，每盒裡面有十張卡。這些盒裝卡片在區塊鏈上販售，幾分鐘之內便銷售一空，現在你可以在 Top Shot 網站上買賣交換這些卡片。NBA Top Shot 不到一年的銷售額便高達 7 億美元，每天有 25 萬人登入這個網站。為 NBA 打造 Top Shot 的公司，Dapper Labs 的市值高達 76 億美元。

但是一個詹皇（LeBron James）NFT 的售價是 30 萬美元，它不是富人的專屬領域，有 300 萬筆交易是每筆不到 50 美分。它是如此受歡迎，以至於 NBA 也推出 WNABA 球員卡，美國職棒大聯盟和國家美式足球聯盟及歐洲足球俱樂部也跟著這麼做。

為什麼會有人想買只以數位型態存在的球員卡？原因有很多，因為這些卡是數位的，它們也能當作影片或照片，它們不會受限於三吋見方的實體小卡，因此能提供更多內容，包括連結到其他網站的超連結；它們不會被搞丟、損壞或遭竊。對買家來說，NFT 的所有權具有實體卡片可能沒有的權利及好處，例如購買其他商品的優先權，包括賽事門票，或是接近球星的特殊機會。因為這些卡片只在區塊鏈上交易，交易者清楚知道前持有人是誰，有完整的紀錄可

供檢視,這種公開來源能提升球員卡的價值(就像是名人曾經持有的房屋會比較值錢)。

最大的好處是,多虧了區塊鏈技術的不可變造性,交易者知道他們購買的球員卡是真品而非偽造。偽造的體育收藏品是一個大問題,FBI 表示市面上有 50% 的體育收藏品是贗品;保險公司巨擘 Chubb 則表示,其他專家認為這個數據比較接近 80%。不過 NFT 無法複製或偽造。

NFT 的一個早期例子是 CryptoKitties。這些不是真的貓,只以數位型態存在,在以太坊區塊鏈上交易。CryptoKitties 的成交量有 300 萬筆,總金額是 3900 萬美元,其中出價最高的一隻是 12 萬美元。另一家公司叫做無聊猿猴遊艇俱樂部(Bored Ape Yacht Club),[25] 這裡有 10 萬隻獨一無二的數位猿猴,

---

25. 你一定會喜歡這些名字。

每隻是一個 NFT。2021 年 7 月，每隻猿猴的平均售價是 3600 美元，比起三個月前剛推出時的價格上漲了幾乎 16 倍。有超過 6000 萬美元投資，抱歉，用詞錯誤，是花費在這些 NFT 上。

似乎每個人都在創建 NFT，包括凱蒂‧佩芮（Katy Perry）、羅布‧格隆科斯基（Rob Gronkowski）、佛洛伊德‧梅威瑟（Floyd Mayweather）、保時捷、美泰兒（Mattel）、《紐約時報》、麥拉倫及 Jay-Z。Visa 卡推出一項 NFT 計畫，協助藝術家加入數位藝術空間。美聯社發行名為獨特時刻（Unique Moments）的 NFT，將美聯社在上個世紀所報導歷史性時刻的照片及電訊數位化，包括日本的二次大戰投降、尼爾森‧曼德拉的就職典禮，以及冥王星的發現。電影導演昆汀‧塔倫提諾（Quentin Tarantino）拍賣七個 NFT，每個都是《黑色追緝令》（*Pulp Fiction*）裡頭的某個未剪畫面。馬克‧庫班（Mark Cuban）的達拉斯獨行俠（Dallas Mavericks）把 NFT 當作獎品，送給出席主場比賽的球迷。《經濟學人》（*The Economist*）出版一期以虛擬貨幣為封面報導的雜誌，然後把這 NFT 賣了 42 萬美元。滾石樂團販售他們的音樂代幣化版本，將虛擬及真實世界的商品組合搭售。麥當勞主辦肋排堡主題 NFT 的抽獎活動。國家農場保險公司（State Farm）推出擴增實境（AR）尋寶遊戲，讓消費者尋找 NFT。康寶、必勝客、塔可鐘（Taco Bell）、倩碧、American Eagle、Charmin 和品客都在 2021 年舉辦 NFT 相關的促銷活動。

詹姆士‧艾利森（James Allison）教授在柏克萊任教時，以癌症免疫療法的研究獲得諾貝爾獎。他將他的研究報告數位化，把它們全部變成數位藝術，然後當作 NFT 販售，這等同是將米奇‧曼托（Mickey Mantle）的新人棒球卡數位化的科學版本。柏克萊為校內另一位諾貝爾得主（以 CRISPR 基因編輯技術獲獎）——珍妮佛‧道納（Jennifer Doudna）——也做了相同的事。提姆‧伯納斯—李（Tim Berners-Lee）在 1989 年發明網際網路，他寫了編碼，但是從不曾為他的作品申請專利。因此他把這些編碼轉換成 NFT，蘇

《紐約時報》
《今日美國》
《經濟學人》

富比拍賣行以 540 萬美元將它售出。

對 NFT 感興趣的不只是大眾和公司,慈善機構也是。NFT for Good 販售 NFT,為反種族主義募集了 8 萬美元。Noora Health 以 500 萬美元拍賣了一枚 NFT。Alex's Lemonade Stand 銷售由癌症病童繪製的畫作 NFT。梅里安・韋伯斯特(Merriam-Webster)拍賣 NFT 的定義,並且把收益捐給了 Teach For All。梅西百貨(Macy's)在公司舉辦的 2021 年感恩節遊行中,賣出 9500 枚經典氣球 NFT,這些 NFT 以經典遊行氣球為主題,收益捐贈給喜願基金會(Make-A-Wish Foundation)。世界自然基金會(World Wildlife Fund)推出「非同質化動物」系列 NFT,StreetCode Academy 拍賣 pNFTS(慈善 NFT)來幫助弱勢加入科技經濟。《今日美國》(USA Today)的母公司甘尼特(Gannett)出售艾倫・雪帕德(Alan Shepard)送上月球的報紙 NFT,為空軍太空及飛彈博物館基金會(Air Force Space and Missile Museum Foundation)募款。白血病及淋巴瘤協會(Leukemia and Lymphoma Society)、救助兒童會(Save the Children)、佛瑞德・哈奇森癌症研究中心(Fred Hutchinson Cancer Research Center)以及其他慈善機構都舉辦出售 NFT 的募款活動。美國職棒大聯盟(MLB)、國家冰球聯盟(NHL)及全國橄欖球聯盟(NFL)都舉辦慈善義賣。

現在人們甚至購買及出售只以 NFT 型態存在的家具、房屋及土地。超級世界(SuperWorld)繪製地球,把它分割成 640 億個區塊,每塊是 300 乘 300 呎,你可以買任何一塊,看是艾菲爾鐵塔、羅馬競技場、帝國大廈,或是你的兒時老家,隨你挑選。假如這個區塊沒人認領,你可以花 0.1 枚以太幣買下(在我下筆的此時,大約等同 400 美元)。假如有人已經買下你要的那塊地,你可以跟對方買,你只要談好價錢,就像人們在任何市場的做法一樣。一旦你擁有一塊地,可以隨時把它賣給別人,就像是你可以賣掉你擁有的任何資產。

想進一步知道要怎麼做嗎?線上遊戲會教你。Axie Infinity 是一種邊玩邊賺的遊戲,當你飼養、打鬥及買賣叫做 Axie 的數位寵物,你同時賺取 NFT 及

其他獎勵，並且使用你的資產去購買遊戲裡的虛擬土地（在 2021 年 12 月，一塊地以 250 萬美元賣出）。

鑄造 NFT 很簡單，連小孩子都會。阿罕默德是一名 12 歲的程式設計師，和他的父母住在倫敦，他在 2021 年夏天鑄造出他自己的 NFT 系列，叫做奇怪鯨魚（Weird Whales）。他的父母提供他需要的 300 美元，讓他把他的 NFT 上傳到區塊鏈，然後整個系列在九小時內便售罄。到目前為止，阿罕默德從銷售及轉售（每次轉售，他就賺取 2.5% 的權利金）之中賺進 500 萬美元。在我下筆的此時，阿罕默德正在研發更多 NFT 計畫，而且依然沒有銀行帳戶，只有一個虛擬貨幣錢包。

電子遊戲玩家也參與了 NFT 活動。有何不可呢？在全世界，人們年花 1600 億美元在玩（請見右頁補充欄說明）。不過你一旦停止玩遊戲，那些錢就沒了。也就是說直到現在為止。Burberry 鑄造 10 萬枚服飾 NFT，玩家可以購買那些服飾，打扮他們的虛擬化身。這些可不是遊戲裡毫無價值的小玩意兒，你擁有你的 Burberry NFT。也就是說，你能把它帶著走，在其他遊戲裡換穿。當你玩膩了，也可以把它賣掉。

神話遊戲（Mythical Games）也為了玩家鑄造及販售 NFT 服飾。你可以打造自己的服飾，然後拿來使用或出售。神話遊戲從投資者身上募集了 1 億 2000 萬美元，但是你不需要大筆資金才能開始。鑄造一枚 NFT 的費用不到 1000 美元，而且有些網站會讓你免費製作。

許多玩家並沒有花錢去玩，反而是賺錢。在戰鬥模擬器遊戲 Axie Infinity 帶領下，玩家爭相賺取這個遊戲的代幣 Smooth Love Potion（SLP）。你可能賺進大筆收入。這個遊戲在菲律賓尤其受歡迎，有些人會透過玩遊戲來賺取他們的唯一收入。其他受歡迎的邊玩邊賺電玩包括：

- **CryptoBlades**：這是幣安智能鏈上的一款角色扮演遊戲，你可以藉由打敗敵人及帶領襲擊來賺取 SKILL 代幣。
- **Cometh**：玩家探索銀河系，在小行星開採代幣。

- **Plant vs. Undead**：玩家在其他玩家的數位農場上給虛擬植物澆水，藉此賺取 PVU 代幣。他們使用代幣去購買種子和植物。
- **Zed Run**：玩家飼養虛擬賽馬，使用血統及系譜來打造各種顏色、力道及速度的馬匹。好的飼主可以藉由在數位賽馬場上讓他們的電子賽馬參賽，贏得數千美元獎金。

> 全世界有將近 30 億人年花 1600 億美元在玩線上遊戲，這些錢花在獲取及訂閱費用、虛擬化身（玩遊戲時使用的玩家本身數位版本）、服裝及裝飾品（畢竟你的虛擬化身也要好看！）、攻略、武器及裝備（加強你的遊戲表現）。十個玩家之中有七個會以信用卡或簽帳金融卡來支付這些購買的東西，只有 3.2% 會以比特幣或其他數位資產付款。因此數位資產的成長潛力十分龐大，信用卡公司面臨的威脅也是。

絕不只是可笑的遊戲

假如這一切在你聽來還是覺得有點可笑，那是因為我們只談論到藝術、棒球卡及電玩，這些都不是真的太重要，對吧？

也對，所以讓我們來試試這個吧：不久後，你會能夠把你的護照轉換成一個由區塊鏈技術支援的 NFT，你不必隨身帶著紙本護照。你的護照獨一無二，而且多虧了區塊鏈，它經過驗證，無法被複製、複寫或消除。

或者呢，機場、航空公司及運動賽事可以發行 NFT 作為數位紀念品，你在演唱會不買 T 恤，而是購買 NFT。

或者呢，全世界最大的音樂活動策劃公司理想國演藝（Live Nation），現在販售 NFT 型態的演唱會門票。

或者呢，2021 年，紐約市餐廳 Quality Eats 發明一種雞尾酒，以及神祕配方的 NFT，它以大約 2000 美元拍賣售出。除了擁有配

Quality Eats

「我不在乎我擁有多少,數位女童軍淡薄荷餅乾還是令人感到有點空虛。」

方,買家也能在每次去餐廳時享用一杯免費飲料。這是聰明的生意招數,餐廳先拿到 2000 美元,還招攬了一名用餐常客;他可以跟朋友吹噓說他擁有這份配方,他們每次為了免費飲料前來用餐的費用遠超過那杯飲料的價錢。這樣大家都是贏家。

或者呢,Masterworks 買下沃荷、班克斯、莫內和其他畫家的畫作,然後這家公司把畫作代幣化,販售代幣。這是有史以來頭一遭,數百萬的散戶投資人能擁有一部分的珍稀畫作。

在數位世界,所有的一切都能代幣化、貨幣化及大眾化,參與的唯一條件是擁有一支連接網路的手機,難怪 NFT 市場會迅速擴大。在 2021 年第三季,NFT 的成交量高達 107 億美元,比前三個月增加了七倍。摩根士丹利表示,到了 2030 年時,NFT 市場會擁有 3000 億美元的商機,幫助名牌增加 25% 的盈利。根據《經濟學人》的說法,這一切說明了在 2021 年,創投者何以在區

塊鏈及數位資產公司投資 200 億美元，比他們在 2020 年的投資多出七倍。

這股熱潮有增無減，都是由於元宇宙（metaverse）的緣故。這是一個廣義的字眼，意指虛擬實境，這個名詞本身原本是指「電玩」。玩家打造出一個虛擬化身、購買土地、道具、技能、知識以及 NFT，並且和其他玩家買賣所有物。元宇宙是相互連結的，有 3D 虛擬世界全天候在世界各地運作，它是一種自給自足的網路經濟，包含數位及實體世界。

元宇宙經濟龐大無比。Grayscale 表示，到了 2025 年，它會產出 4000 億美元的年收益，最後成為 1 兆美元的市場。現在你開始明白祖克柏為何把他的公司名稱從臉書改為 Meta 平台（Meta Platforms）了。

想買一些 NFT，或許在元宇宙裡交易嗎？就像你會購買的任何東西一樣，先評估看看吧。

未來代幣簡單協議

投資去中心化計畫（第 10 章）的創投者經常透過取得未來代幣簡單協議（simple agreements for future tokens，SAFT），購買企業的權益。未來代幣簡單協議是一種合約：公司承諾在未來給予創投者代幣，假如代幣順利發行的話。這是新領域，有許多法律及稅務問題尚待解決，因此在我下筆之際，它還不是一般投資者能加以運用的工具。

第 10 章
去中心化金融，又名 DeFi

我們在討論 NFT 時，很快便明白除非我們先了解同質化代幣，否則便無法了解非同質化代幣。

去中心化金融（decentralized finance，DeFi）也是如此，幸好你已經有初步了解了：你每天使用的金融服務是由中心化公司所提供，例如銀行、券商及股票交易所，它們有實體店面、很多員工，以及持有股票的股東。公司有權決定你是否能參與它們的服務，你要買賣股票，必須經券商同意為你開設帳戶；如果銀行不同意的話，你也不能開銀行帳戶。

於是中心化公司握有大權，但是去中心化金融消滅了這些公司，以及它們的權力。令人驚訝但真實無誤的是，銀行、券商及股票交易所不再被需要了。大家都能隨時隨地進行交易，不再需要任何人的許可。

這是革命創新之舉。

去中心化金融的世界提供了傳統金融服務給予你的一切，像是借貸、資產管理、投資及保險商品，這一切都透過在區塊鏈上的智慧合約（smart contract，我們在第 2 章討論過了）來提供。

MetaMask

Uniswap

紐約證券交易所[26]

要使用去中心化應用程式，你要取得一個熱錢包，例如 MetaMask 所提供的那種，然後把以太幣之類的數位資產放進去。就這樣。你已經準備好使用任何去中心化應用程式了，不必登入，沒有使用者名稱或密碼，也不需要任何人的許可。

你要買股票時，不必透過連結到紐約證券交易所的券商（兩家中心化的公司！），只要上去中心化交易所（decentralized exchange，DEX）就行了。最大的一家是 Uniswap，自從 2018 年創

---
26. 我持有 ICE（紐約證券交易所的母公司）和 Bakkt（曾經是 ICE 擁有的數位交易所）的股權。

立以來，已經處理了超過 4000 億美元的交易，每天經手的交易高達 3 億 5000 萬美元。紐約證券交易所有 3000 多名員工，UniSwap 只有 37 名。紐約證券交易所成立於 1792 年，UniSwap 則是由海登・亞當斯（Hayden Adams）在大學畢業後兩年，也就是 2018 年所創立。想不到吧？

根據追蹤服務 DefiLlama 表示，去中心化金融平台在幾個區塊鏈上的總值已經超過 2400 億美元，而且根據 DeFi 領域市場數據平台 DeFi Pulse 調查，創投及私人實體公司在 DeFi 新創公司投資了超過 700 億美元。

不過這一切才剛開始發展，因此使用起來有風險。DeFi 在任何的規範框架之外運作，沒有證券交易委員會、商品期貨交易委員會或聯邦存款保險公司來保護你。假如智慧合約裡頭有漏洞，它的功能可能會失效或是執行錯誤，造成你的金融損失。每一筆交易的礦工費（我們在第 5 章說明過）可能要 100 美元或者更多，而且你永遠無法確定在幕後的是誰：比方說，PolyGaj 協議管理 700 萬美元，它的創辦人是加杰胥・奈克（Gajesh Naik）──一名 13 歲的男孩。

因此在參與之前，先確認你了解這種技術，以及你打算使用的平台幕後負責人。

預言機

預言機（oracle）是軟體編碼，連結數位世界級真正的實體世界。舉例來說，IBM 現在的股價是多少？紐約證券交易所能告訴你，因為 IBM 就是在那裡進行交易。但是區塊鏈不知道，因此預言機就派上用場了。

預言機把資料從實體世界（叫做鏈下）帶到數位區塊鏈（鏈上），它有數千種用途，包括供應鏈及貨物流通、天氣、法律合約等，所有的資料都能被帶到數位世界裡。

還有一種出站預言機（outbound oracle），可以告訴區塊鏈之外的真正實體在鏈上發生的事件，例如某個特定的應用程式、網絡或協議借貸的總額。

在我下筆的此時，Chainlink 是區塊鏈預言機的最大供應商。

「我上週不是才給你錢去開一家新創公司嗎？」

第 11 章
比特幣和其他數位資產的估值及定價

「比特幣的價值多少？」是我最常聽到的問題，而且也能理解為什麼會有這樣的疑問，你需要知道這個答案，這樣你才能判斷它的增值潛力。

然而這個問題有一個毛病，不是在問題本身，而是提問的那個人。是這樣的，「比特幣價值多少」這問題大部分是來自「要求知道」比特幣價值的批評者，因為他們已經決定這個問題的答案是「零」。這些人生氣地說比特幣沒有內在價值，沒有預期報酬率（根據他們的經濟學教授闡述的理論），沒有實用性、好處、收益或用途。「哼，」這些人對我說：「比特幣毫無價值！」

我從不跟他們爭論，這麼做沒意義，因為你沒辦法和老頑固（就像我認識的某位投資經理人）講道理。我只是回答：「比特幣或許沒有任何價值，不過它的價格非常高。」

所謂的專家，自從比特幣這個字進入了他們的頑固腦袋之後，他們便不斷告訴我比特幣沒有任何價值。當它的售價為幾百美元（我第一次見到它的時候），他們說它毫無價值；當它的價格上漲到 2 萬美元時，他們說它毫無價值；當它的價格跌了 84%，不過依然要價 3000 美元時，他們說它毫無價值；當它的價格飆升到 6 萬美元時，他們說它毫無價值。到現在為止，他們依然說它毫無價值。

好吧，它毫無價值。不過自從比特幣推出之後，它的價格已經上漲了 87,000,000%。比特幣是歷史上最有利可圖的資產，因此那些在象牙塔拿到碩士學位的資金經理人應該拋開他們的傲慢，免得歷史把他們和那些說地球是平的的「專家」相提並論。

傑米・戴蒙（Jamie Dimon）和華倫・巴菲特都討厭比特幣，不過在他們那個階層的人，不是人人都同意這樣的觀點。比方說，摩根士丹利執行長詹姆士・高曼（James Gorman）在 2021 年 10 月表示：「我不認為加密貨幣是

摩根大通執行長傑米・戴蒙
討厭比特幣

812 美元 2014 年 1 月	戴蒙說比特幣是「糟糕的價值儲存」。
400 美元 2015 年 11 月	戴蒙說:「比特幣會玩不下去。」
3900 美元 2017 年 9 月	戴蒙說:「比特幣是騙局,不可能成功。」
3900 美元 2017 年 9 月	戴蒙說:「它遲早會完蛋。它是一場騙局,好嗎?」他還威脅要解僱公司裡買入比特幣的交易員。
5600 美元 2017 年 10 月	戴蒙說:「假如你蠢到去買比特幣,有一天會付出代價。」
6300 美元 2018 年 10 月	戴蒙說:「重點是,我真的不在乎(比特幣),好嗎?」
5 萬 3300 美元 2021 年 5 月	戴蒙說:「我不是比特幣支持者⋯⋯我不在乎比特幣,對它沒興趣。」
5 萬 4800 美元 2021 年 10 月	戴蒙說:「比特幣沒有內在價值,我覺得它可說是金玉其外,敗絮其中。」
5 萬 7500 美元 2021 年 10 月	戴蒙說比特幣「毫無價值」並表示:「我給大家的個人建議是,別碰這玩意兒。」

一時的熱潮,我不認為它會消失⋯⋯支持它的區塊鏈技術顯然非常真實又強大。」

因此你要決定你想聽誰的說法。對我來說,我選擇無視那些說他們「一點也不在乎」的人,以及承認「我對它一無所知」的人。我發現去接受市場確實給了比特幣及所有其他數位貨幣一個價格,這樣比較有幫助。而且就連戴蒙和

華倫・巴菲特討厭比特幣

450 美元 2014 年 3 月	巴菲特說：「它基本上是海市蜃樓。在我看來，它擁有龐大內在價值的想法只是一個笑話。假如它在 10 年或 20 年之後消失，我也不會感到意外。它不是好的保值手段。它是像巴克・羅傑斯（Buck Rogers）那種純屬臆測的玩意兒。」
9900 美元 2018 年 1 月	巴菲特說：「我們並未持有任何比特幣，我們永遠不會參與其中，我幹嘛要參與某件我一無所知的事呢？」
7300 美元 2018 年 5 月	巴菲特說：「可能是已投放好的老鼠藥。」
6900 美元 2018 年 8 月	巴菲特說：「它會持續維持一陣子的熱潮，它吸引了很多充內行的人，最後不會有好下場。」
3700 美元 2019 年 2 月	巴菲特說：「比特幣絲毫不具獨特價值，它基本上是一種妄想。」
8800 美元 2020 年 2 月	巴菲特說：「加密貨幣基本上沒有任何價值，無法生產任何東西，就價值而言是零。比特幣一直被用來挪動大量非法資金。我沒有任何比特幣，我永遠不會持有。」

巴菲特也同意它有其價格！因此把焦點放在真正重要的問題上：未來的價格會是多少呢？畢竟就像任何投資一樣，知道價格是否會漲或跌，會是很有幫助的資訊。

　　傳統的資金經理人及投資分析師經常藉由展現他們的估值技能，主張比特幣毫無價值。沒錯，他們經常展示他們的研究來證明自己的論點。問題是他們使用的方法論，縱使經過檢驗證實有效、制訂完善的指標，適用各種傳統資產類別（例如股票、債券及房地產），然而並不適用於評估數位資產。這是因為數位資產缺乏其他資產類別所有的各方投入，這不是數位資產的缺點，真正有

瑕疵的是，相信缺乏那些投入必定意味著比特幣毫無價值的觀點。

投資學院及從業人員慣常使用三種技法來判定資產的價值，我們來看看這些技巧，你將會明白把它們套用在數位資產上為何不合理。

成本法

這個技法基本上是指資產的價格應該等同打造、取代或取得所衍生的成本。在比特幣剛推出的時期，這個數字很容易評估，當時拉斯洛購買披薩，為比特幣的價格定在 1 美分的 7%。

在早期有某個比特幣相關的網站進行檢視，看你需要多少錢去租用一臺電腦來開採比特幣及支付挖礦的電費，然後將這些成本和挖礦取得的比特幣數量做比較，這似乎比較合理，而且在你試圖計算出可口可樂的合理價格時，似乎也行得通。但是比特幣不是商品，你不能試圖確定它的價值。你想要辨識的是整個網絡的成本，而這種「挖礦成本」方法忽略了比特幣生態系統及其網絡的價值，這是相當大的疏漏，也就是它為何導致嚴重錯誤（及過低）的估值。

市場法

市場法估價資產的方式是把交易和其他具有類似特性的交易做比較，調整不同數量、品質或大小。上市公司比較法（Public Company Comparables Method）比較類似的上市公司資料，這種方式對數位資產顯然沒有幫助，因為它們都不是上市公司，也沒有員工、總部、產品或銷售量。

過去交易法（Precedent Transactions Method）檢視在某個特定產業中遭到併購的公司，使用它們的倍數作為估價對象公司的設定價格基準。比如說，某家飯店公司的盈利為 100 億美元，而它的併購價是 500 億美元。這等於是五倍。所以假如你的飯店盈利是 30 億美元，你應該樂意使用相同的倍數，以大約 150 億美元將它售出。

問題是比特幣不是公司,也沒有營收或利潤,它沒有可供估值的基準,因此這種方式便毫無意義。不過許多市場分析師並不了解這點,反而堅持這證明比特幣毫無價值。

現金流折現法

當你對未來的現金流、折現率及終值很清楚或者能做出合理假設時,這是一個有效的工具。但是對於不產生現金流的資產,例如比特幣,這種方法就不可靠了。

正如你所見,這些技巧套用在數位資產時,無法提供正確的資訊。儘管如此,許多金融分析師及投資經理人堅持使用這些方式。因此當這些方式無法提供有效數據時,他們便說「比特幣毫無價值」,而不是說「我們需要更好的估值法」。

數位資產界的參與者已經做了後面那句話所說的事,他們研發或應用其他方式,協助他們決定比特幣及其他數位資產的合適價格。每種方法都值得在大學開一門課來講解,因此我在這裡只提供簡短的概述(一方面是把概念介紹給各位,一方面避免把你煩死)。

市場替代及效用價值

中本聰創建比特幣的用意很明顯:它會是一個獨立的點對點支付系統,換言之,比特幣是設計作為錢幣。假如這是它的唯一效用,那麼它的整個價值必須基於那種功能。有些人相信比特幣的價值因此能和它在理論上要取代的「價值儲存」資產相比,例如黃金。

假如比特幣是要成為黃金的替代品,它的價格必須設定在和黃金相比的程度。所以我們來做這樣的比較,看看能得到什麼答案。

世界黃金協會(World Gold Council)估計,人類有史以來開採了1億

9000 萬公噸的黃金，而且還在持續開採中。假設每盎司的價格是 2000 美元，全世界的黃金總價會高達 13.4 兆美元。

根據這個理論，這一定也是全世界比特幣的價值。既然總計會開採出 2100 萬枚比特幣，每一枚比特幣如果定價和黃金相等的話，價格應該是 63 萬 9000 美元。

不過等等，我們知道到目前為止，只有 1850 萬枚比特幣被開採出來，還有大約 400 萬枚已經遺失了。因此剩下 1450 萬枚比特幣，也就是說每一枚現存的比特幣價格應該是 92 萬 6000 美元。

提醒我一下，現在比特幣的實際價格是多少？

正如你所見，根據市場替代及效用價值法（market substitute and utility value）的說法是，當投資人意識到現有的價格低於實際價格時，數位資產的價格會大幅上漲。

貨幣流通速度

你在床墊底下藏了一張 1 元紙鈔，它移動得有多快？

這個嘛，咋，它根本不會移動，它只是擺在那邊，在你的床底下，流通速度是零。不過要是你把那張鈔票給了店家，支付某件商品；店家會把那張紙鈔交給批發商，去買更多的商品；批發商把它交給製造商，買下更多產品；然後製造商使用那張鈔票，向供應商購買原物料。

貨幣透過經濟系統的移動被稱為貨幣流通速度（velocity of money），在某個特定時期內，交易的次數提高，貨幣流通速度便增加。流通速度愈高，經濟成長得愈快。

把這套理論應用在比特幣的買家身上。他們是使用比特幣去買賣商品及服務嗎？或者他們會是守幣人？在這個理論下，假如你相信比特幣作為金融交易工具的用途會隨著時間逐漸增加，就是在主張它的價格會上漲。

「你知道的,『呿』可能是個非常傷人的字眼!」

網路價值

　　這種估值法是基於梅特卡夫定律(Metcalfe's Law),說明網路增加使用者時,網路的價值會呈指數成長。這個理論是經濟學者喬治・吉列德(George Gilder)在1993年發想,不過是由網際網路的先驅羅伯特・梅特卡夫(Robert Metcalke,乙太網路及3Com的共同發明人)將它應用在通訊網路的用戶身上,而不是裝置設備。

　　梅特卡夫定律認為,網路的價值和網路連結用戶的數量平方成正比。簡言之,臉書值很多錢,因為它有很多用戶。當用戶的數量增加,臉書的價值不是呈線性成長,而是指數成長。

　　別忘了,比特幣也是網路。因此毫不令人意外的是,那些試圖給比特幣估值的人套用梅特卡夫定律來訂定它的價格。網路價值與梅特卡夫比值(Network Value to Metcalfe ratio,NVM)以有效地址數字的平方來劃分數位資產的市值。

許多人認為這種方式作為比較兩種數位資產（或是同一種資產在不同時期的比較）的用途，勝過拿來當作辨識數位資產內在價值的工具。此外，這種比值不會考量每個用戶的地理、活動頻率、交易吞吐量或其他因素。由於這些理由，我還沒遇過任何只仰賴這種方式的人，而是和其他指標一起列入考慮。

網路價值與成交量比值

有些比特幣分析師會留意網路價值與成交量比值，這衡量了數位資產的網路價值和這項資產所有流通單位的總美元價值，以及它作為支付網路的價值（以資產的區塊鏈上結算交易美元價值來衡量）。

網路價值與成交量比值有助於顯示，市場有多樂意為區塊鏈的交易效用付費。

庫存流量比

這種指標是用來量化資產的稀缺性，比值的計算方式是透過年度生產成長來劃分現有的供應量。

推定價值

這裡的估值是基於希望未來的投資人會比現在的你付出更多金額，來取得數位資產，也就是說一切都是供需的問題。

這六種估值法會依照數位資產領域而設計或調配，而且還有更多其他的方式。

Woobull.com 提供了這份詳細清單：

- **Bitcoin Price Models：** 比特幣的各種價格模型。

- **Bitcoin NVT Ratio**：比特幣的本益比，可檢測比特幣估值過高或過低。
- **Bitcoin NVT Price**：比特幣的 NVT 價格，適合用來檢視由有機式投資支持的價格。
- **Bitcoin NVT Signal**：NVT ratio 經過優化，變得反應更靈敏，適合作為長期交易指標。
- **Bitcoin VWAP Ratio**：對本地及全球市場高點及低點的實用訊號，使用成交量加權平均價格（Volume Weighted Average Price，VWAP）。
- **Bitcoin MVRV Ratio**：以實現市值為基準的比特幣估值過低／過高指標。
- **Bitcoin RVT Ratio**：以量為基準的 MVRV 變異方式，用來鑑定市場高點及低點。
- **Bitcoin Mayer Multiple**：追蹤梅耶比值來測量比特幣和它過去變動相比的價格。
- **Bitcoin Difficulty Ribbon**：檢視礦工的投降程度，通常會顯示適合買入的時機。
- **Bitcoin Risk-Adjusted Returns**：比較比特幣和其他資產在調整風險後的投報率。
- **Bitcoin Volatility vs. Other Asset Classes**：比較比特幣及其他資產類別的波動率。
- **Bitcoin Growth vs. Other Asset Classes**：比較比特幣和其他資產類別的成長。
- **Bitcoin Held in ETFs and Corporate Treasuries**：追蹤透過持股可公開取得的實體所持有之比特幣。
- **Bitcoin Valuation Gain per Dollar Invested**：每投資 1 美元，比特幣的價格會增加多少。

- **Bitcoin Network Volume**：比特幣在網路上不同投資人之間的每個月流通數量。
- **Bitcoin vs. Gold**：比較比特幣和黃金的投資表現。
- **Bitcoin Volatility Trend**：這好比是外匯交易，也是成交量。
- **Bitcoin Money Supply vs. USD**：比特幣會走向世界儲備貨幣的方向嗎？
- **Bitcoin Inflation Rate**：追蹤比特幣貨幣供應量的歷史年度通膨率。
- **Bitcoin Monetary Velocity**：比特幣會走向支付或儲蓄／投資的方向嗎？
- **Bitcoin Volume vs. Network Value**：由比特幣的區塊鏈成交量密切追蹤它的網路價值。
- **Bitcoin SegWit Adoption**：追蹤 SegWit 的採用。
- **Bitcoin Network Throughput**：比特幣在每秒交易、支付與美元價值方面的吞吐量。
- **Bitcoin Congestion**：使用者中心指標追蹤網路壅塞，例如支付手續費、確認時間。
- **Bitcoin Hash Price**：每個雜湊價格追蹤比特幣長期以來的開採硬體能力。
- **Bitcoin Outputs per Tx**：追蹤每筆比特幣交易安排多少輸出。

我沒有深入探討這份清單的細節，想必讓你鬆了一口氣。假如你有興趣進一步了解，請造訪 woobull.com。我列出這份清單的重點是要說明，聰明又認真的市場參與者（其中有許多是華爾街現任或前任從業人員）正努力決定比特幣的價格。有些人因為幾個和比特幣無關的資產類別所設計的方式無法顯示比特幣的可用價格，就說它毫無價值，但是並不等同於它沒有價格。

你從這些內容應該會得到的結論是，比特幣沒有內在價值的主張或許正確，不過它肯定具有價格。

第三部
投資數位資產

第 12 章
現在買比特幣太遲了嗎?

比特幣的價格從發行以來上漲了 87,000,000%,這種漲幅是很難再發生的,不過大幅增值依然相當可能。尤其是當你拿它的潛在報酬率和其他資產類別相比;那些資產通常每年會下跌一或二位數。

因此我們應該專注的不是過去,而是未來。比特幣及其他數位資產的未來價格可能是多少?

許多人預測進一步的大幅成長,他們主張這種新興資產類別依然處於它的早期階段。億萬避險基金經理人史蒂夫・科恩(Steve Cohen)說:「〔數位資產〕現在是一個 2 兆美元資產類別的市場,然而我們依然處於市場採用的早期階段。」保德信金融集團(Prudential Securities)前主席喬治・包爾(George Ball)表示數位資產「非常吸引人」,並且「許多人都會投資這個資產類別」。貝萊德固定收益首席資訊長瑞克・里德(Rick Rieder)表示,比特幣能與黃金抗衡,成為主要的保值手段。他的老闆,貝萊德執行長賴瑞・芬克(Larry Fink)說:「比特幣會長久留存。」史丹佛大學經濟歷史教授尼爾・弗格森(Niall Ferguson)表示,後疫情時期的最佳投資機會是比特幣。

由尼古拉斯・潘尼吉爾佐格盧(Nikolaos Panigirtzoglou)領軍的摩根大通策略團隊表示,比特幣可能上漲到 14 萬美元,而蒂伯龍策略顧問公司(Tiburon Strategic Advisors)則預測 15 萬美元。花旗銀行技術(Citibank Technicals)全球主管湯姆・費茲派崔克(Tom Fitzpatrick)表示,比特幣會上漲到 31 萬 8000 美元。古根漢投資公司(Guggenheim)表示它會上漲到 40 萬美元,方舟投資(ARK Invest)說 50 萬美元。Forex Suggest 表示,比特幣到了 2025 年會上漲到 100 萬美元。富達投資(Fidelity Investments)全球宏觀總監朱里安・提莫(Jurrien Timmer)表示,比特幣的價格在 2030 年會是 100 萬美元,到了 2038 年則來到 10 億美元(這不是筆誤,是 10 億美元無誤)。

難怪美國大學董事會協會（Association of Governing Boards of Universities and Colleges）表示，數位資產「已經製造出數百位百萬富翁及許多億萬富翁，而且在未來十年內可能製造出全世界第一批兆萬富翁」。這個組織十分熱情，因為那些新富翁會被要求捐出大筆款項給大學捐贈基金。2018年，分析師詹金斯（Inigo Fraser Jenkins）抨擊比特幣，這值得注意，因為他是聯博（AllianceBernstein）投資組合策略共同主管及管理 6310 億美元資產的全球投資經理人。不過 2021 年，詹金斯在一份發送給公司客戶的研究報告中寫著：「對於比特幣在資產配置的角色，我改變我的想法了。」他的決定是受到各種發展的刺激，包括疫情、政府政策變動、聯邦負債程度，以及投資人在數位資產生態系統的多元化新選項。他現在認為，比特幣在資產配置中確實有其重要性。

對於比特幣的許多熱情是來自供需定律。沙很便宜，因為數量很多，但是想要的人很少；鑽石很貴，因為數量不多，卻有很多人想要。

比特幣也具有稀缺性，當需求成長，價格也水漲船高。想想看，全世界有 4700 萬名百萬富翁，假如他們都想買一枚比特幣，根本沒辦法。因為據說目前只存在大約 1400 萬枚，而且全部只會有 2100 萬枚。假如每位百萬富翁都開始呼籲其他人購買比特幣，價格一定會上漲，或許會漲幅驚人。

那麼一般的美國人呢？他們有多少人想要比特幣？在 2009 年，答案是「沒有任何人」。到了 2021 年，有 24% 的美國人擁有比特幣，依此推斷到了 2029 年，擁有比特幣的人數會高達 90%。當某種資產的供應是固定的，不過需求增加 530% 時，你想這種資產的價格會如何發展？

即便在金融顧問圈，現在的發展也還算剛起步。根據《財務顧問》雜誌（Financial Advisor）報導，到目前為止，這個圈子裡只有 14% 的人已經將比特幣加入客戶的投資組合裡，另外的 26% 說他們打算開始著手，參與率因此提高三倍。假如真是如此，那麼到了 2022 年底，每兩名顧問之中便會有一位推薦比特幣及其他數位資產。蒂伯龍策略顧問公司表示，這些顧問控制了 8 兆美元的投資人資產，假如他們都湧進這個

蒂伯龍

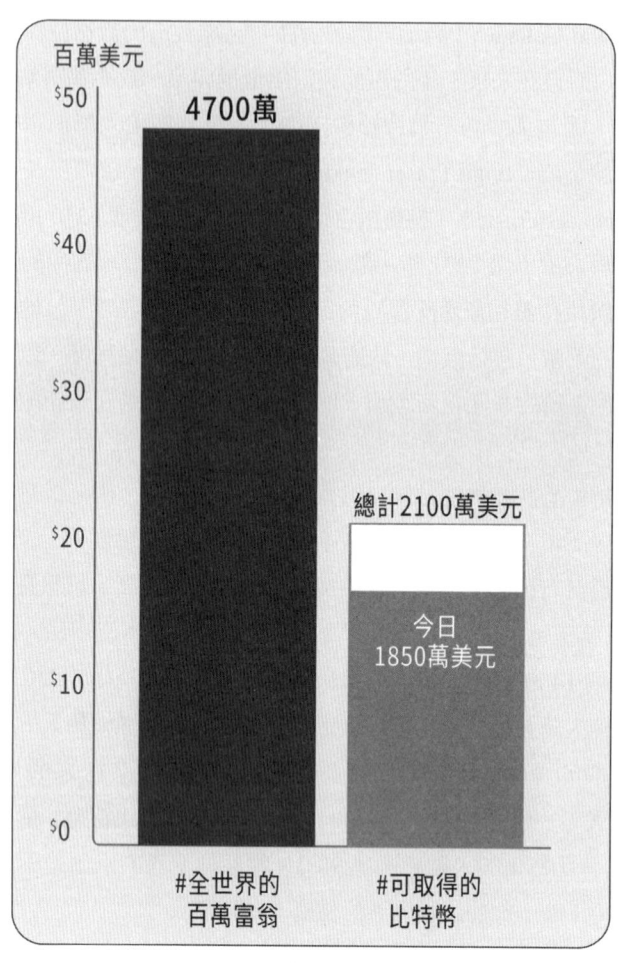

```
百萬美元
$50
        4700萬
$40

$30

$20             總計2100萬美元

                   今日
$10               1850萬美元

$0
      #全世界的      #可取得的
      百萬富翁       比特幣
```

圖表 12.1

市場，把 1% 的客戶資產投入比特幣，那麼會有 800 億美元湧入這個市場，在我下筆的同時，這等同是 8% 的比特幣市場。如果演唱會門票的需求忽然增加 8%，你覺得門票的價格會發生什麼變化呢？

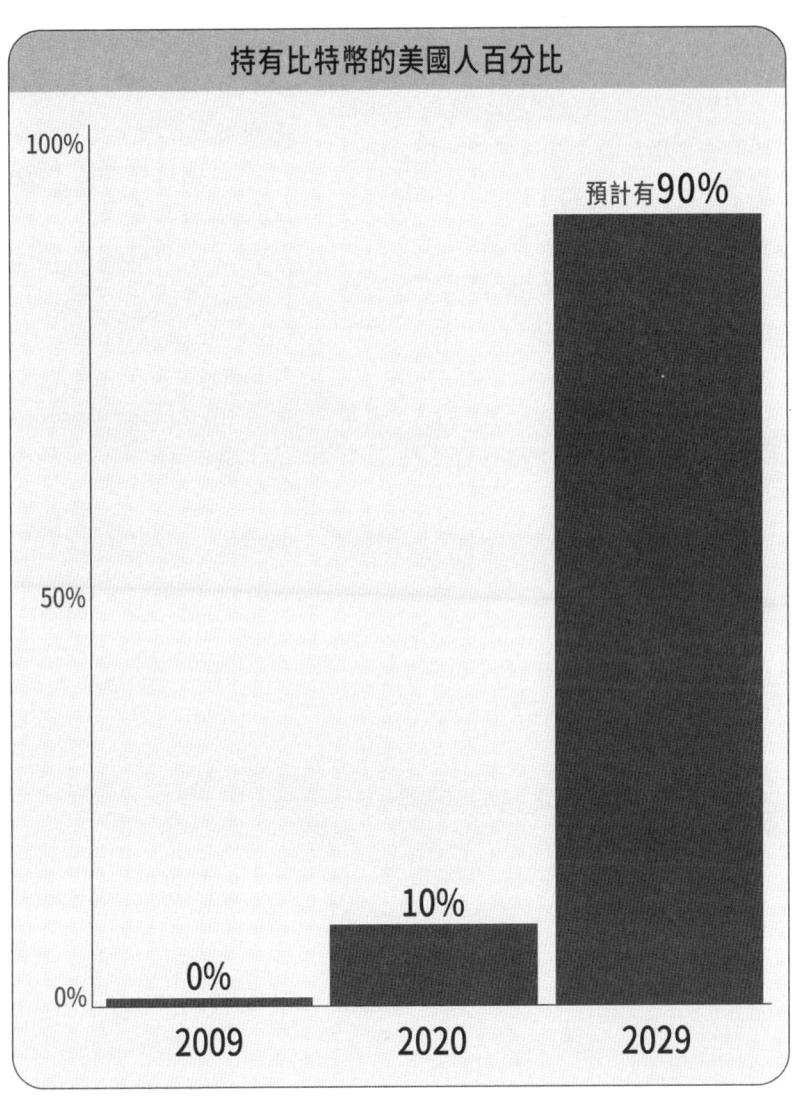

第 12 章 現在買比特幣太遲了嗎？ 139

持有比特幣的美國人百分比

年份	百分比
2009	0%
2020	10%
2029	預計有 90%

Source: Skybridge Capital

圖表 12.2

這不算什麼。安永（Ernst & Young）及富信（Intertrust）在 2021 年所做的調查顯示，31% 的避險基金經理人說到了 2023 年，他們會把數位資金加入他們的投資組合裡；到了 2025 年則是將平均 7.2% 的投資組合投資這部分。富信的調查顯示 3120 億美元流入這個市場，在我下筆的此時，等於是超過比特幣總價值的三分之一。

現在太遲了嗎？並沒有。

> 推薦數位資金給客戶的金融顧問及財富管理人很聰明，因為他們得以分享管理這些資產所產生的手續費收入。手續費有多少？根據布羅德里奇金融解決方案公司（Broadridge Financial Solutions）表示，在接下來五年，費用收入總共達 46 億美元。

第 13 章
投資數位資產的風險

雖然許多人對於比特幣及其他數位資產的未來發展感到樂觀，我們必須承認這依然是一種新興的資產類別。沒人知道未來會如何，也就是說我們必須認真思考，我們可能會經歷數位資產價格慘重的永久市場崩盤。

因此，我們必須密切檢視投資這個資產類別的風險，不管你遇到任何投資機會都要這麼做。一定要自問，我們期待自己的資產會有哪種報酬率，以及我們的資產是否會有報酬。

所以讓我們來探究數位資產的價格為何可能下跌……一路跌到歸零。

市場操控

這個風險可能發生在每一種資產類別，拉高倒貨騙局、搶先交易及內線交易都是投資界的共通問題，而數位資產也無法豁免。雪上加霜的是，在美國證券交易委員會的觀點看來，許多數位資產並不是證券，因此在數位資產世界會發生違反證券法的行為。

企業及商業失敗

數位資產無法自行具體化，它們是由創業者發明的。某個想法可能很棒，不過把它變成成功的企業，有效率、可獲利又具規模地營運，那又是另一回事了。你可能投資的是某個在市場上會失敗的東西。

技術過時

記得 Sony Betamax 嗎？它在市場上被 VHS 錄影機擊垮了，而後者則是被 Netflix 摧毀。Lotus 1-2-3 被 Microsoft Excel 取代，《大英百科全書》被維基百科超越了。今天瓦解市場的偉大革新會面臨下一個偉大革新，以致可能會變得毫無價值，摧毀你的投資價格。

消費者／投資人需求

當心凱文‧科斯納症候群（Kevin Costner Syndrome）——「只要你蓋了它，人們就會來了」的信念，這種事只有在電影裡才會發生。在真實的生活中，想打造一家成功的公司，你需要的不只是信念而已。只是開了一家店，不代表大家就會上門光顧，或是上門時會花錢買東西。

想想看你每天看到多少廣告，那些公司努力設法吸引你的注意，而最成功的那些不見得會提供最棒的產品，它們通常只是擁有最棒的行銷。

你購買的數位資產會因為它解決了某個企業或消費者問題而獲得認同嗎？或者它是否會被忽略或很快被遺忘呢？

監管干預

數位資產領域依舊飽受爭議，有些政府全面禁止，有些則是禁止某些特定做法，其他則限制誰能購買及他們能購買什麼。

為了回應這個領域的快速演變，許多政府頻頻改變心意，造成幣圈的亂象。你必須明白，聯邦或州政府能取締你的投資，或者徵收繁重稅率或提出申報要求，這些行動可能對你的投資價格產生不利的影響。

Netflix
Microsoft
Wikipedia
Sony

51% 攻擊

地方銀行分行是銀行搶匪的誘人目標,因為金庫裡有很多錢,這是中心化系統的風險。而且它說明了為何有那麼多公司遭駭:每家公司的網路地點眾所皆知,因此成了目標。

不過區塊鏈是去中心化,這就像是把每張紙鈔分散放在世界各地的金庫裡。駭客要怎麼追蹤偷取它們呢?不可能。

這就是為何幣圈成員對他們的活動信心滿滿的主因——區塊鏈無法駭入,比特幣確實有史以來從不曾遭到駭客入侵。

然而這是不可能的,駭客有一種方法可以做到,叫做 51% 攻擊。要掌控區塊鏈並竊取它的資料(及資產),駭客必須控制網路的過半數節點。[27]

有了數百萬個節點散布在世界各地,大家「認為」比特幣網路遭駭是不可能的事。或許我們應該說「幾乎是不可能的」、「基本上不可能」或者「管他的,與其擔心 51% 攻擊,找點其他的事來擔心吧」。

這種輕蔑態度有一個原因:比特幣網路如此龐大,根據 Bitnodes.io 表示,全世界有超過 1 萬 1500 個節點。以 2021 年的雜湊率為基準,駭客光是在硬體方面就需要花費 55 億美元,才能取得 51% 的控制權。有那麼多錢的駭客可能不需要更多錢了,然而你的確需要擔心流氓政府(許多人相信,像北韓這類的流氓政府喜愛比特幣,因為它讓它們得以避開由美國和其他國家設下的經濟制裁。所以比起擔心金正恩,或許我們應該更擔心美國中情局進行 51% 攻擊)。

總之,只因為比特幣網路被認為「太大而不會遭駭」,並不代表所有區塊鏈都是如此。有些確實已經成為 51% 攻擊的受害者,因為他們規模小太多,所以有可能發生這種事。BSV 在 2021 年 8 月 4 日遭受 51% 攻擊。比特幣黃金、以太經典、Verge 及其他區塊鏈之前也遭遇攻擊。在這些案例中,貨幣在

---

27. 雖然過半數嚴格來說是 50.1%,不是 51%,稱它 50.1% 攻擊很累贅,因此我們就用(稍微不精準的)簡稱說法,各位就放我們一馬吧。

攻擊被擊退之前就被偷走了，造成投資人的重大損失。

底線是：網路愈小，或者貨幣或代幣愈新，對 51% 的防禦力就愈弱。在你決定買那些數位貨幣，以及你要花多少資產投資它們時，必須把這一點謹記在心。

量子計算的進展

在本書中，包括以上的章節，我們一直抱持相當漫不經心的態度來看待比特幣私鑰的不可穿透性。那些金鑰那麼長（由字母及數字組成 256 位元亂數），有 10^77 個可能的排列組合，任何電腦都不可能破解這個密碼，所以駭客改為攻擊你在 ATM 使用的那種愚蠢的四位數密碼。

根據 stackexange.com 表示，全世界最快的超級電腦要花 65 京年[28]才能破解一個比特幣地址，所以不必太擔心。

直到量子計算上市，這是電腦科學的下一步重大進展，而且大家普遍期望在 2030 年會商業化。進展會有多重大呢？比方說你想從擁有 1 兆個項目的資料庫找到某個資料，現在的超級電腦要花 1 萬年找出你要的資料，而量子電腦在 200 秒內就能找到。許多網路安全專家煩惱的是，這暗示比特幣的私鑰會輕易遭駭。

你應該擔心嗎？由你決定囉，不過我並不擔心，原因有二。首先，假如這些新機器能駭入比特幣區塊鏈，區塊鏈會是我們最不需要擔心的一環。我反而害怕我們國家的電力網絡、供水系統、航空交通管制，以及核武庫的安全。

其次，假如駭客能使用量子電腦來破解私鑰（以及我們的核武），你不認為比特幣研發者（以及國防部）會使用量子電腦來打造新網路安全系統，以免遭受駭客入侵嗎？讓壞人打造 10 呎的長梯，我們會建造 12 呎的高牆。

---

28. 沒有沒有，我沒有寫錯喔，我的確是說 650,000,000,000,000,000 年，我只是不想打那麼多個 0。都是你啦，結果我還是打了。

「這些比特幣玩意兒有科技及網路支持！有什麼可能會出錯呢？」

假如我錯了，而且量子電腦確實破壞了所有的數位安全系統，那麼一切就玩完了。在那種情況下，沒有什麼會是安全的，一切都可能遭駭，包括你的銀行及股票帳戶、退休基金、社會安全支票、保險單、年金、信用卡等。

所以我才不擔心。你不如去擔心彗星撞地球，假如事情會發生就是會發生，而且萬一它發生了，你也沒地方好躲。

別為了這種恐懼而避開數位資產。即便你不曾遭駭，而其他每個人都會遇上駭客，這時你的處境會跟你也遭駭一樣地悲慘。找點別的事來擔心吧，別把這個當成不投資的理由。

流氓託管人

你上一次想到空氣是什麼時候的事？可能有好一陣子了，因為它一直存在，而且量大無比。你不會想到它，因為沒這個需要，然而它對你的生命至關緊要。

這就是託管在你的金融人生所扮演的角色，是你個人財務的一個重大又不可或缺的部分。它是如此不可或缺、自然而然又無庸置疑，你可能甚至不會意識到你徹底地依賴它。

不過情況並非總是如此。現在的託管結構是我們幾世紀以來對於遭遇的問題進行修正的結果，而且只在過去 90 年來才認真處理。

託管是什麼？它是一個法律名詞，意思是某人持有並負責屬於其他人的物品。（假如你過世了，你的未成年小孩要託管給誰？看吧，你對這個用詞的了解比你想像的還多。）

在經歷了以物易物的年代之後，人們開始在買賣商品及服務時接受貨幣。當人們發達以後，他們開始累積大量貨幣，因而產生了一個問題 —— 你要如何安全保管呢？

你可以把它藏在床墊底下，或是埋在後院裡，不過它可能會遺失、遭竊或毀損。你可能會忘記把它放在哪裡，而且假如你過世，你的繼承人將不知道你把錢藏在哪裡。所以你拿去存在銀行，可以賺利息又能安全保管。

這份安全持續到 1870 及 1880 年代，比利小子（Billy the Kid）、傑西·詹姆斯（Jesse James）、布屈·卡西迪（Butch Cassidy）及其他盜匪出現為止。在經濟大蕭條時期，銀行淪為更多盜匪的受害者，包括約翰·迪林傑（John Dillinger）、邦妮與克萊德（Bonnie & Clyde）、娃娃臉尼爾森（Baby Face Nelson）、機關槍凱利（Machine Gun Kelly），以及其他惡名昭彰的匪徒。在每個案件中，當搶匪從銀行搶走了錢，他們是搶的是你的錢。

許多人因此不再把錢存進銀行，少了存款，銀行就沒錢可供借貸。商家借不到錢，生意就無法成長，經濟發展也因此受阻礙。

最後美國國會採取行動了，它宣告銀行搶劫是聯邦犯罪行為，給予新聯邦調查局權力去追捕搶匪，無論他們置身哪一州。國會也創立了聯邦存款保險公司（Federal Deposit Insurance Corporation），保障銀行存款，讓消費者有信心，知道即便銀行本身或許有風險，他們的錢依然安全無虞。

現在金融管理局、聯準會、聯邦存款保險公司、消費者金融保護局、聯邦貿易委員會，以及其他聯邦及州立機關全都監管銀行，並且進行審計，以確保它們為保管存款負起適當的責任。銀行本身也進行謹慎的商務做法，包括周邊安全系統（例如大型金庫）及內部審計，預防並偵測員工詐騙。

證券業也是如此，美國證券交易委員會、金融業監管局（FINRA）、紐約證券交易所、美國商品期貨交易委員會、勞工部、年金給付保證公司（PBGC）及其他監管者努力確認你在券商、交易所及託管銀行存入的現金及證券安全無虞。證券投資者保護公司（SIPC）保障你的證券帳戶，就像聯邦存款保險公司保障你的銀行帳戶一樣。

現在整個金融服務業在託管部分表現得如此出色，你幾乎不會去多想，你甚至從來不會想到有風險，你的託管銀行可能會垮臺或是偷走你的資產，那是因為確實不太會有風險。所以與其擔心託管銀行垮臺或瀆職而使你的錢遭受損失，你只需要擔心你的投資會因為市場下跌而失利。（比方說，證券投資者保護公司保障你免於因公司失敗而受害，而非市場崩盤的損失。）

第 16 章會告訴你要如何挑選託管銀行。至於現在，要注意在處理數位資產時，你的託管銀行選擇和你的投資一樣重要。

遺失密碼、錢包被盜，以及遭劫持的 SIM 卡

你知道網路安全及保護個資的重要性，這些審慎行為在處理數位資產時尤其重要。因為依照它們的定義，你對它們所做的任何處置都是在線上進行，所以你會有網路詐騙偷竊的持續風險。保護你的用戶名稱、密碼及 PIN 碼，不要分享、忘記或遺失，當心那些使用科技來非法存取你的錢包的盜賊。

尤其要當心 SIM 卡遭到劫持。SIM 卡是智慧型手機的可移動式記憶晶片，儲存關於你的資訊，將你的手機連結到供應商的網路，讓你能打電話並存取網際網路。

竊賊不必實際偷取你的手機來取得 SIM 卡，只需要你的手機 PIN 碼。假如詐騙者有你的 PIN 碼，就可以打電話給你的電信業者，假裝是你本人，然後說服他們把連結到你的手機號碼的 SIM 卡，換成新的 SIM 卡和手機。這樣詐騙者就能接管你的手機號碼，存取你所有的線上帳號，包括透過簡訊收取的雙重認證密碼。這一切讓你的金融帳號陷入危機，包括銀行及證券帳號，當然還有你的數位資產帳號及錢包。

在你意識到這一切之前（或許你在開會或睡覺），詐騙者存取你的電子郵件、社群媒體及金融帳號，變更你的密碼，然後在網路上偽裝是你。

所以你的 PIN 碼安全嗎？嗯，在 2021 年 8 月 T-Mobile 遭駭，洩漏了 5000 萬名用戶的社會安全號碼、駕照，還有呢，沒錯，也包含 PIN 碼。

胖手指交易

你曾經在打字時敲錯按鍵嗎？當然有了，我們不時都會這麼做，[29] 通常這沒什麼大不了。不過在金融業，這可能帶來嚴重後果。當三星原本要分發 28 億美元給員工作為分紅計畫的一部分，某位員工意外安排成分配 28 億股的股票，比公司的總值還要高。結果送出了超過 1000 億美元，造成股價大幅下跌。

幸好華爾街只和金錢打交道，而不是人心，像心臟外科醫生那樣。因此在大多數的案子裡，損失都能彌補。假如你買 100 股的股票，而原意是想賣

---

29. 在我的例子來說是每隔幾秒。我的打字速度超快，每分鐘超過 100 個字（前 1%）。不過當你修正我打錯的字，我的速度就掉到平均 40 字或以下了。我花了四分鐘才打完這段註腳。
30. 如果幸運的話，市場會朝對你有利的方向走，你其實會從錯誤中獲利。法國在 2018 年發生過這種事，有一名交易員以為他是在測試平台上練習，結果輸入了真正的交易，大賺 1160 萬美元。

掉時，你通常能告訴你的交易員要取消這筆交易。假如他們沒辦法（或是不肯），你可以做一筆反向交易，翻轉這個過程。這可能會衍生一些佣金，承受一點損失，因為在你把一切理出個頭緒時，價格可能出現波動，不過你很可能取回大部分的錢。30

要彌補損失的話，也有保險可用。最後，例如聯邦存款保險公司、證券投資者保護公司及年金給付保證公司等政府機關，也會保護儲戶、投資人及退休人士。

不過當你不小心按錯了公鑰時，這些都幫不上忙。比方說你擁有比特幣及以太幣，而你想把貨幣從某個交易所的錢包移到另一家交易所，你必須把比特幣從一個比特幣錢包轉到另一個比特幣錢包。假如你不小心把比特幣發到你的以太坊錢包，例如輸錯公鑰或是將公鑰編碼到錯誤的錢包，你的 —— 比特幣 —— 將 —— 就此消失 —— 也就是一去不復返、不能改變、無法取回、不可撤銷。

當你買賣或轉出加密貨幣時，打……字……要……非……常……慢……又……小……心……而……且……再……三……檢……查……你……打……的……一……切……我……是……指……所……有……的……一……切……然……後……才……按……下……輸……入……鍵。

常見的老套詐騙

投資詐騙太常見了，騙子無所不在，準備要騙你把錢給他們，承諾你會在沒有風險的情況下獲得豐富的報酬。罪犯的目標是股票、黃金及房地產投資者，還有對數位貨幣有興趣的人。聯邦交易委員會表示，在 2021 年，消費者在加密貨幣詐騙損失了 1 億 6400 萬美元。當有人拿著這個領域的投資機會找上你時，要和你處置任何其他投資一樣地謹慎。

這些風險顯示，你在投資數位資產時不能太自負，這個生態系統有很多都

是在監管者的管轄權之外運作,讓營運者得以用傲慢的態度來操作。萬一失敗的話,也沒有聯邦存款保險公司或證券投資者保護公司來補償你。

> 有時詐騙就在眼前,你卻視而不見。我說的是狗狗幣。
>
> 2013 年,兩位軟體工程師開玩笑地創造了狗狗幣(Dogecoin),就連名稱也是在鬧著玩,他們把 doggy(狗狗)拼成了 doge,導致許多人也跟著念錯。
>
> 狗狗幣並不是也從沒打算要成為合法的數位資產。比特幣擁有 50 萬倍的運算能力,並且具有稀缺性,但狗狗幣的供應沒有限制(目前已經有 1130 億枚狗狗幣在流通,而且每天鑄造出 1100 萬枚)。稀缺性使得比特幣的價格上漲,而狗狗幣的豐富數量使得它的價格更具風險。
>
> 儘管如此,狗狗幣的價格從發行以來還是上漲了 400 倍以上。2021 年,Robinhood 的加密貨幣交易有 62% 都是狗狗幣。
>
> 對許多美國人來說,狗狗幣是他們最早認識的數位資產,問題是狗狗幣的成長是基於各種錯誤的原因。當世界首富伊隆・馬斯克(Elon Musk)以一種在我看來是拉高倒貨騙局的方式吹捧狗狗幣,這並沒有幫助。他和其他許多人的行動令人擔憂,因為狗狗幣原本應該是個一時的玩笑,它沒有任何商業用例,僅止於一時的風潮。
>
> 比特幣是許多人口中的「數位黃金」。我會說狗狗幣是「數位寵物石頭」,而且就像 1970 年代的那股風潮,它將會消失。當它消失時,很多人會因此受傷。這件醜聞會是一個汙點,可能對那些盡力和監管者及立法者合作,要將新興數位資產類別合法化的那些人所做的努力造成干擾。
>
> 狗狗幣是危險的,它受到的關注讓人感到非常不安,即使這種關注可能是暫時的。
>
> 不要買狗狗幣,告訴你的親朋好友別買狗狗幣,而且要是持有的話就賣掉吧。向他們保證它和區塊鏈及數位資產生態系統的其他發展沒有多少共通點。

你經常聽到有人把加密貨幣稱為蠻荒西部,它甚至比那更糟。正如某位加密貨幣評論者告訴我:「它不是蠻荒西部,是路易斯與克拉克遠征(Lewis and Clark expedition)。」因此重要的是,當你聚焦在如何用你的錢去滾錢,你要盡全力去保障你資產的報酬率。

假如你容許失敗的幽魂勸阻你去投資數位資產,你並不算瘋狂。不過在你做出那個結論之前,先閱讀下一章,因為它會讓你知道,數位資產的高風險其實是你應該投資的最重要理由。

聽起來很瘋狂嗎?你就往下讀吧,我的朋友。

第 14 章
風險是投資數位資產的理由

假如有風險,為何投資數位資產呢?因為這麼做會降低你的風險。

什麼?

沒錯,我知道。這似乎根本沒道理。所以讓我來解釋吧。或者呢,讓哈利來說明。

現代投資組合理論

1950 年代早期,芝加哥大學研究生哈利・馬可維茲(Harry Markowitz)發現投資兩種有風險的資產,比只投資其中一種更安全。他的研究長期遭到冷落,不過其他人終於明白他的想法有多重要,1990 年,他以現代投資組合理論獲得諾貝爾獎。現在馬可維茲的成果是全世界專業投資組合管理的基礎。

我有幸見過馬可維茲,他是領悟到把一項有風險的資產新增到投資組合裡,可以導致該投資組合的整體風險程度降低的第一人。他表示關鍵是相關係數(correlation):假如你擁有兩種資產,兩者同時上漲及下跌,這意味著它們是正相關(positively correlated),也就是說假使你只擁有其中一種,結果並不會比較好。不過假如其中之一上漲而另一種下跌,或者反之亦然,這意味著他們是負相關(negatively correlated),也就是說你的整體損失風險大幅下降。假如你新增第三種資產,比另外兩種更具高風險,但是和兩者都不相關,如此一來你不只在任何時候都能減少總投資組合的整體損失,還能提高整體報酬率(因為新的第三種資產賺的錢比其他兩種還多)。

因此你能以較低的風險獲得較高的報酬。

驚人!奧妙!而且值得一座諾貝爾獎。

要把那份學術研究轉換成實際應用,你要做的是把一種比你其他的資產更

高風險的資產,新增到你的投資組合裡。而現在最高風險的資產就是比特幣。

親愛的讀者,那就是這種新資產類別的投資理論:新增數位資產到你的投資組合能幫助你取得更高的報酬率,同時降低你的投資風險。的確,富達數位資產在 2021 年所做的一項金融顧問調查顯示,有 69% 的金融顧問說,他們喜歡數位資產的最大原因,是它們和其他資產類別的低相關性,如圖表 14.1 顯示。

他們的推論來自四種金融專家常用來測量風險及報酬的指標,我們來看看吧。

比特幣和其他資產類別的相關性非常低

1.00=相關性　　0.00=非相關性

資產類別	相關性
債券	.25
權益	.12
黃金	.07
商品	.00
流動性另類投資	.00

圖表 14.1

夏普值(Sharpe Ratio)

這種方式測量每單元波動率所賺取的報酬,這項工具能協助揭露你的報酬是否源自聰明的決定,或是因為你冒了過度風險(它駁斥了「不要和成功鬥嘴」理論)。你想要高夏普值,因為這個數字愈大,你的投資組合風險調整表現就愈好。和沒有比特幣的投資組合相比,包含比特幣的投資組合具有較高的夏普值。

索提諾比率（Sortino Ratio）

這是由夏普值變化出來的方式，它承認不是所有波動率都有害（畢竟沒人抱怨過上行波動率）。索提諾比率指測量投資組合的下行波動率，這裡也一樣，數字愈大愈好。和沒有比特幣的投資組合相比，包含比特幣的投資組合具有較高的索提諾比率。

標準差（Standard Deviation）

理想的投資組合總是會產生相同的報酬率，它們從不偏差，只有銀行儲蓄帳戶會這麼做，不過它們的報酬率很低。股票提供較高的報酬率，但是它們的報酬率老是波動，有時幅度很大。假如某項資產的報酬率會產生偏差是正常的，那麼那種偏差就成了標準，也就是標準差。銀行帳戶的標準差是零，標普500指數大約是15%，也就是說它在任何一年的報酬率通常比它的平均報酬率要多出或減少15%，因此標準差愈低愈好。包含比特幣的投資組合標準差，和60%股票及40%債券的投資組合幾乎一模一樣。

最大跌幅（Max Drawdown）

這個數字反映出一個組合投資的最大損失，這是在一段指定期間內的下行風險指標，它只測量最大損失，不是損失頻率或要多久時間才能從每次損失中恢復。因此它回答了那個問題：「我會損失多少錢？」這是大多數投資人的主要顧慮。具有類似夏普值、索提諾比率及標準差的投資，可能具有非常不同的最大下行數字，數字顯然是愈低愈好。新增比特幣到60/40投資組合，對這統計數字的影響不大。

你一定要注意的是，上面討論的相關性資料反映出比特幣從2021年中期發行以來的價格表現。不過當股票及債券市場在2021年底到2022年初下跌

時，比特幣也下跌，這是否代表相關性的說法改變了呢？現在還言之過早，不過投資人會想密切注意這個情況。

現在我們看到了新增像是比特幣這種具有風險的資產到投資組合中，有助於減少投資組合的整體風險，接下來準備要解決下一個問題：你的投資組合應該要放入多少數位資產呢？

而這就是下一章的標題呢！

第 15 章
你的投資組合應放入多少數位資產呢？

上一章的內容說明，新增比特幣及其他數位資產可以降低你的投資組合風險，同時提高報酬率。

然而，現在是該考慮下一個問題的時候了：你應該在這種資產類別投資多少呢？

請不要以美元來回答這個問題，改用百分比好了，因為美元價值持續變動，但是百分比永遠不會變。無論你的帳戶價值是多少，你都擁有百分之百。

在過去，當思考像上述這麼赤裸裸的問題時，你可能會把你的錢分配到四個主要的資產類別：現金、股票、債券及房地產。現在出現了第五個——數位資產。所以呢，沒錯，現在這個問題比較複雜一點。

這就像是想把一個披薩切成五片，[31] 每一片應該有多大呢？

你的答案包含你的投資組合的資產配置（asset allocation）。資深的金融顧問及投資人都知道，每一片的大小都很重要，否則那一片就沒理由存在了。

想像這個簡單的例子，只使用兩種資產類別：現金，每年賺取 1%；以及股票，每年賺取 10%。

100% 的現金投資組合會賺取 1%。假如我們設定 99/1 的現金／股票組合，總報酬率會是 1.09%。兩者的差異如此細微，以至於你根本沒理由把任何錢投入股票，我們不如把所有的一切都投資現金。

50/50 的配置會帶來 5.5% 的報酬率，比現金多出五倍，不過你需要把一半的錢投入股市（這比你把所有資金投資現金的風險要高得多）。這是所有投資人所面對經典的風險／報酬抵換。

有經驗的金融顧問及投資人會告訴你，不要配置任何資金到股市，除非你

---

31. 可以的，你辦得到。

願意配置很多，因此顧問經常推薦的投資組合是把 60% 到 100% 的資產投入股市。

不過假如你把這種思維套用在數位資產上，你會犯下兩大錯誤之一。第一，你可能會把投資組合的一大部分配置數位資產，就像你配置股票、債券及房地產一樣。不過數位資產依然處於發展初期，因此風險還是很高，最後結果可能損失慘重。把一大部分的投資組合配置在數位資產，可能無可彌補地損害你的個人資產，這會是一大錯誤。

要避免這種結果，你必須限制自己只做少許配置。不過你知道這麼做毫無意義，因為小量配置不會對你的整體報酬率造成重大影響，這可能導致你斷定根本不值得費事去投資數位資產，這也是大錯特錯。

投資很多是錯誤，但是不投資也是錯誤，所以還有什麼選項呢？

投資少許。

這似乎和先前所說的，少許配置某個資產類別毫無意義，產生了牴觸。不過來回想我們學到的另一個關鍵重點：數位資產和我們投資過的其他資產類別不同，因此，假如你把投資組合的標準原則套用到這個資產類別，那麼你就錯了，我們需要的是一個不同的方法。讓我來告訴你們是什麼方法。

瑞克‧艾德曼的 1% 數位資產配置策略

我在 2015 年率先提出這個策略：你的投資組合只配置 1% 的數位資產是違反直覺的，然而這個數量確實足以對你的投資組合造成有意義的影響，但是不會讓你暴露在令人無法接受的風險之下。

為了幫助你了解原因，讓我來問你三個問題：

一、你期望從典型的長期多樣化投資組合獲得多少平均年報酬率呢？
二、2017 年，比特幣增值了 1500%。隔年，它大幅下跌，損失了 84% 的價值。像這種事會再度發生嗎？

三、比特幣會變得毫無價值嗎？

我在網路研討會及現場活動經常提出這些問題，大部分的人說他們期待多樣化投資組合能每年成長 7%，另一波的「大漲大跌」絕對會發生，而且比特幣確實可能變得毫無價值。我同意所有答案。

所以我們來把那些答案套用在三種投資組合，期限為兩年，如圖表 15.1 所顯示。第一種投資組合是傳統的股票／債券為 60/40 組合；另外兩種是 59/40/1 的配置，也就是說每一種投資組合只配置 1% 的比特幣。在這兩種之中，第一種是「大漲大跌」投資組合：1% 的比特幣在第一年會賺進 1500%，不過隔年會損失 84%。另一種投資組合則是，比特幣會崩盤，立刻變得毫無價值。

圖表 15.1 讓你看到結果。第一年之後，傳統投資組合上漲 7%；大漲大跌投資組合的報酬率高出三倍，賺進了 22%。而完全損失投資組合呢？它的獲利是 6%，和並未持有任何比特幣的 60/40 投資組合差別不大。

59/40/1 投資組合的潛在損害顯然很小，可是超標獲利的可能性很大，這是數位資產小額配置的有利例證。

可是等一下！我們還沒結束，因為大漲大跌投資組合還沒崩盤，所以讓我

瑞克・艾德曼的1%數位資產配置策略			
	資產組合	總報酬率 一年	總報酬率 兩年
傳統的投資組合	60/40	+7%	+14.5%
大漲大跌的數位資產	59/40/1	+22%	+15.4%
完全損失的數位資產	59/40/1	+6%	+13.4%

圖表 15.1

們來看看第二年之後的結果。

第二年之後，60/40 投資組合的兩年總報酬率是 14.5%（多虧複利的力量，獲利超過 14%）；不過在大漲大跌投資組合的比特幣跌了 84%，因此總投資組合的兩年獲利是……15.4%；完全損失投資組合的總報酬率是 13.4%。

這個案例清楚解釋了重點：只有 1% 的配置顯著提高報酬率，卻不會危害到你的未來金融安全。但這只是一個案例，我的 1% 配置策略在真實世界會有效用嗎？

我們來看看由加密資產管理公司 Bitwise Asset Management 整理的資料吧！Bitwise 的指標性研究「機構投資組合的加密貨幣案例」顯示，從 2014 年 1 月 1 日到 2021 年 6 月 30 日期間，配置 1% 比特幣的 60/40 股債投資組合和沒有配置比特幣的類似投資組合相比，每年平均多賺取了 14%（8.9% vs. 7.8%）。而且正如圖表 15.2 顯示，1% 比特幣配置提高了夏普值，卻不會對標準差造成損害，而最大跌幅也保持不變。

在這段期間，1% 配置在一年之內會提高報酬率並降低風險 77%，兩年內是 97%，三年則是 100%。這個數據引人注目。

主張就這個新資產類別來說，1% 投資組合配置便足夠的人，不只我一個。2021 年 9 月 25 日，《經濟學人》雜誌報導：「投資組合中持有比特幣是明智之舉……在高度多樣化投資組合中擁有如此配置，看起來很合理……

2014年1月1日到2021年6月30日				
	年報酬率	夏普值	標準差	最大跌幅
60/40投資組合	7.8%	+0.61	+10.2%	-21.1%
1%比特幣	8.9%	+0.72	+10.2%	-21.3%

圖表 15.2

最佳的組合是 1% 到 5%。」

2018 年,耶魯大學研究者出版了一份報告,其中也做出相同結論。即便你認為比特幣每年的表現會勝過其他資產類別 200%,你的投資組合仍應該只投資 6.1% 的比特幣,如同圖表 15.3 顯示。

耶魯研究
2018年

假如你相信市場的表現會超出	你應該在投資組合中配置這麼多
一年30%	1.0%
一年50%	1.6%
一年100%	3.1%
一年200%	6.1%
過去的一半	3.1%

圖表 15.3

或許我主張只有 1% 的加密貨幣配置,太過小心翼翼了,像是 Bitwise 的研究便提出 2.5% 的比特幣配置。不過你可能會對於做出任何配置感到懷疑,畢竟比特幣的價格自從發行之後便一飛衝天。比方說,在圖表 15.2 所顯示的七年半期間,比特幣的獲利高達 10,000% 以上;但是在那段期間,比特幣經歷了四次 50% 或以上的暴跌。所以假如你在不同的時期投資,你會怎麼做呢?

Bitwise 的研究回答了這個問題,不只檢視 2014 年的開始時期,還有自從那時之後的每三年滾動間隔。

正如 Bitwise 所提及，在那個七年半的滾動期間有 1642 個間隔，每個都有不同的起始日期，而比特幣在每個時期都做出正面的貢獻。

最糟的間隔在投資組合的報酬率增加了將近兩個百分點，最佳的間隔則是增加了 22 個百分比，中位數則是增加了 13.3 個百分點。圖表 15.4 顯示了這個結果。

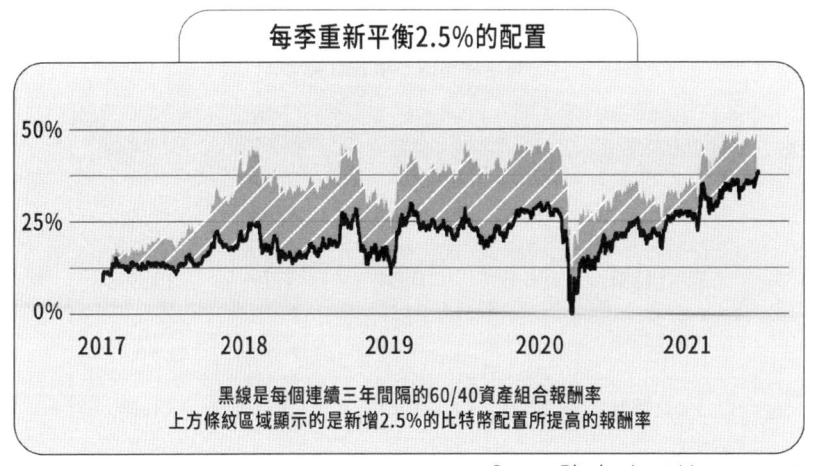

每季重新平衡2.5%的配置

黑線是每個連續三年間隔的60/40資產組合報酬率
上方條紋區域顯示的是新增2.5%的比特幣配置所提高的報酬率

Source: Bitwise Asset Management

圖表 15.4

你的正確配置

內人和我剛接觸加密貨幣時，我們遵循我的 1% 策略。當我們的知識及經驗更豐富了，我們便增加配置。

讓你的知識程度（以及風險忍受度）作為你的指引，而且別太煩惱這個決定。要記住，你是在考慮要投資 1%、2.5%，或者甚至是（大幅增加到）6.1%，這個考量不值得你花 50% 的時間或腦力，不需要太焦慮。

在百分比及百分點之間有很大的差異，比方 60/40 投資組合獲利 10%，假如說新增比特幣讓報酬率增長了 22%，那麼報酬率會是 12.2%。不過假如我們說，新增比特幣讓報酬率增長了 22 個百分點，那麼報酬率就是 32% 了。

沒錯，在百分比和百分點之間有很大的差異，所以 Bitwise 的研究結果才會如此重要。

每季調整的三年滾動間隔
2014年1月1日~2021年6月30日

資產組合配置	平均報酬率	夏普值	標準差	最大跌幅
60/40	20.1%	0.64	7.6%	11.4%
1%比特幣	25.5%	0.84	7.7%	11.3%
2%比特幣	31.1%	1.02	7.8%	11.2%
3%比特幣	36.9%	1.17	8.1%	11.1%
4%比特幣	42.8%	1.29	8.5%	11.3%
5%比特幣	48.9%	1.38	9.0%	12.1%
6%比特幣	55.2%	1.45	9.5%	13.1%
7%比特幣	61.6%	1.51	10.1%	14.1%
8%比特幣	68.3%	1.56	10.7%	15.1%
9%比特幣	75.1%	1.60	11.4%	16.1%
10%比特幣	82.1%	1.63	12.1%	17.1%

Source: Bitwise Asset Management

圖表 15.5

圖表 15.5 可能協助你決定你的正確配置，它顯示從 2014 年到 2021 年 6 月 30 日，配置 0% 到 10% 的比特幣投資配置，在三年滾動間隔的表現（每季重新調整，我們在第 17 章會討論這部分）。正如你所見，投資愈多，報酬率愈高，夏普值也愈好。不過要注意，標準差及最大跌幅同樣也上升了。

圖表 15.5 顯示，3% 的配置是最好的，但是別忘了，這份圖表只論及標普 500 指數、巴克萊全球綜合債券指數（Barclays Aggregate Bond Index）及比特幣。其他數位資產並未包括在內，而不同元素的投資組合會有非常不同的表現，過去的表現也不保證未來的結果。

這番長篇大論只是要說，你最好是在金融顧問的協助下，做出適合你的配置決定。

第 16 章
選擇適合你的數位資產投資組合

　　我真以你為榮！我們到目前為止討論了很多資訊，你也有了很大的進步。現在你明白區塊鏈是什麼、如何運作，以及有多少貨幣及代幣存在，還有這一切即將如何以前所未有的規模顛覆全球商業。

　　現在你也知道了評估數位資產的價值及價格，以及投資它們的相關風險。儘管有那些風險，你依然有興趣把一部分的錢拿去投資數位資產。（歡迎加入我們的行列！）

　　本章要協助你決定哪種投資機會適合你，你將會看到有各式各樣的選擇，不只是手續費及費用、風險、波動性、收入與成長潛力、可取得性、發行者，以及其他因素，甚至是你如何取得的方式。

開採貨幣

　　取得比特幣最基本的方式是進行開採，我們在第 5 章探討過了。

　　假如你從挖礦賺取的比特幣價值比你開採的成本更高（想想購買、運作及維護所有電腦的成本），那麼你會樂於成天挖礦。就算比特幣的價格可能下跌，但是你的努力成本不會。所以你可能賺或賠很多錢，這都要看你的成本、取得的比特幣數量，以及它們的價格而定。

「Alexa，替我開採一些比特幣。」

投資礦工

　　採礦是主動的事業，不是被動的投資，這可能會打消你採礦的念頭，然而你可能會覺得這個想法很吸引人。所以與其自己採礦，你可以投資採礦公司，舉例來說，Riot Blockchain 是美國最大的公開交易比特幣採礦公司（NASDAQ：RIOT）。這家公司表示，它花費大約 1 萬 5000 美元去開採一枚比特幣。假如比特幣的價格高於這數字，它便能獲利，因此比特幣價格愈高，Riot 的獲利便愈多。

　　截至 2021 年 12 月 31 日為止，Riot 持有超過 1600 枚比特幣，而且每天開採近六枚比特幣。它與這類的採礦公司是全世界唯一沒有產品也沒有客戶的公司，Riot 的產品基本上是它的股價，而且會隨著比特幣的價格而漲跌。

RIOT Biockchain

公開交易比特幣採礦公司

Argo Blockchain argoblockchain.com	Argo Blockchain（ARBKF）進行大規模開採加密貨幣，股票在倫敦證券交易所掛牌，並且在美國 OTCQX 交叉交易。
Bitfarms, Ltd. bitfarms.com	Bitfarms, Ltd.（BFARF）是區塊鏈基礎建設公司，經營北美最大的數位資產採礦公司之一，總部位在多倫多。
EcoChain ecochainmining.com	為 Soluna Holdings, Inc.（SLNH）的子公司，EcoChain 是採用再生能源的加密貨幣採礦公司。
Hut 8 Mining Corp. hut8mining.com	Hut 8（HUTMF）是專門開採比特幣的虛擬貨幣採礦公司。
Marathon Digital Holdings, Inc. marathondh.com	Marathon Digital（MARA）開採加密貨幣，聚焦在美國的區塊鏈生態系統及數位資產生成，公司位在洛杉磯。 Marath on Digital
Riot Blockchain riotblockchain.com	Riot Blockchain（RIOT）是美國最大的公開交易比特幣採礦公司，開採地點位在紐約及德州。 RIOT Biockchain

欲知最新名單及超連結，
請瀏覽 https://dacfp.com/cryptocatalog/

買進貨幣及代幣

假如你不想採礦或者投資礦工,但是想擁有貨幣或代幣,你就必須購買它們。要這麼做的話,你必須去市場,找到願意出售的持有人。這裡的市場有兩種:交易所及託管人。

數位資產交易所

這種交易所的運作就像是證券交易所,你開一個帳戶,把錢存進去(任何法幣都可以,美元、歐元、日圓等),你下單購買你想要的數位資產,然後使用你的貨幣來支付。

交易所會替委託單進行配對,撮合交易,設法完成委託。假如你提交市價單(market order),你會得到交易完成當下的貨幣價格。限價單(limit order)讓你設定你願意接受的最差價格,當交易所找到一個有交易意願的對象時,你的委託就會以那個價格(或是好一點的價格)成交。限價單在當天收盤時會過期,它也可以是取消前有效(good till canceled)。

有些交易所只服務機構投資人,不過大部分也都會服務零售客戶。頂尖的交易所提供高度安全防護,減少駭客存取你的熱錢包的風險,而且它們甚至也能保護冷錢包。冷錢包存放在未連接網路的可攜式硬碟,然後送到一個偏僻的保密地點,有些會在深山裡,只有少數幾位交易所的員工知道它的下落。那個外部金庫會受到嚴密防護,而且交易所會提供保險給每位客戶,保證如果有遭竊或遭駭的情況發生時,你會得到賠償。

交易所不只是進行交易,服務包括提供:

- 資料及研究:協助你分析市場。
- 保證金、選擇權及期貨:讓你能用你帳戶裡的錢,買入比你實際能買得還要多,這叫做槓桿(leverage)。比方說你可以投資 100 美元,買入值 200 美元的比特幣,這意味著假如比特幣的價格上漲,你能賺更

多錢，萬一價格下跌，你會損失更多，這種做法也會衍生出費用及開支。
- **數位錢包**：幫助你安全儲存你的數位資產，每家交易所都提供熱錢包，其中有許多也提供冷錢包。（第 5 章有更多關於錢包的資訊）
- **儲蓄帳戶**：你存入你的數位資產，可以賺取利息。
- 支付利息、聯邦存款保險公司擔保的現金存款銀行帳戶。
- **貸款**：用你的數位資產擔保。
- **Visa 卡或萬事達卡**：你刷卡消費時不會得到哩程點數或現金回饋，而是比特幣。

使用交易所服務時會有衍生的費用，包括：

- **價差**：你知道 100 美分等於 1 美元。比方說你走進銀行，把一張 1 美元紙鈔交給櫃員，然後櫃員給你 99 美分硬幣，這就是衍生的價差費用。那 1 美分是銀行的手續費，提供你將美元換成美分的服務。假如你日後想把美分換回美元紙鈔，就會再衍生一次價差。銀行不會真的跟客戶收取換鈔的價差，但是你在購買股票及債券時就要支付價差。當你買賣或交換數位資產時，也要支付價差。
- **吃單手續費及掛單折扣**：假如你的市價單從市場移除流動性，交易所可能會跟你收取吃單手續費。限價單經常會增加市場流動性，因此當你下限價單，可能會得到掛單折扣。
- **交易費**：你的每筆交易都要支付這項費用，這可能是固定費率，或是該筆交易的價值百分比。交易愈大宗及交易次數愈多，支付的費用就愈少。假如你以數量折扣大批買入交易所的功能型代幣（如果買得到的話），你就能降低這種手續費。你可以使用這些代幣來支付交易的費用。
- **服務費**：這種費用類似銀行及券商收取的服務費，你使用交易所的信

用卡及簽帳金融卡轉帳、匯款或是存提款時，都需要支付服務費。
- **託管費：** 我們在下一個段落會詳細討論託管的部分。

選擇交易所

你要多看多比較，就跟你要買洗碗機時一樣。你要找的特點有這些：

一、**提供的幣別：** 沒有哪一家交易所會提供每一種數位資產，因此要確定你的交易所提供你想要的那些幣別。

二、**流動性：** 在數位資產的世界裡，價格變動得非常快，因此，你想知道你的委託單會快速成交，尤其在波動度高的時候，交易程度很可能比平常高出許多。你要詢問該交易所的成交量，愈高愈好。

三、**使用途徑：** 你的國家或州別是否有該交易所呢？你是否能快速又容易地存取你的帳戶及資產？使用者介面體驗如何？它有多容易上手？資產能多快地在交易所及你的銀行帳戶之間轉移？

四、**客戶服務：** 許多交易所沒有所謂的真人服務，只有聊天機器人提供一般性的回答。萬一出了問題，你能多快又輕鬆地獲得解決？

五、**安全性：** 該交易所是否提供冷錢包儲存？它是否使用增強型加密來保護它的資料？

六、**法規：** 證券交易所是在聯邦法律及法規之下運作，數位資產交易所則不然。它們能像漫畫書店一樣營運，基本上隨它們的高興來進行交易，不過有些交易所選擇遵守法規要求，並且取得聯邦或州立機關的許可。（幣安〔Binance〕是全世界最大的加密貨幣交易所，規模大過倫敦、紐約及香港證交所加總。時任幣安執行長的趙長鵬在2021年10月說：「我們經營一家正當合法的企業。不過假如你放眼看世界各地，可能只有不到2%的人採用加密貨幣。為了吸引其餘的98%，我們需要有所規範。」）別使用不具備也未遵從適當程序及控制的交易所。舉例來說，交易所應該能顯示它已審查 SOC1 及 SOC2

報告，前者確認該交易所的金融營運及報告控制之設計與執行，後者則確認安全性、可用性與機密性控制的設計及執行。

七、保險： 假如發生駭客入侵或其他事件而造成你的資產損失，交易所是否能做出補償？保險公司索賠 ── 理賠能力如何？保單涵蓋什麼內容，以及每個帳戶及總額的限制為何？

八、規模： 你會想知道你的交易所是財務健全的機構，能在成長茁壯之餘持續有效率地為你提供服務。

數位資產交易所

幣安 binance.com	幣安是全世界最大的加密貨幣交易所，Binance. US 提供一個在美國買賣加密貨幣的快速、安全又可靠的平台。
Bitfinex bitfinex.com	Bitfinex 讓用戶能交易比特幣、以太坊、柚子幣、萊特幣、瑞波幣、NEO 及其他許多具有最小滑價的數位資產。
BitFlyer bitflyer.com	BitFlyer 是全世界成交量最大的比特幣交易所，今年迄今為止交易了 2500 億美元。
BittyLicious bittylicious.com	BittyLicious 是具有完整線上銀行功能的英國銀行帳戶，支付必須直接來自 BittyLicious 帳戶持有人。
BitOasis bitoasis.net	BitOasis 是中東及北非地區加密貨幣生態系統的先驅，目標是在加密貨幣交易方面，為零售及機構客戶提供安全又受監管的基礎設施。
Bitpanda bitpanda.com	Bitpanda 是使用者友善並且能交易一切的平台，可以投資股票、加密貨幣及貴金屬。
Bitstamp bitstamp.net	Bitstamp 是位於盧森堡的加密貨幣交易所，能買賣法幣、比特幣及其他虛擬貨幣，用戶能存入及提領美元、歐元、英鎊、比特幣、ALGO、瑞波幣、以太幣、萊特幣、比特幣現金、恆星幣、Link、OMG Network、USD Coin 或 PAX。

欲知最新名單及超連結，
請瀏覽 https://dacfp.com/cryptocatalog/

數位資產交易所

Changelly changelly.com	Changelly 在買賣、交換及交易數位資產方面，帶給客戶一站式體驗。
Coinbase coinbase.com	Coinbase 是數位錢包服務，讓交易者能買賣比特幣及其他數位資產，它是公開上市的公司（股票代號：COIN）。
CoinCorner coincorner.com	CoinCorner 是交易平台，可以用信用卡或簽帳金融卡在英國及歐洲買賣比特幣，投資者能買賣比特幣及儲存數位資產。
Coinfloor coinfloor.org	Coinfloor 是數位資產交易所的老字號公司，服務機構、資深投資人及交易者。
CoinJar coinjar.com	CoinJar 是澳洲平台，能買賣比特幣，並且讓商家能接受比特幣支付。
Coinmama coinmama.com	Coinmama 是創立於 2013 年的數位資產交易所，讓個人及公司能在 188 個國家快速買賣比特幣及其他山寨幣（Altcoin，或稱替代幣）。
Coinspot coinspot.com	Coinspot 架構了一個容易上手的介面，具有快速存取的特色，並提供你想看到的資訊。
eToro etoro.com	eToro 是社群交易及投資網路，讓使用者能買賣貨幣、商品、指數、加密資產及股票。

欲知最新名單及超連結，
請瀏覽 https://dacfp.com/cryptocatalog/

數位資產交易所

Gemini gemini.com	Gemini 是專為個人及機構打造、領有執照的數位資產交易所，它的數位產品單純、簡練又安全，使用者能買賣及儲存數位資產。
HitBTC hitbtc.com	HitBTC 是區塊鏈平台，能買賣比特幣及其他數位資產。
Kraken kraken.com	Kraken 是全世界最大、歷史最悠久的比特幣交易所之一，是線上買賣加密貨幣最具口碑的交易所之一。它創建於 2011 年，在區塊鏈創新中占有重要地位。
KuCoin kucoin.com	KuCoin 是一家全球性加密貨幣交易所，供應超過 400 種數位資產，為超過 800 萬名用戶提供加密貨幣服務。
Luno luno.com	Luno 是一個平台，讓大眾能容易存取數位資產，例如比特幣及以太坊。
Mercatox mercatox.com	Mercatox 是一個平台，可以使用比特幣、以太坊及萊特幣進行加密貨幣交易，也提供存款及提領服務。
OKEx okex.com	OKEx 是數位資產交易所，為全球各地使用區塊鏈技術的交易者提供先進的金融服務。

欲知最新名單及超連結，
請瀏覽 https://dacfp.com/cryptocatalog/

數位資產交易所

Paxful
paxful.com

Paxful 是以人為本的市場,讓任何人在任何地方都能隨時轉帳。

Plus500
plus500.com

Plus500 是全球性金融公司,提供線上差價合約交易服務。

Poloniex
poloniex.com

Poloniex 是加密貨幣交易所,擁有先進的交易特色。

Revolut
revolut.com

Revolut 是金融服務公司,專精行動銀行、卡片支付、匯款,以及外幣匯兌。

Robinhood
robinhood.com

Robinhood 是券商,讓客戶能買賣股票、選擇權、ETF,而且免收交易手續費。

ShapeShift
shapeshift.com

ShapeShift 是加密貨幣平台,讓客戶能買賣、交易、追蹤、匯出、收取加密貨幣,以及和他們的數位資產互動。

欲知最新名單及超連結,請瀏覽 https://dacfp.com/cryptocatalog/

託管人

買入數位資產後,你必須決定要存放在哪裡,這叫做託管。你有兩個選擇:自行管理,只要把數位資產存在你的手機錢包或隨身碟,或者請另一方替你管理你的資產。

任何人或實體都能提供數位資產託管服務,因此要確定你(或是代表你的金融顧問)的合作對象是合格託管人(qualified custodian),那是一個法律定義。託管規則是設計來保護投資人,以免他們的資金有遭竊或挪用的可能。

合格託管人可能是銀行、註冊的經紀商、期貨經紀商,以及某些非美國法人,他們管理你的資產,可能是在你名下的分離帳戶,或是在你的財務顧問名下的整合帳戶。這些財務顧問擔任他們所有客戶的經紀人或受託人,和合格託管人合作,你會格外相信這些企業會負起託管人的職責(意思是維護你的最佳利益),而且堅守法規。雖然不合格託管人可能也這麼做,但是你無法如此肯定。

只有美國證券交易委員會能核准某機構為「合格託管人」,不過各州也設法這麼做。首先是懷俄明州,它在 2020 年宣布雙海信託(Two Ocean Trust,在懷俄明州取這種公司名稱真有意思)能擔任合格託管人。美國證券交易委員會隨即發表聲明,表示懷俄明的決定「不該被解釋為代表美國證券交易委員會或任何其他監管機構的觀點」。所以囉。

只因為某個機構是合格託管人,不代表它能處理數位資產,因此你會想要一個能處理這部分的合格託管人。

個人退休帳戶託管人

你可以使用你的個人退休帳戶(IRA)來買賣或甚至開採數位資產,聯邦法律及條例要求你使用託管人來管理你的退休金及羅斯個人退休帳戶(Roth IRA)。(編按:兩者均為美國的退休金儲蓄政策,均有節稅功效,但在儲蓄和提領方面有不同的規定。)

數位資產託管人

Anchorage Digital anchorage.com	Anchorage Digital 是史上第一家聯邦特許數位資產銀行，也是合格的託管人。它使用自家的硬體來保障數位資產安全，有 90% 的交易都在 15 分鐘以內快速處理完成；它也提供客製化以符合客戶需求，還有業界領先的保險產品來保障數位資產。
Bakkt bakkt.com	Bakkt Warehouse 支援比特幣期貨的實物交割，也提供機構託管服務，負責期貨市場以外的比特幣儲存。為了保護客戶，Bakkt 在暖錢包及冷錢包之間進行再平衡，並且向頂尖的全球承保單位投保 1 億 2500 萬美元的保單。
BitGo bitgo.com	BitGo 是南達科他州銀行部門監管的規範型信託公司，冷儲存資產存放在整合帳戶，投保並且受到 BitGo 的同儕審查多重簽名安全防護。
Brown Brothers Harriman bbh.com	Brown Brothers Harriman 為機構客戶提供數位資產的專業託管。
Copper copper.co	Copper 透過線上及線下技術提供託管服務，能存取超過 150 種數位資產，它專精多方計算，可以遠距聯名簽署交易而不會造成私鑰曝險，因此使用者能在線上及線下配置他們的錢包。
Fidelity Digital Assets fidelitydigitalassets.com	Fidelity Digital Assets 是全世界最大的多元化金融服務供應商之一，它的託管服務使用冷儲存及額外的多層安全防護，把頂尖的交易執行整合到它的託管平台上。

欲知最新名單及超連結，
請瀏覽 https://dacfp.com/cryptocatalog/

數位資產託管人

Fireblocks fireblocks.com	Fireblocks 的平台讓每家企業都能輕鬆又安全地支援數位資產。
Gemini gemini.com	Gemini 是受託人及合格託管人，由紐約發給執照以託管數位資產。
Hex Trust hextrust.com	Hex Trust 的 Hex Safe 是銀行等級的數位資產託管方案，和 IMB 合作提供出色的安全架構，並且無縫整合銀行核心系統及全面保險承保。
Paxos paxos.com	Paxos 提供投資人頂級的安全措施，包括溫錢包及冷錢包簽署用的多方計算，以及冷錢包簽署用的多重簽名。
Prime Trust primetrust.com	Prime Trust 是合格託管人，為各種型態的帳戶提供託管及次託管。它旨在保障數位資產，使用以基礎建設為主的專業 API，用安全的方式來建立及評估這些資產。
Tetra Trust Company tetratrust.com	Tetra 是加拿大第一家獲得執照的數位資產託管人，它的平台為機構投資人提供數位資產企業級託管，擁有 Coinsquare、Coinbase Ventures、Mogo，以及金融服務業領導階層的支援。

欲知最新名單及超連結，
請瀏覽 https://dacfp.com/cryptocatalog/

流動性挖礦

當你買入數位貨幣及代幣，你不會賺取利息或分紅，因此，你能獲利的唯一方法是以高出你買入的價格賣掉它。

至少當比特幣問世時，情況是這樣的。不過現在你可以靠貨幣及代幣賺取利息，怎麼做呢？把它們借給別人，這叫做流動性挖礦（yield farming），也就是放款或質押你的貨幣，以便賺取利息。有數十個平台能協助這個程序，給付12%或以上的年收益。

這些平台經常自我宣傳為「儲蓄錢包」或「利息帳戶」，倡導本身的安全性。或許它們是如此，不過欠缺監管監察（也沒有聯邦存款保險公司的保障）。

在一起大型交易中，10萬個帳戶持有人放款價值20億美元的比特幣及其他數位資產，在我下筆的此時賺取7.5%。該交易所的網站表示，這些款項是借給了「第三方」。

我們來換個角度看。當你買入垃圾債券（美國證券交易委員會將其定義為「投機性」投資），你是把錢借給一家財務實力談不上一流的公司。這其中存在的重大風險是，到了到期日時，這家公司可能無法支付它所欠的利息，或甚至把錢還給你。不過你知道這家公司的身分，所以你可以藉由衡量它想借錢的理由來評估風險，你也可以審查該公司的財務報表，判斷它會依承諾支付利息並歸還本金的可能性。你可以做這些事，因為你知道你是把錢借給誰，不過在進行加密貨幣的流動性挖礦時，你不知道是誰借了你的貨幣及代幣，或是他們為何這麼做的原因。

而且「為何」是個重要的問題。假如你賺取7.5%，借款人顯然要支付這些，而且不只如此，還有他們取得借款而衍生的手續費。他們要如何處理你的比特幣，才能讓他們能得到高於借款成本的獲利呢？

保管數位資產的合格個人退休帳戶託管人

Alto altoira.com	Alto 是自主個人退休帳戶平台，讓個人、顧問及機構能存取及投資另類資產。CryptoIRA 讓你透過與 CoinBase Pro 整合，即時買賣及交易超過 100 種加密資產。AltoIRA 讓你能將投資分散在另類資產類別，包括專業管理數位資產策略。
Bitcoin IRA bitcoinira.com	Bitcoin IRA 是加密貨幣個人退休帳戶平台，讓客戶能為個人退休帳戶購買比特幣及其他加密貨幣。
BitIRA bitira.com	BitIRA 和兩家出色的自主個人退休帳戶託管人—Equity Trust Company 及 Preferred Trust Company—合作，管理帳戶及為帳戶管理準備文件。
BitTrust IRA bittrustira.com	BitTrust IRA 是一個平台，你能以低成本投資開始買賣加密貨幣。
BlockMint blockmint.com	BlockMint 使用冷儲存錢包，確保你的投資不會遭遇駭客入侵、竊盜或電子錯誤。
Choice choiceapp.io	Choice 是第一個容許自主個人退休帳戶持有比特幣及以太幣的平台，它是獨立的合格託管人，受南達州銀行部門的監管。Choice 維持嚴格的政策、程序、控制及披露，以便符合客戶的最高託管標準。它和 Fidelity Digital Assets 合作冷儲存解決方案，並且和 Kraken 及 CoinShares 合作處理數位資產交易。

欲知最新名單及超連結，
請瀏覽 https://dacfp.com/cryptocatalog/

保管數位資產的合格個人退休帳戶託管人

Coin IRA coinira.com	Coin IRA 是美國首先提供投資人將數位資產加入退休金計畫的公司之一。
iTrustCapital itrustcapital.com	iTrustCapital 是數位資金個人退休帳戶交易平台，讓客戶透過退休帳戶能即時直接買入及交易加密貨幣。iTrustCapital 和 Coinbase Custody 合作，提供託管及儲存服務。
Madison Trust madisontrust.com	Madison Trust Company 是投資託管人，提供會計、審計、個人退休帳戶代理，以及財務與風險管理服務。
MyDigitalMoney mydigitalmoney.com	MyDigitalMoney 是自行交易加密貨幣投資平台，擁有無可比擬的軍用級安全系統及總部位於美國的客戶服務。

欲知最新名單及超連結，
請瀏覽 https://dacfp.com/cryptocatalog/

　　老實說我不知道──因為我不知道他們是誰。或許他們會賣掉你的比特幣是因為相信價格就要下跌超過 7.5%。在下跌之後（假設它確實下跌了），他們會買回來，然後把比特幣還給你，獲利留給自己；或許他們會利用價格差異。世界各地的交易所在相同的時間，經常會有不同的數位貨幣價格，在一家交易所低價買入，然後同時在另一家高價賣出，你能獲得高利潤（這種做法叫做套利〔arbitrage〕），前提是那些異常現象存在，而且你能抓住機會的話。他們可能會借你的貨幣，付你 7.5% 的利息，然後把這些貨幣借給其他支付 8% 或更多的人。我相信也有人使用其他的險招。

　　在你投入流動性挖礦之前，考慮一下風險吧。問問你自己當初為何買入比特幣？假如你認為價格會上漲 100%，你為何要試圖賺取利息呢？要賺取那

100% 已經很冒險了，你要承受多少額外的風險去賺取那額外的收益，而且你希望獲取的收益值得你去冒那些額外的風險嗎？

當我對某位投資人提出這些問題時，他斷然地說：「是的！」他的理由是：他期望比特幣在十年內能夠價格翻倍。他期望借出他的比特幣以便賺取 7.5% 的年息，這樣他在十年之中就能獲利 106%（感謝複利計算）。假如這一切都照著計畫走，他的 10 萬美元投資在十年後會值 30 萬 6103 美元，而不是如果不參加投資的 20 萬美元。

你能藉由流動性挖礦大幅提高你的報酬，但是這麼做有風險，所以你自己決定吧。

《數位資產投資聖經》讀者專享

了解更多關於透過數位資產獲利的資訊

您可以在以下網址免費獲得
這些獨家內容和更多資訊（僅英文呈現）：
https://www.thetayf.com/TACbonuscontent

數位資產借貸平台

Aave aave.com	Aave 是開源及非託管協議，讓你能存款賺取利息及借用資產。
BlockFi blockfi.com	BlockFi 為取得簡單金融商品的管道有限的市場，提供信用服務，以市場領先的利率搭配機構品質的效益。Gemini Trust Company 是主要託管人。
Celsius Network celsius.network	Celsius Network 是區塊鏈平台，提供無法透過傳統金融機構取得的金融服務，它專攻消費者放款、金融科技及金融服務，總部位於倫敦。
Colendi colendi.com	Colendi 以它的銀行獨立信用評分、微型貸款及金融服務平台，幫助消費者、店家及金融機構。
Compound compound.finance	Compound 是為研發者打造的演算法自主利率協議，以便解鎖一個開放金融應用的天地。
Everex everex.io	Everex 研發供消費者使用的區塊鏈信用卡，以及網路商家的支付處理解決方案。
Kava www.kava.io	Kava 著重於讓任何人在全世界的任何地方都能直接取得金融服務，它提供放款、鑄幣及交換服務。
Nexo nexo.io	Nexo 是加密貨幣利息帳戶及放款平台，它自詡是數位金融業之中，全球最大及最可靠的的放款機構。

欲知最新名單及超連結，
請瀏覽 https://dacfp.com/cryptocatalog/

數位資產借貸平台	
SALT Lending saltlending.com	SALT Lending 提供加密貨幣擔保借款，讓消費者、企業、銀行及政府能抵押數位資產來取得美元或穩定幣借款。
Silvergate Bank silvergate.com	Silvergate Bank 提供安全的機構級管道，透過由比特幣擔保的美元借款取得資金。
Zerion zerion.io	Zerion 是去中心化金融資產管理工具，讓使用者透過數位錢包進行流動性挖礦，並且得以使用流動性池。

欲知最新名單及超連結，請瀏覽 https://dacfp.com/cryptocatalog/

買入擁有貨幣及代幣的公司股票

大型企業擁有數十億美元的現金儲備，每一家都面臨該如何處置那筆錢的決定。它們能併購其他公司、投資研究及開發、買回自家股票的股份（這會減少供應，因此導致股價上漲），或是把錢當作紅利分發給股東，大部分公司都做出上述的綜合處置。

現在有愈來愈多公司也買入比特幣。美國第六大的壽險公司──萬通保險（MassMutual）──在 2021 年投資 1 億美元的比特幣。特斯拉擁有 4 萬 2000 枚比特幣。最大的買家是微策略，這家擁有 32 年歷史的公司是全美最大的商業智慧軟體公開交易供應商，擁有超過 10 萬枚比特幣。由於這項投資過於龐大，以至於現在該公司的股價和比特幣的價格波動更為相關，而不是公司的本業。

擁有數位資產的公開交易公司

公司	代碼
微策略	MSTR
特斯拉	TSLA

微策略

公開交易數位資產交易所

Coinbase
coinbase

Coinbase（NASDAQ：COIN）是美國最大也最知名的數位資產交易所，用戶包括零售、合格及機構投資人。

Voyager Digital
investvoyager.com

Voyager Digital（OTC：VYGVF，TSX：VOYG）是加密貨幣券商，支援比特幣、各大去中心化金融貨幣及各種山寨幣。

欲知最新名單及超連結，
請瀏覽 https://dacfp.com/cryptocatalog/

採取「鐵鎬及鐵鍬」路線

來看看李維・史特勞斯（Levi Strauss）的故事：他和其他數千人一樣，在 1800 年代中期的加州淘金熱時期，懷抱發財夢來到了舊金山。他確實變得富有，但不是來自淘金，而是賣衣服給淘金客。史特勞斯的才智成了大家口中的鐵鎬及鐵鍬（picks & shovels）策略，他不直接投入冒險活動，而是提供探險者所需的工具及基礎設施。即使他們永遠賺不到錢，你卻能賺飽荷包。

你可以在數位資產界使用相同的策略。與其開採或買入貨幣及代幣，你不如去投資一些公司，它們打造讓這一切活動發生的基礎設施。少了電腦，礦工無法採礦，所以投資晶片製造商吧！投資者需要追蹤市場，因此投資彙編及販售這些資料的公司。許多財星 500 大公司都在研發或有效運用區塊鏈技術，

壯大它們的事業。

你的投資可能是以下的型態：

- **股票**：這會使你成為某家公司的所有者；假如你相信股價會上漲，你就會買入。
- **債券**：這會使你成為某家公司的放款人；你會從放款的錢賺取利息。
- **可轉債**：這會支付利息，通常比債券少，不過假如股價上漲的話，你可以把你的投資轉換成股票。
- **未來股權簡單協議**（SAFE，simple agreements for future equity）：這和我們在第 9 章討論過的未來代幣簡單協議類似。

透過衍生性金融商品下注

衍生性金融商品（derivative）正如其名稱所暗示，並不是一項資產，它是以某項資產為基礎，一種賭注某項資產可能獲利或損失多少錢的方式。衍生性金融商品是一種合約，你和交易對手處於對立的地位，你們其中一方認為某項資產的價格會在某個特定期間上漲到某種程度，而另一方認為不會發生這種情況。你們其中一方會證明是對的，所以贏家賺錢，而輸家嘛，就輸錢了。

衍生性金融商品有很多種，最常見的是選擇權、期貨、遠期及交換。這些已經存在幾世紀，在商業界提供重要又正當的目的。

我舉一個例子。一名種植玉米的農夫需要以每英斗（bushel）10 美元的價格賣掉作物，雖然那是目前的價格，不過他要四個月後才能收成作物，而到那時，價格可能會下跌。所以農夫可以把選擇權合約賣給穀物公司；穀物公司需要這些作物來生產商品，而且知道它支付每英斗 10 美元的話，可以賺到利潤。即便雙方都明白未來的價格可能更高或更低，但是大家都很開心能鎖定目前價格。因此，衍生性金融商品有助商業界降低因天氣及其他事件造成的價格波動風險。

多年來，銀行業者及投資人，也就是提供穀物公司所需的現金、讓那些公司能和農人達成交易的那些人，開始注意到這些活動。金融業者對玉米並沒有特別的興趣，不過他們意識到，如果他們能精準預測未來的價格，並且利用這些預測，自己去買賣衍生性金融商品合約的話，有可能會賺大錢。

畢竟，假如你簽了合約，以每英斗 10 美元的價格去買那名農夫的作物，而收成時的價格是每英斗 12 美元的話，你只要付那名農夫 10 美元，然後用 12 美元的價格轉賣這些作物。只要短短幾個月就能獲利 20%！真好賺！

你可以想像，要不了多久，那些投機者就開始採取行動了。為什麼要讓通用磨坊（General Mills）成為唯一預測未來穀物價格的人呢？

現在任何人都能參與選擇權及期貨交易，你能推測幾乎所有一切的未來價格，包括各種作物、石油、黃金、股票，想得到的都行。還有數位資產。芝加哥商品交易所（Chicago Mercantile Exchange）及 Bakkt 平台均提供完全監管、端到端的數位資產衍生性金融商品。

這些複雜商品的風險加倍，因為這種資產本身便具有風險了，原因有四：

一、**槓桿：** 要下注 1 萬美元，賭比特幣在六個月內會漲價，你不必投資 1 萬美元在比特幣選擇權合約，只要付 500 美元就行了。換句話說，你的 1 萬美元能讓你買入或賣出控制 20 萬美元比特幣的合約。這是誇飾結果，你有賺取巨利的機會，但同時也冒著損失大錢的風險，而且可能損失了遠超過你投資（或者可能是負擔得起）的錢。

二、**時間：** 當你買入數位資產或者是任何其他投資時，你可以永遠持有它們。不過所有的衍生性金融商品都有到期日，從一天到一年不等，這意味著你不僅要正確預測未來價格，還必須猜對何時會達到那個價格，否則你的投資最後會付諸流水。要正確預測價格已經夠難了，要猜對時間點更是難上加難。你猜錯其中之一（價格或時間）的可能性很高。

三、**價格偏離：** 對場外交易證券（本章稍後會說明）來說，期貨合約的

交易價格經常不同於標的資產的價格。因為合約本身是一種證券，而你買的就是這個，不是合約所代表的資產。比方說，在 2021 年 10 月，芝加哥商品交易所的比特幣期貨價格比比特幣本身的價格高出 15%，因為對期貨合約的需求高出比特幣。有時候，合約的價格之間會出現偏離，當這種情況發生時甚至有個別名稱（正價差〔contango，期貨價格高於現貨價格〕及倒價〔backwardation，期貨價格低於現貨價格〕），我們在這裡就不深入探討了。

四、手續費及徵稅：無論你猜對或猜錯，你要支付佣金來買入合約，在合約到期前取消的話，還要再付額外的佣金。假如你從交易中獲利的話，要繳納很多稅，因為所有的這類交易都屬於短期（short-term）（根據美國國稅局的定義，在一年或不到一年內發生的交易都屬於短期）。這意味著你的獲利不符長期資本利得稅率的資格，你反而要以一般所得最高邊際稅率來繳稅。對很多投資人來說，如此一來合併聯邦及州稅的稅率將高達 40% 或以上（編按：臺灣投資稅率採屬地主義，若購買數位貨幣的出金交易所屬於海外，單年獲利超過 100 萬且與其他所得相加超過 670 萬臺幣時，需繳納稅金）。（我們在第 20 章會詳細探討稅務的部分。）

投資期貨請小心謹慎。

比特幣期貨 ETF

比特幣期貨 ETF 並沒有直接持有比特幣，它們持有的是比特幣期貨合約，也就是我們剛探討過的那些衍生性金融商品。

當你買入期貨合約，你有希望以某種特定價格，在某個特定日期買到某種資產的特定數量。期貨合約的價格並未完美仿效它們的標的資產，不過通常相當接近。

我們討論完衍生性金融商品的陷阱，因此現在要提出比特幣期貨 ETF 的

優點：

一、這些 ETF 商品受到 1940 年證券法管理，那是投資界最強大的法規，它比 OTC 證券更嚴格，也為消費者提供更多保障。

二、投資人（和他們的顧問）非常熟悉這種工具，而且你可能已經持有數

美國比特幣期貨 ETF

Global X ETFs globalxetfs.com	Global X Blockchain & Bitcoin Strategy ETF（BITS）是主動式管理基金，旨在利用區塊鏈及數位資產主題的長期成長潛能，這個基金在美國上市的比特幣期貨合約，以及從增加採用區塊鏈技術而獲利的公司中持有多頭部位。
ProShares proshares.com	ProShares Bitcoin Strategy ETF（BITO）是美國第一檔比特幣連結 ETF，讓投資人有機會以便利、具流動性又透明的方式，增加比特幣報酬率的曝險。該基金主要是透過管理比特幣期貨合約的風險，提供資本增值。
Valkyrie valkyrie-funds.com	Valkyrie Bitcoin Strategy ETF（BTF）是主動式管理 ETF，主要投資比特幣期貨合約。
VanEck vaneck.com	VanEck Bitcoin Strategy ETF（XBTF）是主動式管理 ETF，透過投資比特幣期貨合約以獲得資本增值。

備註：這些 ETF 之中，有一些不只投資比特幣期貨。舉例來說，Global X's Bitcoin Futures ETF 也投資直接擁有數位資產，或是投入區塊鏈技術生態系統的公司或基金，因此這類 ETF 比只投資比特幣期貨合約的 ETF 更多元化。

欲知最新名單及超連結，
請瀏覽 https://dacfp.com/cryptocatalog/

種 ETF。它們價格不高又透明化，而且很容易入手，和你的其他投資組合一起管理。
三、比特幣期貨和比特幣的相關性，可能更高於其他代理人，例如買入比特幣的上市公司（例如微策略或特斯拉）。
四、比特幣期貨 ETF 不使用槓桿及管理到期日，因此這些 ETF 可被視為短期交易者及長期投資人。

間接買入貨幣、代幣、採礦設備、公司及衍生性金融商品

我們到目前為止探討的一切都稱為直接投資（direct investing），因為你購買實質的投資。

不過這麼做很麻煩，你必須尋找投資機會，逐一分析評估，然後下手買入。這經常需要找數位資產交易所或託管人開帳戶，也代表你必須研究它們！挑選了一家之後，你要開帳戶、存入資金、選擇你想買的投資、安排儲存這些資產，然後處理所有紀錄及報稅的雜事。

超麻煩的！

不過等一下。你已經有投資組合了，而那個投資組合裡已經有股票。你在投資股票時也經歷過這些麻煩事嗎？可能沒有，你很可能是把錢存到某些股票基金裡，這樣輕鬆多了！

所以你為何不用相同的方式來處理你的數位資產呢？現在你可以這麼做的機會愈來愈多了。當你買入數位資產基金，能避免應付交易所、錢包及託管的麻煩事。

我們來看看有哪些不同種類的基金。還有別忘了，所有的基金都要收取手續費，而且經常比交易所及託管人收取的費用更高，同時你也面對投資這個領域的風險。

專門投資區塊鏈及數位資產公司的 ETF

Amplify ETFs amplifyetfs.com	Amplify Transformational Data Sharing ETF（BLOK）投資積極研發或使用區塊鏈技術的公司股票。
ARK Invest ark-funds.com	ARK Innovation ETF（ARKK）給投資者管道去接觸「破壞式創新」，也就是能改變世界運作方式的科技化產品及服務。ARKK 是主動式管理。
Bitwise Investment Management bitqetf.com	Bitwise Crypto Industry Innovators ETF（BITQ）追蹤以 Bitwise 產業專業知識所設計的指數，識別從加密貨幣業務活動產生主要收益的先驅公司。 **Bitwise**
Capital Link ETFs cli-etfs.com	Capital Link Global Fintech Leaders ETF（KOIN）追蹤 ATFI Global NextGen Fintech Index。
First Trust ftportfolios.com	First Trust Indxx Innovative Transaction & Process ETF（LEGR）主要尋求和 Indxx Blockchain Index 的價格及殖利率普遍對應的投資結果。
Global X ETFs globalxetfs.com	Global X Blockchain ETF（BKCH）讓投資人參與區塊鏈技術發展所帶來的成長機會。 **Global X**
Hashdex ETFs hashdex.com	Hashdex Nasdaq Crypto Index ETF（HDEX BH）追蹤 Nasdaq Crypto Index 的表現。

欲知最新名單及超連結，
請瀏覽 https://dacfp.com/cryptocatalog/

專門投資區塊鏈及數位資產公司的 ETF

Invesco ETFs invesco.com	Invesco CoinShares Global Blockchain UCITS ETF（BCHN）追蹤 CoinShares Blockchain Global Equity Index 的表現。	Invesco
iShares by BlockRock ishares.com	iShares Exponential Technologies ETF (XT) 追蹤晨星（Morningstar）的全球性指數，該指數涵蓋引領顛覆性創新、取代既有技術並創造新興市場的全球性企業。這個指數以橫跨九項科技主題之科技生產者及使用者的全球股票為特色。它是由 200 檔股票組成，等權重而且每年重新組建。	
Simplify ETFs simplify.us	Simplify US Equity PLUS GBTC ETF（SPBC）將 100% 的資產投資標普 500 指數，然後加碼 10%，並將這些額外資金投資在 Grayscale Bitcoin Trust（GBTC）。	
Siren ETFs sirenetfs.com	Siren Nasdaq NexGen Economy ETF (BLCN) 追蹤 Reality Shares Nasdaq 區塊鏈經濟指數，該指數聚焦大型開發、研究、支持、創新和使用區塊鏈技術的公司。其指數挑選委員會偏好「純正區塊鏈公司」(pure-play blockchain)。	
VanEck ETFs vaneck.com	VanEck Digital Transformation ETF（DAPP）追蹤 MVIS Global Digital Assets Equity Index 的表現。	
Volt Funds voltfunds.com	Volt Funds Revolution ETF（BTCR）聚焦在投資比特幣及周邊基礎設施的公司。BTCR 是主動式管理基金，使用庫存流量比模型來決定它的比特幣相關投資的集中度。	

欲知最新名單及超連結，
請瀏覽 https://dacfp.com/cryptocatalog/

指數投資證券

指數投資證券（Exchange-Traded Notes，ETN）在美國境外比較常見，而且和 ETF 有重要的基本差異。

你知道 ETF 買入一種或一籃子的實質資產。現在想像一下：一個金融機構（例如銀行）發行無擔保債權憑證，ETN 買入那個憑證，然後銀行使用這筆錢去買入資產。因此銀行擁有資產，ETN 擁有銀行發行的債券，而債券的付款條件連結到資產的表現。

因此 ETN 的風險比 ETF 更高。ETN 並未擁有標的資產，而是和發行者的信用度一樣安全。美國證券交易委員會提出關於 ETN 的警告：「你們應該明白 ETN 很複雜，對有興趣的投資人來說具有許多風險，可能導致損失全部的投資。」

我不是 ETN 迷，我不買它們，不曾擁有任何一個，也永遠不會把它們推薦給任何人。但是我要你們知道它們的存在，所以萬一有金融顧問跟你推銷 ETN，你會知道它和 ETF 的本質差異。

場外交易信託基金

幣圈問美國證券交易委員會：「你會讓我們把比特幣 ETF 賣給投資大眾嗎？」

美國證券交易委員會回答幣圈：「不會。」

幣圈對美國證券交易委員會說：「喔，是嗎？看這招。」

在我下筆的同時，美國證券交易委員會依然表示，允許一般投資人投資只買比特幣的 ETF 太冒險了，但是委員會卻肯讓資深、經驗豐富又有錢的投資人這麼做。32

好吧，算了。比特幣 ETF 不可行，但是故事並未到此結束。

---

32. 美國證券交易委員會也肯讓人們購買三倍反向 ETF，這種投資工具旨在單日持有，可以產生比股市日常波動三倍的獲利或損失。這種產品可以發行，但是比特幣 ETF 卻不行？！（編按：比特幣 ETF 已於 2024 年 1 月上市，但目前臺灣尚未推出此類金融商品，也不可透過複委託買進比特幣 ETF，相關政策仍在研議中。）

專門投資區塊鏈及數位資產公司的交易所買賣產品

單一資產

發行人	產品名稱	代碼
21Shares	Algorand ETP	ALGO
	Avalanche ETPv	AVAX
	Binance ETP	ABNB
	Bitcoin ETP	ABTC
	Bitcoin Cash ETP	ABCH
	Cardano ETP	AADA
	Ethereum ETP	ADOT
	Polkadot ETP	ABTC
	Polygon ETP	POLY
	Ripple ETP	AXRP
	Short Bitcoin ETP	SBTC
	Solana ETP	ASOL
	Stellar ETP	AXLM
	Tezos	AXTZ

指數型及多重資產

發行人	產品名稱	代碼
21Shares	**Bitwise Select 10 ETP** 追蹤 Bitwise Select 10 Large Cap Crypto Index	KEYS
	Crypto Basket Index ETP 追蹤由 2050 年市場資本排名的前五大數位資產指數	HODL
	Crypto Basket 10 ETP 追蹤前十大數位資產指數	HODLX
	Crypto Basket Equal Weight ETP 追蹤根據市場資本的前五大數位資產之等權重指數	HODLV
	Bitcoin Suisse Index ETP 追蹤由比特幣及以太幣組成的指數	ABBA
	Sygnum Platform Winners Index ETP 追蹤原始協議的最大原生代幣指數	MOON

欲知最新名單及超連結，
請瀏覽 https://dacfp.com/cryptocatalog/

> 你可能擁有數位資產而不自知。富達、先鋒領航（Vanguard）及貝萊德是北美最大比特幣挖礦商之一馬拉松數位（Marathon Digital）的最大持股人。方舟投資管理（ARK Investment Management）及摩根士丹利是灰度比特幣信託（Grayscale Bitcoin Trust）的最大持有人。美國基金（American Funds）是市值 2 兆 2000 億美元的共同基金公司，擁有 12% 的微策略；而貝萊德持有的股份比例甚至更高。
>
> 讓投資人有機會投資數位資產的不只這些公司，Kinetics、FOMO、Emerald、Appleseed 及其他基金公司都投資灰度，所以假如你擁有上述基金的任何一種，你便間接投資了數位資產，你可能在不自覺的情況下成了比特幣的投資人。

幣圈毫不畏懼，改為推出比特幣信託基金（bitcoin trust），而且獲得美國證券交易委員會的許可。放手去做吧。

別把這些信託基金和與遺產規劃有關的那種信託基金搞混了。[33] 把這些基金想成是某種的共同基金吧。

這些信託基金一開始是私募（private placement），也就是只有合格投資人（accredited investor）才能持有的投資基金。美國證券交易委員會許可的原因在於合格投資人被視為擁有充分的資產淨值及投資經驗，能擔保和投資相關的風險。具體來說，合格投資人須符合以下資格：

- 你在過去兩年及打算投資的這一年，每年的收入達 20 萬美元或以上（已婚人士則是 30 萬美元）；或者
- 擁有 100 萬美元或以上的資產淨值（不包括你的主要居所）；或者
- 持有 7、65 或 82 系列之證券執照。

---

33. 那麼為何要叫做信託（trust）而不是基金（fund）呢？我不知道，不過沒關係，我們繼續吧。

時間軸如下：一家基金公司為合格投資人發行比特幣基金，投資人買入基金的股份，就像你購買共同基金或 ETF 那樣。不過這些私募基金不具流動性，它們通常有十年的壽命。（這是美國證券交易委員會認為它不適合零售投資人的一個原因，那些投資人可能在那之前就會需要流動資金。）

不過就算是有錢人，有時候也想賣掉他們的投資，因此這些基金有一個絕妙的特點：在一段限制期（restricted period）之後（六個月或一年），你可以把你的股份轉移到你的券商帳戶。你能透過那個帳戶在公開市場出售你的股份。在公開市場，任何人（無論合格與否）都能買入你出售的股份。

在公開市場，私募基金轉變成所謂的場外交易信託基金，意指在場外（over the counter）交易的證券，通常是透過 OTCQX Best Market（OTCmarkets.com）來進行。這表示你的券商會直接和另一家券商聯繫，而不是透過紐約證券交易所或那斯達克來替你的交易尋找交易對手。

所以謎題來了。一個有錢人買入價值 100 美元的私募基金合格股份，先別管費用，那 100 美元的投資為他買入價值 100 美元的比特幣。後來那個有錢人把他的股份轉入他的券商帳戶，這時他想透過場外交易市場賣出那些股份，你提議用 100 美元買入那些股份。假設比特幣的價格沒有變動，然後依然先不管費用，你會擁有多少比特幣？

答案是：你可能擁有價值高達 500 美元或僅只 50 美元的比特幣。怎麼會發生這種事呢？讓我們從頭說起。

就共同基金、ETF 及私募基金來說，股價叫做資產淨值（net asset value），這是基金的資產總值除以大眾持有的股份數目。舉例來說，假如基金擁有價值 100 美元的比特幣，並且有 20 股流通在外，每一股的資產淨值便是 5 美元。

想兌現你的共同基金股份嗎？你不必真的「賣掉」它，而是「贖回」，意思是把它還給基金公司，它的紀錄便被刪除，然後把它在那個當下的價值退還給你。

套用我們上述的例子，假如某位投資人贖回三股，原本的 30 股現在會只

剩 17 股，基金的總資產會是 85 美元，因此所有流通在外的股數依然會是每股 5 美元。

不過當某位合格投資人在場外交易賣出手上的股份，股份的價格便不是資產淨值，而是賣家和買家同意的任何價格。信託基金並未參與這筆交易，因此股份並無增減，沒有任何的贖回，股份只是從一方轉到另一方，而且交易雙方可能同意一個不同於資產淨值的價格。

沒錯，假如投資人買入的股份比他們賣出的更多，價格會上漲到超過資產淨值，這叫做溢價交易（trading at a premium to NAV），或者簡稱溢價（premium）。假如賣出的股份比買入的還要多，股價可能會跌到資產淨值以下，這叫做折價交易（trading at a discount to NAV），簡稱折價（discount）。

奇妙的是，股價的漲跌經常不受比特幣價格的影響。有時候場外交易的股價上漲，但是比特幣的價格卻下跌，或者反之亦然。

假如這種情況聽起來很耳熟，那是因為你知道封閉式共同基金（closed-end mutual funds）也是以類似的方式運作。

那些證券傾向於以接近資產淨值的價格進行交易（低於 5% 的折價很常見），比特幣場外交易信託基金股份的波動幅度從溢價 500% 到折價 20%。

是的，投資人願意付 600 美元去買價值 100 美元的比特幣（呃？），而其他人只付 80 美元買到 100 美元的價值（酷喔）。

◆ 一記險招

這種溢價／折價的特色為精明（也就是激進）的合格投資人創造出一個大好機會，假如那就是你的話，考慮一下這個策略吧：你透過私募以資產淨值買入信託基金股份，然後在限制期結束之後，你把股份轉到券商帳戶。假如這些股份以溢價交易，你在場外交易獲取利潤，而這些利潤不會受到比特幣價格的影響！

比方說比特幣以 100 美元賣出，而你以資產淨值買入合格股份。過了一年，比特幣的交易價格上漲 50%。一般的比特幣投資人獲利 50%；不過假如

信託基金的股價以溢價 75% 賣出，你的獲利會是 162.5%。

非合格投資人甚至也有辦法運用這種險招。假如股份以折價交易，你在場外交易買入，基本上是以不到 1 美元的價格買進 1 美元價值的比特幣。假如折價縮減，或是變成溢價，你獲得的利潤不會受到比特幣價格波動的影響。

當然了，這種險招會增加風險。合格投資人透過私募以資產淨值買入股份，他們一定在等限制期結束。在那段期間，場外交易價格會變成折價，這個折價可能增加而非縮減，因而造成損失而非獲利。這種事發生過，也是需要考量的重要風險。

為何有人會蓄意購買價格可能和資產淨值有相當差異的產品呢？理由有很多，包括：

一、在缺乏比特幣 ETF 的情況下，這些信託基金是和券商買入比特幣最便利又透明的方式。這些證券能無縫加入多元化投資組合，也因此能輕鬆進行平均成本、再平衡、紀錄保存及報稅，我們在第 20 章會詳盡介紹。
二、假如你有財務顧問，投資信託基金會讓你的顧問能更容易協助你處理以上的所有事項。而且就像處理你的其他投資組合，你的顧問能協助你避免犯下損失重大的錯誤。
三、溢價／折價的特性讓你有機會提高獲利的可能性。
四、發生折價時，投資人大量買入信託股份，理論上應該會減少折價。許多場外交易信託基金的發行人表示，只要美國證券交易委員會准許，他們會立刻把信託基金轉換成 ETF。如果真的出現這種情況，以折價交易的股份應該會上漲到資產淨值的價位；反之亦然，以溢價交易的任何股份會下跌到資產淨值的價位。

投資區塊鏈及數位資產的公開交易 OTC 信託基金
合格投資人可以用基金淨值（NAV）直接從基金公司購買

單一資產

發行人	產品名稱	代碼
灰度	Bitcoin Trust	GBTC
	Bitcoin Cash Trus	BCHG
	Ethereum Trust	ETHE
	Ethereum Classic Trust	ETCG
	Horizen Trust	HZEN
	Litecoin Trust	LTCN
	Stellar Lumens Trust	GXLM
Osprey	Bitcoin Trust	OBTC

Osprey

指數型及多重資產

發行人	產品名稱	代碼
Bitwise	Bitwise 10 Crypto Index Fund 持有前十大數位資產（依照市值排列）	BITW
灰度	Digital Large Cap Fund 持有占數位資產市場 70% 的大型股數位資產	GDLC

欲知最新名單及超連結，
請瀏覽 https://dacfp.com/cryptocatalog/

適合合格投資人的區塊鏈及數位資產基金

單一資產

發行人	產品名稱
Bitwise bitwiseinvestments.com	Aave Fund Bitcoin Fund Compound Fund Ethereum Fund Polygon Fund Uniswap Fund
BlockFi blockfitrust.com	Bitcoin Trust Ethereum Trust Litecoin Trust
First Trust SkyBridge skybridgebitcoin.com	Bitcoin Fund Ethereum Fund
FS NYDIG fsnydig.com	Select Bitcoin Fund
Galaxy galaxyfundmanagement.com	Bitcoin Fund Ethereum Fund
灰度 grayscale.com	Basic Attention Trust Chainlink Trust Decentraland Trust Filecoin Trust Livepeer Trust
IDX idxdigitalassets.com	Risk-Managed Bitcoin Trust Risk-Managed Ethereum Trust
Osprey ospreyfunds.io	Algorand Trust Solana Trust Polkadot Trust Polygon Trust
Pantera panteracapital.com	Bitcoin Fund

欲知最新名單及超連結，
請瀏覽 https://dacfp.com/cryptocatalog/

適合合格投資人的區塊鏈及數位資產基金

指數型和多元資產

發行人	產品名稱
Bitwise bitwiseinvestments.com	**Bitwise 10 Crypto Index Fund** 根據 Bitwise Decentralized Finance Crypto Index，DeFi Crypto Index Fund 持有最多 DeFi 數位資產 **10 ex Bitcoin Crypto Index Fund** 持有前十大加密資產，但不包括比特幣 **10 Crypto Index Fund** 持有依據 Bitwise 10 Large Cap Crypto Index 的 10 種數位資產 **10 Index Offshore Fund** 這個基金和 10 Crypto Index Fund 類似，非美國投資人也能買入
Galaxy galaxyfundmanagement.com	**Crypto Index Fund** 追蹤最大數位資產的指數 **DeFi Index Fund** 追蹤最大 DeFi 數位資產的指數
Grayscale grayscale.com	**DeFi Fund** 持有組成 CoinDesk DeFi Index 的數位資產
Invictus Capital invictuscapital.com	**Bitcoin Alpha** 追蹤最大數位資產的指數 **Crypto20** 追蹤前二十大數位資產指數，使用質押來產生額外的報酬 **Crypto10 Hedged** 依照市場活動在前十大數位資產及現金之間主動轉換 **Margin Lending** 旨在沒有損失風險下產生利息收入 **DeFi Index** 70% 的資產追蹤半被動式指數，30% 是主動式管理

欲知最新名單及超連結，
請瀏覽 https://dacfp.com/cryptocatalog/

適合合格投資人的區塊鏈及數位資產基金

Morgan Creek
morgancreekcap.com

Risk-Managed Bitcoin Fund
使用量化風險管理技巧以設法降低波動率

Digital
投資區塊鏈技術、人工智慧及數位資產

Pantera
panteracapital.com

Blockchain Fund
投資企業股權、早期及流動性代幣

Early-Stage Token Fund
投資遵循早期企業風格模型來打造新協議的團隊

Liquid Token Fund
投資 15 到 20 種代幣，使用定量策略以便每小時進行交易

SarsonFunds
sarsonfunds.com

Crypto and Income Strategy
透過選擇權交易及質押來產生月收入

Cryptocurrency ESG Strategy
投資符合環境保護、社會責任及公司治理標準的數位資產

Large Coin Strategy
投資前十大數位資產

Small Coin Strategy
投資 20 到 40 種小型股數位資產，包括首次代幣發行（Initial Coin Offering，ICO）

Smart Crypto 15 Equal Weight Index
平均投資前十五大數位資產

Stablecoin Index
投資追蹤美元的一籃子穩定幣

欲知最新名單及超連結，
請瀏覽 https://dacfp.com/cryptocatalog/

這些場外交易證券持有數百億美元的數位資產，它們是投資人增加這個新資產類別曝險度最受歡迎的方法之一。當你考慮投資這些證券，無論是透過公開市場或私募，要確定你了解溢價／折價的特色。

場外交易信託基金的發行人提供的不只是比特幣，他們的大部分信託基金還是只提供給合格投資人，不過有些進行場外交易，每個人都能購買。

個別管理帳戶

個別管理帳戶深受許多金融顧問喜歡，原因將在稍後闡明。

當你買入 ETF，你和其他所有持股人共同擁有這檔 ETF 資產的按比例份額。不過在個別管理帳戶（Separately Managed Account，SMA），裡頭的所有資產都直接屬於投資人所有，個別管理帳戶因此成為直接擁有投資及透過基金間接擁有投資的合成物。把個別管理帳戶想成是你是擁有一檔 ETF 的唯一投資人。

因為個別管理帳戶完全屬於你一個人，你的投資組合可以為你特別打造，這讓你能排除你不想要的資產（你不能這樣處置 ETF），並且進行節稅規劃。由於這個原因，許多顧問使用個別管理帳戶。他們能提供客戶比買入 ETF 及共同基金更加量身打造的投資組合。

傳統上來說，個別管理帳戶是用來打造股票投資組合。不過有些個別管理帳戶供應商現在從事數位資產，這也就是我們在這裡討論它們的原因。

就像所有的基金一樣，個別管理帳戶要收取費用。

數位資產個別管理帳戶供應商

Arbor Digital arbordigital.io	Arbor Digital 提供首創的個別管理帳戶，專為數位資產設計，讓註冊投資顧問及他們的客戶能獲得合格託管人，確保合規又安全。	**Arbor Digital**
BITRIA bitria.io	BITRIA SMA Network 為想要輕鬆擁有數位資產的顧問，提供投資數位資產的輕鬆入門途徑。SMA 的夥伴們專精數位資產，並且管理客戶投資的所有面向，從入門到投資組合管理都包含在內。	
DAiM daim.io	DAiM 收取固定費用制定客製計畫，再依此以個別管理帳戶來管理機構投資。	
Eaglebrook Advisors eaglebrookadvisors.com	Eaglebrook 是科技取向的投資經理人，專長數位資產。其 SMA 平台提供無痛入門、節稅規劃，以及專為顧問量身打造的客製化投資策略，資產安全地存放在 Gemini Trust Company 的離線機構級託管帳戶。	**Eaglebrook**
Honeycomb Digital honeycombdigital.io	Honeycomb Digital 為專業財富經理人提供個別管理帳戶平台。	
Kingsly Capital Management kingslycapital.com	Kingsly Capital 是一家提供數位資產投資組合管理和子顧問服務的公司，服務對象包括個人、機構、家族理財室和註冊投資顧問（RIA）。該公司是美國證券交易委員會註冊的投資顧問公司之一，致力於數位資產、去中心化金融（DeFi）、NFT 和其他區塊鏈資產領域的投資。	

欲知最新名單及超連結，
請瀏覽 https://dacfp.com/cryptocatalog/

數位資產個別管理帳戶供應商

Leavenworth Capital leavenworthcapital.com	Leavenworth 是定量投資公司，為個人、機構、註冊投資顧問及金融顧問管理加密資產策略，公司使用獨家技術分析及交易模型來產生 Alpha（超額報酬）。
PM Squared Financial bitria. iopmsquaredfinancial. com	PM Squared 的投資涵蓋區塊鏈可能性的所有範疇，它的解決方案以傳統證券世界汲取的經驗來強化區塊鏈技術。
Rubicon Crypto rubicon.finance	Rubicon 消弭數位及傳統投資世界之間的差距，它提供熟悉又合理的投資方案，為新興的數位資產領域帶來資產配置及有條不紊的專業管理。
Willow Crypto willowcrypto.com	Willow Crypto 專精數位資產管理，它打造專業的管理投資組合，為最具前途的數位資產提供關鍵投資，也為新興發展的趨勢提供戰術型配置。

> 欲知最新名單及超連結，
> 請瀏覽 https://dacfp.com/cryptocatalog/

全託資產管理平台

全託資產管理平台（Turnkey asset management programs，TAMPs）是全方位後台系統，協助金融顧問管理客戶資產，提供投資研究、資產配置、帳戶管理、帳務及申報。

我之前當金融顧問時，同事和我建立了艾德曼管理資產平台（Edelman Managed Asset Program，EMAP），當時它是業界最大的全託資產管理平台，而且只提供給我們公司的客戶使用。所以我可以安心地說，我是這些投資解決方案的愛好者。

順帶一提，我們剛才討論過的 SMA 也是全託式資產管理平台的一種。

創業投資、避險基金及組合型基金

假如說 ETF、SMA 及 TAMP 有什麼問題的話，那就是它們通常只投資公開交易公司的股票。這在 50 年前不成問題，新興公司經常上市，給零售投資人機會趁早買股票。但是現在的狀況就不是如此了，公司傾向於維持較長期的私有制度，只有在獲得巨大成功之後才會上市。

比方說，微軟在 1986 年上市時，募資僅達 6100 萬美元。不過臉書在 2012 年上市時，市值已達 1020 億美元。

這代表了什麼呢？假如你限制你對上市股票的投資，也就是說直接或透過共同基金、ETF、SMA 及 TAMP 買進股票，你就再也無法買進明天的微軟了。你受限於擁有今天的臉書，錯失了它們在上市之前擁有的大幅成長。

沒錯，有些龐大的新科技公司依然是私有制，如第 207 頁圖表 16.1 所顯示。

這些是獨角獸（unicorn），每一家都是成立不到 10 年，市值卻超過 10 億美元的公司。CB Insights 列出了世界各地超過 800 家的名單。

數位資產全託式資產管理平台供應商

BITRIA
bitria.io

BITRIA Digital Turnkey Asset Management Platform 為數位資產投資、授權顧問，以及對公司帳戶、客戶帳戶與模型策略具有分散式存取及控制的資產經理人，提供專業級投資組合管理能力。

BlockFi
blockfi.com

BlockFi 填補數位資產市場及傳統金融機構之間的差距，以及它們對傳統證券世界向後兼容的需求：執行、保證金、放空及報告。

Fidelity Digital Assets
fidelitydigitalassets.com

Fidelity Digital Assets 提供金融中介一個平台，在數位資產的世界安全地參與，它提供專業託管服務及執行方案。

Flourish
flourish.com

Flourish 讓顧問能提供簡單、安全又合規的管道去投資這種新興資產類別，它提供高度監管的合格託管人、容易使用的體驗，以及顧問所需的所有工具去開始著手投資。

SFOX
sfox.com

SFOX 是領先的獨立加密主要交易商，使用單一帳戶統整全球流動性及最佳價格執行。

欲知最新名單及超連結，
請瀏覽 https://dacfp.com/cryptocatalog/

公司	2021年市值
Stripe	950億美元
SpaceX	740億美元
Instacar	390億美元
Databricks	280億美元
Epic Games	170億美元
Chime	150億美元

Source: Pitchbook

圖表 16.1

假如你是零售投資人，面對這種情況你也無能為力。然而，假如你是合格投資人，機會就來了，你能投資創投基金（venture capital fund）。正如這個名稱所示，投資人提供的資金是用來買入新興公司的股權，創投基金是由小型創投公司以及國內大型券商，例如高盛及摩根大通，為了富裕客戶、退休基金、捐贈、主權基金（屬於政府的資金）及機構客戶（例如保險公司）所創設。根據美國創投協會（National Venture Capital Association）表示，有超過 5000 億美元的資金投入了創投基金。

雖然許多共同基金及 ETF 都大同小異，例如每一支標普 500 指數基金，除了費用之外基本上都一樣，但是每一檔創投基金都是獨一無二，這是因為每一檔創投基金都是投資不同組合的初期公司。因此你買入哪些標普 500 基金都無所謂，不過你選擇哪一支創投基金卻關係重大。

因為在創投的世界裡，所有的重點在於交易流（deal flow）。創投基金經理人必須了解這些新興公司，並且說服它們的創辦人讓基金來投資它們。關鍵

在於連結,而且這說明了為何許多創投基金的工作人員來自新創公司蓬勃發展的地區,例如矽谷、波士頓及紐約。你評估的公司愈多,發掘下一個臉書的機會就愈大。

每家創投公司會逐一發行幾支創投基金,他們從投資人手中募集某個數量的資金,找公司來投資,然後發行一支新基金,再重複這個過程。因此每一檔創投基金都只能在有限的期間內買進,而且只有少數的投資人可以投資。沒有兩支創投基金是完全相同的,就像葡萄酒一樣,創投公司也有年份的區別。在網路泡沫化之前買進 dot-com 股票的 1999 年基金表現非常差,不過在信用危機(編按:即次貸危機)之後投資的 2009 年基金則表現優異。

投資創投的風險極高,因為:

- 五到十年內不具流動性。
- 在這段期間不給付紅利或利息。
- 高額的最低投資額度,從 5 萬到 1000 萬美元不等。
- 複雜的稅務申報:創投基金和共同基金及 ETF 的做法不同,不發放一頁式國稅局 1099 表單,而是發放國稅局 K-1 表單。這種複雜的文件可能長達幾十頁,你要找專業報稅員來替你報稅,報稅員收費會提高,而且你極可能要申請延期,因為 K-1 表單很少在報稅截止的 4 月 15 日之前郵寄給投資人。每年 10 月就要開始計畫申報你的稅務了。
- 費用高:根據晨星的資料顯示,ETF 投資人平均每年支付 0.45%。然而創投基金的費用通常是依照「2 及 20」來安排:它們每年收取 2%,再加上激勵獎金,等同該基金在它的壽命期間獲利的 20%。

儘管有這些缺點,根據 PitchBook 顯示,創投在過去十年內產生了最佳報酬率,如右頁圖表 16.2 所示。

資產類別	10年平均年報酬率
創投	13.9%
標普500	13.9%
私募股權	13.2%
房地產	12.3%
民間資本	12.0%
MSCU世界指數	9.7%
私募債權	8.3%
全球高收益企業債券	6.4%
實質資產	5.3%

圖表 16.2

當然了，過去的表現不能保證未來的結果。創投自己也知道，但是可能不會告訴你，它們預期會在大部分投資上虧錢。其投資的每十家公司之中，可能希望有二到三家能打平，其中一家能一舉致勝，賺取足夠的利潤來彌補另外六到八家衍生的損失，同時在扣除費用之後仍能帶來雙位數的年報酬率。

避險基金和創投基金差不多，它還有一個特色是透過分散標的的策略，致力避開或是減少風險。它們不只買入各家公司股權，也投資衍生性金融商品，從事賣空交易（short selling，賭注該公司的價值會下跌而非上漲），以及槓桿（leverage，除了投資人提供的資本之外，借貸更多的資金去投資，如此一來可能增加報酬率，不過同樣也可能造成損失）。

創投基金在發行時接受資金,然後保持封閉,直到它們在五到十年後自行終止為止。避險基金和共同基金一樣,是開放型基金(open-end fund),換句話說,投資人幾乎隨時可以取得或贖回股份。我說「幾乎」是因為避險基金有時會封閉那些窗口,要不是拒絕接受新資金,或者限制現有投資人賣出。你或許能想像,那些「大門」會在市場表現得特別好(它們不接受新資金)或壞(你無法賣出)時而開啟或關閉。

因為交易流對創投及避險基金如此重要,投資人的難題在於選擇對的基金,因此出現了另一種類型的基金 —— 組合型基金(funds of funds)。[34]

與其投資單一的創投或避險基金,你可以投資數種。不過每種有個別的最低投資條件,通常是 50 萬美元或以上,因此投資十種的話,你要投入 500 萬美元。你可以改為把 50 萬美元投入一檔組合型基金,它會替你投資那十檔基金,給你更多樣的選擇,而你卻不必投資十倍或更多的資金。

最大的缺點是你會衍生兩種費用:標的創投或避險基金的費用,再加上中介機構,也就是組合型基金本身的費用。

---

34. 我沒有打錯字,即使 Word 的拼字檢查堅持說它拼錯了。

投資區塊鏈及數位資產的創投基金

10T 10tfund.com	10T 是中到晚期成長股權基金，投資在數位資產生態系統營運的私有公司。
a16z by Andreessen Horowitz a16z.com	a16z by Andreessen Horowitz 擁有橫跨數種基金的龐大資產管理規模（AUM），包括 a16z crypto 及 Crypto Fund III。投資範圍包括非投機使用案例公司及各階段協議，型態包括股權、可轉債、數位貨幣及證券行代幣。
Abstract Ventures abstractvc.com	Abstract Ventures 是不限產業領域的創投投資人，投資種子輪前、種子輪及 A 輪新創公司。
AlphaBlock alphablock.com	AlphaBlock Investments 是新創公司，投資創新的區塊鏈技術公司。
Arrington XRP Capital arringtonxrpcapital.com	Arrington XRP Capital 聚焦在區塊鏈基礎資本市場，它在 2017 年創立於西雅圖，投資初期創投、種子輪、A 輪、首次代幣發行，以及公司輪。
Atomic Fund atomic.fund	Atomic 的平台提供各式產品，聚焦在交易工具、監控儀錶板、市場數據以及冷儲存錢包，因此讓用戶能輕鬆投資加密貨幣。
AU21 Capital au21.capital	AU21 Capital 創立於 2017 年，是一家位在舊金山的創投公司，投資從事區塊鏈及人工智慧領域的公司。
Binance Labs labs.binance.com	Binance Labs 識別、投資及授權可望成功的區塊鏈創業家、新創公司及社群，提供資金給協助區塊鏈生態系統成長的產業計畫。

欲知最新名單及超連結，
請瀏覽 https://dacfp.com/cryptocatalog/

投資區塊鏈及數位資產的創投基金

BitFury Capital
bitfury.com

BitFury Capital 投資建立下一代區塊鏈及加密貨幣方案的創業家，它提供種子及後期資金給顯示有潛力在區塊鏈技術、數位資產、人工智慧及再生能源長期成功的公司。

Bloccelerate
bloccelerate.vc

Bloccelerate 致力於資助那些能夠促進企業和機構成熟地部署區塊鏈技術的計畫。

Blockchain Capital
blockchain.capital

Blockchain Capital 是聚焦區塊鏈的創投基金團體，提供資金給多家獨角獸企業，包括 Anchorage、Coinbase、Ripple 及 Kraken。它是有史以來第一支代幣化基金，透過全世界第一枚證券代幣發行股份。它橫跨成長期及地區，為多樣化投資進行風險調整，提供營運支援，包括管理及質押協議設計。

Blockchange Ventures
blockchange.vc

Blockchange Ventures 投資初期區塊鏈公司、協議及應用程式。

BlockTower Capital
blocktower.com

BlockTower 將交易、投資及投資組合管理應用在數位資產類別。

Block Ventures
blockventures.com

Block Ventures 是一家常設的創投公司，對於投資及深度擴張科技別有想法，支持並發展歐洲各地的下一代早期技術科技企業。

BlockWealth Capital
blockwealthcapital.com

BlockWealth Capital 專門聚焦在創投、代幣，以及和區塊鏈技術、數位貨幣及加密資產相關的企劃。

Castle Island Ventures
castleisland.vc

Castle Island Ventures 是初期創投公司，專門聚焦於公有鏈。

欲知最新名單及超連結，
請瀏覽 https://dacfp.com/cryptocatalog/

投資區塊鏈及數位資產的創投基金

CMT Digital Ventures cmt.digital	CMT Digital 是創投公司，從事數位資產及區塊鏈技術產業。
Coinbase Ventures coinbase.com	Coinbase Ventures 是 Coinbase 的投資部門，投資初期加密貨幣及區塊鏈新創公司。
CoinFund coinfund.io	CoinFund 投資區塊鏈領域之內的新創及流動性機會，專注於數位資產、去中心化技術，以及重大賦能基礎建設。
Collaborative Fund collaborativefund.com	Collaborative Fund 專注於支援及投資共同未來，基金以兩個宏觀主題為中心：創意階層的成長，以及協同經濟的概念。
ConsenSys Ventures consensys.net	ConsenSys Ventures 是區塊鏈創業生產工作室，為 ConsenSys 的創投部門。
Defiance Capital defiance.capital	Defiance Capital 是專注於去中心化金融加密的資產基金，將基礎研究及行動主義投資法做結合。
Delphi Labs delphidigital.io	Delphi Labs 是外包投資團隊，透過訂製研究方案為許多頂尖基金提供洞見。
Delphi Ventures delphiventures.com	Delphi Ventures 是全球分析師團隊，專精數位資產業的特定領域。
Digital Currency Group dcg.co	Digital Currency Group 是紐約創投公司，聚焦在數位資產市場。
Distributed Global distributedglobal.com	Distributed Global 是一家專注於區塊鏈及數位資產生態系統的投資企業。

欲知最新名單及超連結，
請瀏覽 https://dacfp.com/cryptocatalog/

投資區塊鏈及數位資產的創投基金

Divergence Ventures div.vc	Divergence Ventures 是位在舊金山的創投公司，在數位資產領域做投資。
Dragonfly Capital dcp.capital	Dragonfly Capital Partners 集結去中心化經濟的領先參與者，投資及支持加密資產類別中最有希望的機會。
Draper Goren Holm drapergorenholm.com	Draper Goren Holm 是金融科技創業工作室，培養及加速初期區塊鏈新創公司。
Electric Capital electriccapital.com	Electric Capital 是初期創投公司，聚焦在加密貨幣、區塊鏈及金融科技市場。
Eos Fund eosventurepartners.com	Eos 只專注於保險科技。它創立於 2016 年，為保險科技新創公司及傳統保險公司之間的「數位鴻溝」搭起橋梁。
Fabric Ventures fabric.vc	Fabric Ventures 是創投公司，投資穩定幣去中心化網路。
FinShi Capital finshi.capital	FinShi Capital 是一家建立在區塊鏈技術之上的風險投資基金，由 Capinvest 21 和一群亞洲風險投資者共同創立。
Framework Ventures framework.ventures	Framework Ventures 是創投公司，投資於使區塊鏈技術成為可能的創建者。
Future Perfect Ventures futureperfectventures.com	Future Perfect Ventures 是初期創投公司，聚焦在包括區塊鏈、加密貨幣、物聯網及人工智慧的去中心化技術。

欲知最新名單及超連結，請瀏覽 https://dacfp.com/cryptocatalog/

投資區塊鏈及數位資產的創投基金

Galaxy Interactive Fund galaxyinteractive.io	Galaxy Interactive 是頂尖的區域型創投公司，結合內容、社會、財務及技術的考量，投資互動娛樂。
#hashed hashed.com	Hashed 是全球初期創投基金，聚焦在支援帶領區塊鏈及數位資產未來的創建者。
HyperChain Capital hyperchain.capital	HyperChain 是數位資產管理公司，聚焦在區塊鏈基礎企劃及去中心化協議。
Hyperion VC hyperionvc.com	Hyperion 是初期區塊鏈創投公司，協助新創公司顛覆全球各地的現有企業。
IDG Capital LPs dgcapital.com	IDG Capital 為處在科技領域初期及成長期的公司提供資助。
Kenetic Capital kenetic.capital	Kenetic 聚焦在數位資產及區塊鏈相關公司。
KR1 Fund kr1.io	KR1 是聚焦在區塊鏈生態系統的上市投資公司，投資早期項目及區塊鏈基礎數位資產。
Medici Ventures mediciventures.com	Medici Ventures 管理 Overstock.com 的投資，投資對象為打造解決方案及借助與服務區塊鏈技術的公司。
Moonrock Capital moonrockcapital.io	Moonrock Capital 是區塊鏈顧問及投資合夥企業，位於倫敦及漢堡。
NGC Ventures ngc.fund	NGC Ventures 是區塊鏈及分散式帳本技術的投資人。
North Island Ventures northisland.ventures	North Island Ventures 是專注於數位資產的創投基金。

欲知最新名單及超連結，
請瀏覽 https://dacfp.com/cryptocatalog/

投資區塊鏈及數位資產的創投基金

Pantera Capital panteracapital.com	Pantera 透過其創投基金提供投資人主動式管理及多階段的方式，投資打造區塊鏈產品及服務的公司。Pantera 在 2013 年推出全世界第一支區塊鏈專屬的創投基金，並且為隨後的兩支創投基金成功募資。
Paradigm pdvpl.com	Paradigm Ventures 的創立目的是挑戰分析、投資及開發以科技為主之企業的傳統方法。
Pay Pal Ventures pypl.com	PayPal Ventures 是企業創投，投資金融服務、商務賦能，以及數據與基礎建設公司。
PNYX Ventures pnyx.ventures	PNYX Ventures 是數位資產管理公司，專長區塊鏈資金市場。
Polychain Capital polychain.capital	Polychain Capital 是數位資產避險基金及創投公司，位於舊金山，初期投資區塊鏈公司、投資首次代幣發行，並且交易數位資產。
PostModern Partners postmodernpartners.com	PostModern Partners 是位居領導地位的投資經理人，只開放給合格投資人，它監管一支積極的跨市場投資基金，專注於高風險極高報酬率的區塊鏈投資機會。
Rarestone Capital rarestone.capital	Rarestone Capital 創立於 2020 年，是位於倫敦的創投公司，投資區塊鏈及數位資產。
Spark Digital Capital sparkdigitalcapital.com	Spark 投資區塊鏈及科技的未來。
SPiCE VC spicevc.com	SPiCE 協助投資人廣泛投資大幅成長的區塊鏈及代幣化生態系統。

欲知最新名單及超連結，
請瀏覽 https://dacfp.com/cryptocatalog/

投資區塊鏈及數位資產的創投基金

Union Square Ventures usv.com	Union Square 資助網際網路及行動產業的新興公司,也是區塊鏈新創公司的主要投資人。
Valar Ventures valar.com	Valar Ventures 投資追求龐大市場機會、高利潤又快速成長的科技公司。
Volt Capital volt.capital	Volt Capital 是研究與社群取向的加密貨幣基金。
Woodstock Fund woodstockfund.com	Woodstock 是新興科技投資基金,投資初期及成長期的區塊鏈。

> 欲知最新名單及超連結,
> 請瀏覽 https://dacfp.com/cryptocatalog/

投資區塊鏈及數位資產的避險基金

BlockTower blocktower.com	BlockTower 是加密貨幣及區塊鏈投資公司，將專業交易、投資及投資組合管理運用在數位資產類別。
Ikigai Asset Management ikigai.fund	Ikigai 是多／空多重策略避險基金，投資數位資產，它旨在透過創業期首次代幣發行前投資，以及流動避險基金策略，產生較高的風險調整報酬率。
Multicoin Capital multicoin.capital	Multicoin 是主題導向的投資公司，投資重新塑造兆元市場的數位資產及區塊鏈公司。它管理避險基金及創投基金，投資公開及私募市場。
Pythagoras Investments pythagoras.investments	Pythagoras 管理加密貨幣套利交易基金及加密貨幣趨勢追蹤基金，它有 1 億美元的資產管理規模、七年追蹤紀錄，以及十位在哈佛及哥倫比亞大學受訓的全職量化交易員與程式設計師。

Pythagoras

欲知最新名單及超連結，
請瀏覽 https://dacfp.com/cryptocatalog/

投資區塊鏈及數位資產的組合型基金

Accolade Partners accoladepartners.com	Accolade 專門從事在創投及成長型股權領域中難以取得的基金之集中投資組合。
Blockchain Coinvestors blockchaincoinvestors.com	Blockchain Coinvestors 是開放式流動基金，它管理大量區塊鏈基金及股權投資，是第一支區塊鏈組合型基金。
Galaxy Vision Hill galaxyfundmanagement.com	Galaxy Vision Hill Venture FOF II 投資由區塊鏈技術帶來的長期破壞式趨勢，包括：去中心化金融、Web 3.0、NFT ／數位商品，以及其他新穎的加密貨幣相關服務與基礎建設。
Hutt Capital huttcapital.com	Hutt 與創投公司合作，透過二級及直接投資，提供多樣化的機會投資全球前景看好的區塊鏈及數位資產新興公司，它致力向全球長期推廣低風險及波動性的區塊鏈創新。
Protocol Ventures protocolventures.com	Protocol 和高度流動數位資產、未來簡單代幣協議及區塊鏈／加密貨幣相關股權的頂尖避險基金管理人，擁有深厚的關係，它密切合作的基金經理人對區塊鏈技術有深入的技術層面了解、對這個產業有超乎尋常的知識及遠見、結識世界各地受人敬重的領導者、對生態系統有能夠增值的方法，以及有著清楚又具差異性的投資主題。

欲知最新名單及超連結，
請瀏覽 https://dacfp.com/cryptocatalog/

第 17 章
如何管理你的投資組合裡的數位資產？

買入持有 vs. 擇時交易

　　恭喜！你往前進了一大步。現在你知道你想擁有哪些（或哪些種類）投資，以及要如何買進，也知道你的投資組合想配置多少數位資產。

　　你要考慮的下一個問題是：當你買入數位資產，是否應該持有數年或是較短的時間，只在價格上漲時持有，然後在下跌之前賣出呢？

　　這種買入賣出的概念，叫做擇時交易（market timing）。在其他的資產類別，歷史顯示擇時交易不可行，[35] 不過就數位資產來說也是如此嗎？

　　我們來回答這個問題，檢視比特幣從 2010 年 7 月 17 日（把這個日期視為是比特幣建立價格的第一個日期）到 2020 年 12 月 31 日的價格歷史，如右頁圖表 17.1 所示。

　　這張圖表的日期顯示，你持有比特幣愈久，獲利就愈多。不過我們來看看較近期的區間，從 2015 到 2020 年，如圖表 17.2 所示。

---

35. 想對這部分有更多了解，請閱讀我的任何著作，這是連續的主題。

比特幣價格歷史
2010/7/17-2020/12/31

	開始	結束	開始價格	結束價格	收益
一年	2020/10/31	2021/10/31	$13,737	$61,319	347%
五年	2016/10/31	2021/10/31	$727	$61,319	8,335%
十年	2011/10/31	2021/10/31	$3.11	$61,319	1,971,572%
創立	2010/7/17	2021/10/31	$0.07	$61,319	87,598,471%

Source: 99bitcoins.com

圖表 17.1

比特幣年報酬率
2015-2020

	收益	最好的十天
2015	34%	96%
2016	124%	80%
2017	1,369%	163%
2018	-73%	108%
2019	92%	123%
2020	303%	108%

Source: YahooFinance, DACFP

圖表 17.2

正如你在上頁圖表 17.2 所見，比特幣的波動幅度很高，收益可高達 1,369%（2017 年），虧損最多可達 73%（2018 年）。不過當你更仔細地檢視，在每年最好的十天，你看到一些差異。比方說在 2015 年，比特幣上漲 34%，不過在該年最好的十天期間獲利 96%。

在 2016 年，比特幣公布年收益為 124%，在十天內便增加了 80%。圖表 17.2 顯示每年的績效都差不多。

讓我來為各位總結：

- 自從比特幣創立，假如你錯過比特幣上漲最多的那一天，你會錯失比特幣產生過的 35% 收益。
- 假如你錯失了最好的一週，你會錯失比特幣在整個歷史期間的 50% 收益。
- 假如你錯失了最好的月分，你會錯失 72% 的收益。
- 假如你錯過了最好的兩個月，你會錯失 92% 的總收益。

假如這激勵你去從事擇時交易，你要自問：萬一你沒有抓到那最好的十天，而是意外抓住了最糟的十天，情況會如何呢？

答案在此：

- 2015 年，即便比特幣上漲了 34%，你還是可能損失全部的資金。
- 2016 年，比特幣上漲了將近 1400%，不過你損失了全部的投資。
- 2018 年，你再次虧損了所有的資金。
- 2019 年也是如此，即便比特幣的價格幾乎翻倍。
- 你在 2020 年虧損一空，而比特幣在這一年價格上漲三倍。

換言之，數位資產的擇時交易和股市的擇時交易沒有不同。金融顧問給你關於擇時交易的所有警告，都適用在這種資產類別。

在你開始和我爭論，說比特幣異常又過大的波動性讓它非常適合擇時交易之前，先考慮這點：在 2020 年，有 30% 的標普 500 股票波動的幅度比比特幣還要大。你會擇時交易股票嗎？假如不會的話，那就不要這樣交易比特幣。

透過平均成本法來降低風險

波動性嚇到你了嗎？假如是的話，有一個策略能把波動性轉換成對你有利的狀況。

它叫做平均成本法，也就是定期定額（dollar cost averaging，DCA）。與其把你的資金一次全部投入，不如花一點時間慢慢投資。做法如下：

首先決定你要在數位資產投資多少錢。然後決定做那些投資的時間範圍。比方說你決定在一年內投資 1 萬美元，你就每個月投資 833 元。（時間間隔不重要，資金數目也是，重要的是你要持之以恆地進行你的部署。）

為了幫助你了解平均成本法的好處，讓我來提出這個問題：你有 100 美元，你買進價值 10 美元的投資，因此你獲得 10 股。下個月，你又投資了 100 美元，不過現在這些投資只值 5 美元，所以你獲得 20 股。你所有持股的平均價格是多少呢？

你的答案是 7.5 美元嗎？假如是的話，應該是這樣得出結果的：

（$10 + $5）/ 2 = 7.50

不過答案錯了。

正確解答是 6.67 美元。你的投資總額是 200 美元，一共持有 30 股，這是你應該使用的方程式：

$200 / 30 = $6.67

搞糊塗了嗎？那是因為你使用的是算術平均數（arithmetic mean），你在三年級學會這個。我使用的是調和平均數（harmonic mean），是我們在四年級學到的。既然調和平均數總是低於算術平均數，因此平均成本會總是低於平均價格！所以平均成本法總是會產生利潤！[36]

很酷吧！你知道買進的最佳時機是在價格低的時候，平均成本法讓這種狀況能幫我們自動產生這種情形。你在價格較低時能獲得較多股，當價格較高時就獲得較少股，因此你用具有成本效益的方式累積持股。

為了達到最佳效果，平均成本法需要運用在價值波動的資產。儲蓄帳戶總是有穩定的 1 美元價格，因此平均成本法不會帶來特別的利潤。不過股市具有波動性，於是平均成本法成了股市投資的常見策略，你也可以把它一樣有效地套用在數位資產上。

為了描述平均成本法的影響，讓我們回到 2017 年 12 月 31 日，當時比特幣的價格是 1 萬 3379 美元。比方說你單筆投資了 1 萬美元，買進 0.75 枚比特幣。過了 14 個月，在 2019 年 1 月 31 日，比特幣的價格跌了 74%，你的 1 萬美元投資現在只值 2592 美元了。

不過這時比特幣的價格開始上漲；到了 2020 年 10 月 31 日，它的價格達到 1 萬 3737 美元，你得以彌補你的損失。這不特別令人開心，因為三年後，你只是打平而已。

假如你使用平均成本法，情況會大不同。假如你把那 1 萬美元在 12 個月的期間內慢慢投資（每個月 833 美元），而不是單筆投入的話，會發生以下的情況：

- 在 2019 年 1 月的低點時，單筆投資人虧損 74%，但你的損失少了三分之一。
- 單筆投資人得等到 2020 年 10 月 31 日打平盈虧，你會提早六個月彌補虧損。
- 最重要的是，你累積的比特幣是單筆投資人的將近兩倍。由於持有這麼多比特幣，到了 2020 年 12 月，你的投資價值會翻四倍，達到將近 4 萬美元，而單筆投資人的帳戶會只值大約 2 萬 1000 美元。

---

36. 除非資產變得毫無價值，在這種情況下，什麼也救不了你。

	2019年 低點的損失	彌補損失	2020年的 價值
2017年12月 單筆投資10,000美元	74%	2020年12月	$21,000
2017年12月到 2019年1月 每月投資833美元	46%	2019年5月	$40,000

圖表 17.3

　　當然了，假如資產的價格穩定上漲，平均成本法也會減少你的收益。不過數位資產具有極端波動性的歷史，這顯示出假如你想降低風險，那就透過平均成本法來投資吧。

透過再平衡減低風險

　　我們看過的資料及圖表都是假設你把少量的比特幣（我們以這個代表更廣泛的數位資產生態系統）新增到你的投資組合裡，而且我們假設你使用的是設定即忘的方法。

　　這並不理想，管理資金更好的方式是從事定期投資組合再平衡（periodic portfolio rebalancing）。這很重要，因為假如不管它，你打造的投資組合會從刻意如此偏離成魯莽行事。

　　理由是你擁有的每項投資都有各自不同的表現，有些投資會漲，有的會跌。最後你的投資組合就不像是你原本打造的資產配置模型了。

　　簡單來說，想像把你的資金平均投入現金及股票，一種 50/50 的資產組合。假以時日，你的股票很有可能成長得比現金還要快，不管理的投資組合會從 50/50 偏離成 60/40、70/30、80/20，最後變成 90/10。

　　要解決偏離的問題，你必須定期再平衡。方法是賣出足夠的股票，讓配置

回復到 50%，然後把這筆資金投入現金的部分，讓它也回升到 50%，這會使得你的投資組合回復到原本的比例。

這或許顯得違反直覺，因為再平衡要求你賣出最賺錢的投資，然後買入最不賺錢（或者甚至是虧錢）的投資。不過這個辦法其實很聰明，因為當你進行再平衡，你總是以相對較高的價格賣出資產，而在其他資產的價格相對較低時買入。

逢高賣出，逢低買進，或者正如更常見的用語是「買低賣高」（Buy low, sell high）。

想想 2017 年 12 月 16 日到 2020 年 3 月 3 日的那段期間，當時比特幣下跌了 67%。比起未經再平衡的 60/40 投資組合，經過再平衡的 59/40/1 投資組合擁有較高報酬率及較低風險。即使當價格下跌，持有比特幣還是好過未持有它。

確實，歷史顯示新增比特幣到投資組合，通常會提升夏普值 69%，而經過再平衡投資組合後，你通常提升夏普值 100%。

你能每月、每季、每年，或是依據投資組合裡的百分比變動來進行再平衡。哪一種是最好的呢？你不如問誰是文藝復興時期最棒的畫家好了，這是很主觀的事。我只能告訴你，資料顯示每種再平衡策略都能降低波動性。

第四部
法規、稅務及法令遵循

第 18 章
數位資產如何受到規範？

在 1700 及 1800 年代，專利藥品變得大受歡迎。事實上，它們不算真的藥物，而且也沒有真正獲得專利，這個名稱本身就是騙局的一部分。

它們確實是騙局，花言巧語的業務吹捧說這些藥物能治療幾十種疑難雜症，包括腎臟問題、禿頭、性病、肺結核、癌症、霍亂、癲癇、猩紅熱、癱瘓、「婦科毛病」等。這些產品是冒牌貨，頂多是安慰劑，不過經常很危險（海洛因及古柯鹼都是常見的成分）。

為了保護大眾，國會通過數十條法規，從 1906 年的純淨食品及藥品法案（Pure Food and Drug Act）開始，並且設立許多聯邦機關，包括食品藥物管理局（FDA）、國家衛生研究院（National Institutes of Health）、農業部（Department of Agriculture），以及疾病管制與預防中心（Centers for Disease Control and Prevention）等。然而騙局持續不斷，你經常看到廣告聲稱能提振活力、增加性能力、治癒禿頭以及諸如此類的「營養補充品」。我們可以放心地說，我們都很開心能活在現在的體系之下，而不是在 1850 年的那一個。

汽車也是同樣的情況。在第一輛汽車出廠後，要不了多久便發生了第一起車禍，聯邦及州政府不久便意識到它們需要法律及法規來管理汽車應該如何打造，以及我們應該如何操作它們。因此我們得以享受驚人的進步：1913 年，根據美國國家安全委員會（National Safety Council）表示，每 1 萬起車禍有 33 人死亡；到了 2019 年，每 1 萬起車禍的死亡人數不到 2 人，改善了 96%。

從監管的角度來說，數位資產領域就像是 1800 年代及 1900 年代早期的藥品及汽車。數位資產是如此新穎，立法者及監管者還無法跟上，不過他們正在朝這個方向努力。

政策制定者必須解決四項重大議題：

- **管轄權：** 數位資產不存在於特定地點，因此難以得知誰擁有產品及交易的管轄權。
- **術語：** 假如我們甚至不能同意該用什麼字詞，要寫關於數位資產的法律及法規就很難了。
- **匿名：** 你經常難以判斷是誰在幕後掌管或從事數位交易，因為大部分的區塊鏈或其交易是匿名進行，其他的是假名，意思是交易連結到一個可追蹤的帳戶，但不是帳戶的所有人。當你無法辨識參與的關係人，你要如何監管交易呢？
- **爭議解決方式：** 爭議是避免不了的。就算你知道關係人是誰（或許是透過自我識別），假如他們是在不同的管轄權之下，你要如何執行判決呢？

政策制定者有三個選擇：它們可以走鼓勵、寬容或嚴格的路線。鼓勵國家（encouraging countries）讓區塊鏈及區塊鏈相關公司能蓬勃發展，它們制定法律及法規以清楚說明交易該如何處理，還有哪些規則必須遵守。

寬容國家（permissive countries）不插手數位資產的買賣及交易，不過它們的規則還不清楚，基本上，這些政府允許作業，同時也設法釐清一切。大多數國家是屬於這個類別。

嚴格國家（strict countries）要不是禁止某些數位資產交易或交換，要不就是對於使用數位資產的國民採取不友善的方法。

美國是寬容國家之一。身為全世界主要的資本主義國家，它理解創新的重要性，也明白禁止該產業只會把創新推向海外，讓其他國家得利。

但是在美國由於政府體制的緣故，草擬法律及法規並不容易。單就行政部門而言，財政部有許多機關在維護管轄權，例如：美國貨幣審計署（Office of the Comptroller of the Currency）、海外資產控制辦公室（Office of Foreign Assets Control）、國稅局（IRS），以及金融犯罪執法網（Financial Crimes Enforcement Network，FinCEN）。這不包括獨立機關，例如：聯準會、

證券交易委員會，以及商品期貨交易委員會（Commodity Futures Trading Commission）。而且別忘了國會，它決定哪些機關獲得管轄權（及資金）。而且因為無論做出什麼決定都肯定會有人抱怨，所以法院最後也會介入。

這只是美國而已。世界那麼大，有 197 個聯合國認可的國家，全球金融法規政策制訂機構——防制洗錢金融行動工作組織（Financial Action Task Force，FATF）已經完成這項作業，所有的會員國（包括美國）都同意採取該機構的規則。[37] 2021 年 10 月，它發布數位資產監管指南，包括要求數位資產交易所要進一步打擊洗錢的規定。這項規定建立在 FATF 的「轉帳規定」（travel rule）上，也就是要求機構在跨較轉帳 1000 美元或以上時要收集資訊。這項規定也套用在數位資產交易所，要求它們要記錄你的姓名、帳號、地址、你的金融機構身分、交易金額及執行日期，以及收款人的金融機構身分。

我們甚至還沒提到 50 州，每個州都有類似聯邦政府的結構，因此要把所有的一切都乘以 51。

舉例來說，紐約要求想提供數位資產產品及服務的公司需取得虛擬貨幣許可證（BitLicense），而幣圈認為這很麻煩（導致有些公司宣布它們會在所有的州營運，但是紐約除外）。懷俄明州、德州及邁阿密（和佛羅里達州的其他地區不同）都採取了不同的措施，它們都通過美國最友善的加密貨幣法律，其法律在哪些許可、哪些不許可的部分訂定得非常清楚，因此公司很容易能以它們所知符合法規的方式運作。

懷俄明州也為數位資產公司創立了金融科技沙盒（FinTech sandbox），監管者明白這是一個創新的社群，因此並非總是確定它在做什麼或是什麼行得通。與其非遵守規定的法則不可，懷俄明州指要求公司讓政府得知它們的活動，這樣一來政府能和企業家並肩合作，在開發產品的同時發展法規。這種熱情接納讓懷俄明州成了數位資產社群的中心，和 30 年前的矽谷之於電腦一樣

---

[37] 協助世界各地政府處理這些問題的是全球區塊鏈集會（Global Blockchain Convergence），由全球各地約 200 位專家團體組成。我從 2019 年起便是這個團體的一分子。

重要。

德州也提供了監管及法律的明確性,現在是少數受比特幣礦工擁護的一州。根據邁阿密市長法蘭西斯・蘇亞瑞茲(Francis Suarez)表示,該市的目標是成為「全世界的加密貨幣首都」,企業家甚至推出數位代幣 MiamiCoin,把部分收益送給這座城市。加密貨幣交易所 FTX 取得這座城市的 NBA 球場命名權,而股票交易平台 eToro 及加密貨幣錢包 Blockchain.com 在邁阿密設立辦公室。

邁阿密很有機會成功,這座城市是重要的國際金融樞紐,許多來自拉丁美洲、中美洲及加勒比的移民居住在此。他們經歷了惡性通膨或財富沒收,因此傾向於使用比特幣來匯錢給家鄉的親友。邁阿密也是全美最多無銀行帳戶者的城市之一,有 20% 的家庭沒有銀行帳戶(在南邁阿密就有約 400 臺比特幣 ATM)。

但是積極把比特幣帶進社區的不只有邁阿密。紐約市長艾瑞克・亞當斯以他口中的「友好競爭」公開和邁阿密比拚,他希望紐約市能擁有自己的比特幣,而且宣稱:「我們要成為比特幣中心。」為了證明他的觀點,他的前三份薪資都是收取比特幣。此舉勝過了邁阿密市長蘇亞瑞茲,他只收取了一份比特幣薪資。

亞當斯和蘇亞瑞茲最好多注意,因為薩爾瓦多正在打造一座「比特幣城市」,資金來自以比特幣擔保的上億美元政府債券。據稱這整座城市會以附近火山生產的地熱能發電,居民不必繳納房地產、財產或所得稅,只有在歐洲常見的增值稅。

擁抱加密貨幣的比賽開始了。

這一切的發生原因是大多數政府已經斷定數位資產勢不可擋,它們能做的只有設法加以規範及管理,而且假如它們夠聰明的話,還可以從中獲利。

政府機關努力要平衡安全及隱私,政府無權知道你如何處置你的資金,除非你想要使用它來傷害別人或是國家。想為數位資產找出中庸之道,我們會需要四種規範領域:資金及銀行業務(數位資

產在帳戶或人們之間的移動）、證券、非證券及稅務。讓我們來逐一檢視。

世界各地的加密貨幣如何受到監管

我們來稍微看一下數位資產是如何受到世界各地的政府檢視。

亞洲

南韓建立了清楚的法規，因此擁有全世界最大的加密貨幣市場之一。日本也一樣，數位資產公司及交易蓬勃發展。兩個國家都經歷了大型詐騙及失敗，因此它們正在擴大法規及監管，保護它們的國民。新加坡也展現高度支持，並且鼓勵數位資產企業能留在當地發展，它的規定大多數和洗錢及 FATF 遵循相關。

印度的情況就不同了。當地政府想禁止數位資產，印度立法機關提議從事特定數位資產交易的話，要判處十年刑期。這些和其他的努力都遭到印度最高法院推翻，在我下筆的同時，情況依舊不明朗。

然後還有中國。中國長期以來都是數位資產的領導者（大多數比特幣都是在當地開採的），它的政府處於中央銀行數位貨幣發展的最前線。不過中國是共產政權，政府厭惡威脅到它的控制的任何事物，然而它的經濟運作結合強大的資本主義傾向，並且在境內造成重大的理念衝突。

中國不知道是要畏懼數位資產對它的控制造成的威脅，或是要熱愛這種新資產類別帶來的經濟利益，政府的政治方逐漸贏得這場爭辯。2009 年，就在比特幣創立六個月之後，中國對它下了禁令。2013 年，中國禁止銀行處理比特幣交易。2017 年，它禁止了首次代幣發行。2019 年，該國威脅要禁止比特幣開採，而且在 2021 年終於下達禁令並禁止了所有比特幣活動。

中國的損失是美國的獲益，當中國政府禁止比特幣採礦，很多中國礦工將他們的公司搬遷到紐約及德州，現在美國是比特幣採礦的世界領導者，真可說是託了中國的福。

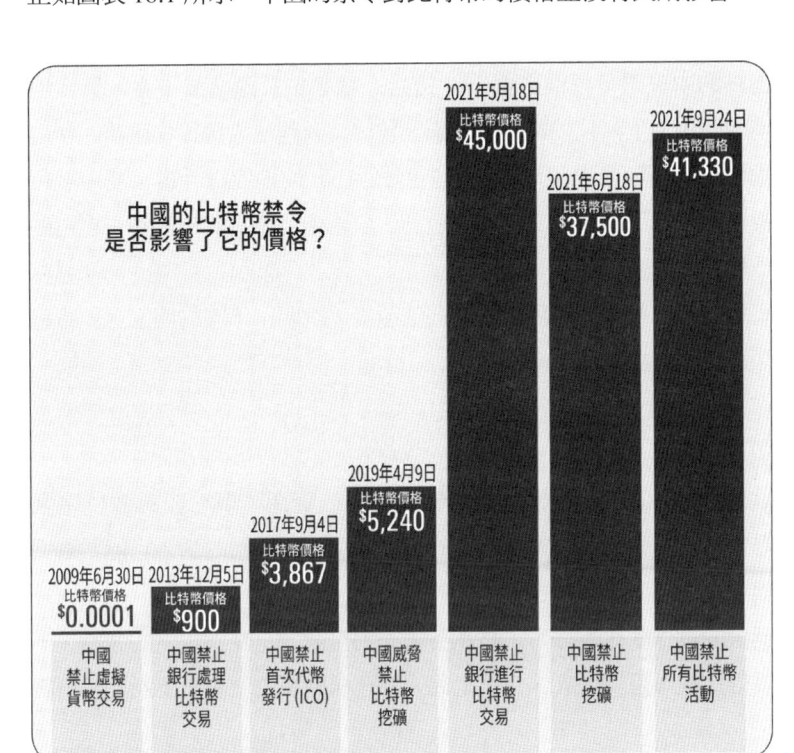

正如圖表 18.1 所示，中國的禁令對比特幣的價格並沒有長期影響。

中國的比特幣禁令是否影響了它的價格？

日期	比特幣價格	事件
2009年6月30日	$0.0001	中國禁止虛擬貨幣交易
2013年12月5日	$900	中國禁止銀行處理比特幣交易
2017年9月4日	$3,867	中國禁止首次代幣發行 (ICO)
2019年4月9日	$5,240	中國威脅禁止比特幣挖礦
2021年5月18日	$45,000	中國禁止銀行進行比特幣交易
2021年6月18日	$37,500	中國禁止比特幣挖礦
2021年9月24日	$41,330	中國禁止所有比特幣活動

圖表 18.1

中東

沙烏地阿拉伯政府努力鼓勵數位資產企業在當地落腳，有一檔加拿大比特幣 ETF 取得許可，2021 年在杜拜那斯達克上市，這說明了該國在這個主題上的立場。以色列中央銀行發表一份研究報告，說明央行數位貨幣能改善經濟，並選擇以太坊進行試驗。阿拉伯聯合大公國也被視為對加密貨幣友善的國家，伊朗及黎巴嫩也是，這兩個國家都飽受嚴重通膨之苦。（所有的比特幣採礦有 5% 是在伊朗完成的。）

土耳其同樣遭受通膨的危害，但是該國政府禁止使用比特幣資產作為支付

方式。儘管如此,當地的比特幣使用在 2021 年依然增加了 11 倍,而且根據 ING 銀行表示,現在有 18% 的土耳其人都擁有數位資產。

巴林的中央銀行核准了 Rain;這是一種數位資產交易平台,為當地居民及沙烏地阿拉伯、阿拉伯聯合大公國、科威特及阿曼人民提供服務。沙烏地及阿拉伯聯合大公國中央銀行合作一項叫做 Aber 的區塊鏈計畫,雙重發行中央銀行數位貨幣,以供跨境支付。以色列、黎巴嫩及土耳其也宣布了自己的中央銀行數位貨幣計畫。

不過卡達的監管機關依然保持觀望態度,說明了不同的國家對於這種新興資產類別各自抱持不同的觀點。

歐洲

歐盟在 2020 年發表一份提案要監管數位資產,讓它成為數位金融、策略、零售支付及數位韌性整體方案的一部分。如果採用的話,它能為歐盟在西歐各地的數位資產帶來連貫又一致的策略。

英國的動作就比較慢了。雖然英國人到目前為止受到相當的鼓勵,不過他們表現得比較像是美國人,也就是尚未完全採納數位資產,不過期望最終能這麼做。

烏克蘭就大不相同了,目前它打算宣布比特幣為國內的合法貨幣。

俄羅斯總統普丁於 2021 年表示,數位資產「有權存在,也能用來作為支付方式」。財政部次長莫伊耶夫(Alexei Moiseev)則表示,政府沒有計畫禁止該資產類別。

非洲

南非已經正式接受數位資產,監管者預測活動會有增加的趨勢。這使得南非和其他非洲國家有所區分,因為那些國家的中央銀行禁止使用數位貨幣,不過辛巴威、肯亞及迦納的數百萬人民雖然面對禁令,依然進行數位資產交易。

奈及利亞則採取相反的方式,為數位資產公司打造獎勵政策。

北美洲

加拿大是全世界最先進的國家之一，核准了數種比特幣 ETF 及其他類型投資。墨西哥也樂見其成，並且鼓勵使用數位資產。古巴的中央銀行現在認同比特幣，這個關鍵步驟有助於人民接收來自國外親友的資金。（西聯匯款在 2020 年關閉當地的 400 多個據點。）

中美洲

2021 年，薩爾瓦多成為第一個採用比特幣為法定貨幣的國家，買入 550 枚比特幣以展現支持。政府的數位錢包有太多初始需求，因為有 70% 的國民沒有銀行帳戶，因此它不得不暫停開立新帳戶。官方表示薩爾瓦多人使用比特幣，每年將會省下 4 億美元的匯款手續費。

抗通膨是比特幣受歡迎的主要原因。薩爾瓦多有全世界最高的通膨率，以比特幣支付能保護買家及賣家免受通膨迫害。

在我下筆的此時，巴拿馬正計畫跟隨薩爾瓦多的腳步，將比特幣設為官方貨幣。

南美洲

委內瑞拉也遭遇通膨的問題（它 2021 年通膨率高達 1,600%），人民因此將大量資金投入比特幣。委內瑞拉面臨這種競爭，採用嚴格的限制，不過有許多都遭到忽視。

玻利維亞也禁止數位資產及交易，而厄瓜多只許可它自己的數位資產──SDE 代幣。阿根廷、巴西及智利傾向允許數位資產，因為它們承認廣泛的用途已經就定位。在我下筆的同時，巴拉圭正準備跟隨薩爾瓦多的腳步，將比特幣訂為法定貨幣，展現出這個主題存在的分歧觀點。

投資區塊鏈及數位資產的加拿大 ETF

單一資產

發行人	產品名稱	代碼
3iQ Digital Asset Management 3iq.ca	Bitcoin Fund	BTCQ （加拿大投資人使用） BTCQ.U （美國投資人使用）
	Ether Fund	ETHQ （加拿大投資人使用） ETHQ.U （美國投資人使用）
CI Galaxy cifinancial.com	Bitcoin ETF	BTCX.U （美國投資人使用）
	Ethereum ETF	ETHX.U （美國投資人使用）
Purpose Investments purposeinvestments.com	**Bitcoin ETF** Carbon Offset Non-FX Hgd FX Hedged Non-Fx Hedged For US Investors	 BTCC.J BTCC BTCC.B BTCC.U
	Ether ETF Carbon Offset Non-FX Hgd FX Hedged Non-FxHedged For US Investors	 ETHH.J ETHH ETHH.N ETHH.U
Evolve ETFs evolveetfs.com	Bitcoin ETF	EBIT EBIT.U （美國投資人使用）
	Cryptocurrencies ETF	ETC ETC.U （美國投資人使用）
	Ether ETF	ETHR ETHR.U （美國投資人使用）

Galaxy Digital

多重資產

發行人	產品名稱	代碼
Evolve ETFs evolveetfs.com	Cryptocurrencies ETF 投資比特幣及以太幣	ETC ETC.U （美國投資人使用）
Fidelity ETFs fidelity.ca	Advantage Bitcoin ETF	FBTC FBTC.U （美國投資人使用）

欲知最新名單及超連結，
請瀏覽 https://dacfp.com/cryptocatalog/

第 19 章
數位資產是證券嗎？

問題又來了，這次是多選題。根據美國監管機關的標準，比特幣是：

一、貨幣
二、證券
三、商品
四、財產

沒錯，這又是一個陷阱題，答案是：以上皆是。
這種法規明確性還真含糊。
答案這麼多，因為有許多政府監管機關可以回答這個問題。這很重要，機關如何回答這個問題影響它是否擁有管轄權，以及如果有的話，它會採用哪些法規。

讓我們從美國證券交易委員會開始吧，證交會說比特幣不是證券，他們對這點很確定。為什麼呢？因為比特幣沒通過豪威測試（Howey Test）。

在我解釋那是什麼之前，如果了解為何會出現豪威測試，對你會有幫助。故事的開始是 1929 年華爾街股災及隨之而來的經濟大蕭條，為了防止這種情況再度發生，美國國會通過各種法律，包括 1933 年證券法及 1934 年證券交易法。這些法律要求發行及售出證券者要遵守嚴格規定，這些規定在 1929 年還沒出現。

發行及售出證券？好吧，不過證券是什麼呢？根據這些新法律，證券是一種投資合約。好喔，不過投資合約是什麼？

當時對於投資合約的定義存在很大分歧，最後甚至驚動了最高法院。1946 年，最高法院在具有里程碑意義的美國證監會起訴豪威案（SEC v.

Howey）一案中裁定，如果一項交易符合以下四個標準，就可以被視為投資合約（也就是證券）：

一、投資金錢
二、期望從投資中獲利
三、投資的資金屬於共同事業
四、任何利潤都來自發行人或第三方的努力

後來這成了知名的豪威測試，假如這四種標準說明了你在做的事，那麼你就是在投資證券。

美國證券交易委員會（SEC）將豪威測試應用在比特幣上，並且做出結論說比特幣不是證券，以太坊也一樣。不過委員會也說，其他數位資產是或者可能是證券。假如你買了證券的基金，然後那個證券買入比特幣，那麼你就是在

圖 19.1

投資證券，即便標的資產不是證券。

還記得新版《變蠅人》（*The Fly*）嗎？傑夫・高布倫（Jeff Goldblum）飾演的科學家賽斯・布朗多（Seth Brundle）試圖打造相當於《星艦迷航記》（*Star Trek*）裡的傳送艙，他親自測試，卻沒意識到有一隻蒼蠅和他同在艙內。當他試圖找出哪裡出了問題，他問電腦測試結果顯現出什麼，電腦回答：

「不是布朗多。」

這回答沒多少幫助。

美國證券交易委員會也一樣。你問這個機關:「比特幣是什麼?」它會回答:「比特幣不是證券。」(編按:因比特幣 ETF 已合法上市,目前已可算是證券)好吧,那它是什麼呢?

聯準會介入並且表示,比特幣不是貨幣(編按:此為聯準會主席鮑爾於 2021 年的說法)。這很重要,當我們討論每個人最愛的主題(稅務)時,我們會談到原因,不過這依然沒有告訴我們它究竟是什麼。

美國商品期貨交易委員會表示,比特幣不是商品(編按:2022 年,美國證券交易委員會主席根斯勒已承認比特幣是商品),不過其他數位資產是,這要取決於該機關使用的測試,例如合約如何交割。我們還沒有完整的明確性,於是委員會成立了數位資產工作組織(Digital Asset Task Force)來釐清。

所以我們還是不知道比特幣是什麼,只知道它不是什麼。

美國商品期貨交易委員會、美國證券交易委員會及財政部攜手合作,為數位資產制定規範。不過財政部裡的一個機關和其他機構不合,它制定了自己的政策,不管其他機關在做什麼。這個機關是?

國稅局。接下我們就用一個單獨章節來討論。

第 20 章
數位資產如何課稅？

> ⚠️ **警告**
>
> **本篇內容很重要，
> 但是很無聊！**
>
> 請閱讀，但是不要在晚宴上大聲朗讀。

（編按：本篇章內文為 2021 年美國對數位資產稅制相關法規說明，僅供臺灣讀者參考。）

序

　　個人財務最糟的部分是什麼？不對，不是納稅（雖然這也夠糟了）。最糟的部分是不知道你必須繳納什麼稅，這才叫做挫折感！

　　數位資產經常會出現這種情況，這種資產類別的某些方面是如此新穎，以至於國會尚未更新《國內稅法》，國稅局還沒修訂或發布法規。雖然在許多部分具有明確性（比大多數人知道的還要多），不過還是有很多模糊地帶。我會盡我所能向各位說明這一切。你對這些不會感興趣，不過你的稅務及財務顧問會，所以把這本書和他們分享吧。[38]

---

38. 更好的做法是，要他們自己去買一本吧。

> 稅務法及法規經常變動，因此在採取任何行動之前，先和你的稅務顧問確認一下吧。

讓我們來使用正確的字詞

兒童是什麼？聯合國說那是不到 18 歲的人。不過美國移民法表示，兒童是 21 歲以下的人。而 1998 年兒童網路隱私保護法（Children's Online Privacy Protection Act of 1998）表示，13 歲以下的人叫做兒童。根據美國衛生及公共服務部，父母能把兒童納入他們的醫療保險裡，這裡的「兒童」是指 26 歲以下。

假如我們在如何定義「兒童」無法取得共識，那麼我們在如何提及這種新資產類別時無法達成共識，這有什麼好奇怪的呢？

為了這一章的目的，我們會使用國稅局規定的用詞，包括：

- **數位資產**：通常這代表可以被擁有而具有經濟價值的任何東西。
- **加密資產**：這是指任何使用密碼學的數位資產，用來保護在區塊鏈上的帳本交易紀錄之類的，以便控制這類資產的新增創建，並驗證他們的所有權轉換。
- **虛擬貨幣**：這是交易媒介的數位呈現、一種計價單位，或是除了美元或其他政府貨幣的價值儲存。[39]

---

39. Notice 2014-21. Rev. Rul. 2019-24, https://www.irs.gov/pub/irs-wd/202124008.pdf.

- **可轉換虛擬貨幣：**這是一種虛擬貨幣，和真正的貨幣等值，或者可以替代它。可轉換虛擬貨幣被視為財產，[40] 所以適用財產的一般課稅原則也適用於和可轉換虛擬貨幣相關的交易。[41] 更重要的是，國稅局說比特幣是可轉換虛擬貨幣的案例。（哈！我們終於開始知道比特幣是什麼了。）
- **加密貨幣：**這是虛擬貨幣，使用加密學來保護數位記錄在分散式帳本上的交易，例如區塊鏈。[42] 比特幣、以太幣及萊特幣都是加密貨幣的種類。[43]（哈！更明確了。）

引言

　　稅務員喜愛有錢的人，因為他們可以從中課稅。自從比特幣在 2009 年問世後，數位資產產生了大量財富，所以就像長角牛發現了鹽窩，全世界的稅務機關對這種新資產類別及它的投資人開始垂涎不已。

　　國稅局在 2014 年首先解決數位資產的問題。2014-21 公告 [44] 表示，數位資產是財產，因此存在已久的財產相關課稅原則適用於這種新資產類別。[45] 國稅局相信許多納稅人會忽略這項通知，因此要求公司將所有客戶的紀錄交給國稅局，Coinbase 拒絕配合。不過在國稅局縮小傳喚範圍之後，加州北區地方法院裁決國稅局勝訴，Coinbase 把國稅局想要的資料交出去。

　　2019 年，考量到很多從事數位資產的人在交易時不納稅，[46] 國稅局頒布更多指引，包括稅收判例（Revenue Ruling 2019-24）[47] 及常見問題。[48]

---

40. Notice 2014-21.
41. Notice 2014-21. Rev. Rul. 2019-24, https://www.irs.gov/pub/irs-wd/202124008.pdf.
42. 國稅局的虛擬貨幣交易常見問題：FAQ #3,https:// www.irs.gov/individuals/international-taxpayers/frequently-asked-questions-on-virtu al-currency-transactions.
43. Rev. Rul. 2019-24 at 2 (as stated in https://www.irs.gov/pub/irs-wd/202124008.pdf).
44. Notice 2014-21, 2014-16 I.R.B. 938,https://www.irs.gov/pub/irs-drop/n-14-21.pdf.
45. 請同時參考國稅局虛擬貨幣交易常見問題，FAQ #2, https://www.irs.gov/individuals/international-taxpayers/frequently-asked-ques tions-on -virtual-currency-transactions.
46. IR-2019-167, https://content.govdelivery.com/accounts/USIRS/bulletins/2651117?reqfrom =share.
47. https://www.irs.gov/pub/irs-drop/rr-19-24.pdf.
48. 國稅局的虛擬貨幣交易常見問題： https://www.irs .gov/individuals/international-taxpayers/frequently-asked-questions-on-virtual-currency-transactions.

「兩個聰明人在稅務法規有這麼截然不同的解讀，還真是有趣。」

不過這是綿裡藏針，因為國稅局也宣布，它會強制執行遵循審計及犯罪調查。國稅局開始要求納稅人在退稅時（1040 表單）回答這個問題：

> 在 2019 年的任何時候，你是否收取、匯出、交易或是獲得任何虛擬貨幣形式的任何金融利息？

這個問題藏在一個子目錄裡，不過到了 2020 年，國稅局把它移到第一頁的最上方，讓它無法被忽略！

2021年，國稅局以「藏寶行動」（Operation Hidden Treasure）加強執法，也就是由特別培訓的國稅局幹員追查未申報的加密貨幣相關所得。

這一切對你來說太過「老大哥」了嗎？別忘了你有義務要繳稅給政府。不過你自己和家人也有同等重要的職責，那就是不要超額納稅或是提早繳稅。

你不是要逃漏稅，你樂意繳納該繳的金額，可是你要如何判斷你是否該繳稅，或是繳納多少呢？

這是一個聰明的問題，而這裡有一個笨答案：你不需繳納任何稅，直到你經歷一起應稅事件。

等等，呃，所以應稅事件是什麼？

應稅事件（taxable event）是會帶來納稅義務的任何事件，包括銷售、交換、轉換、交易、支付、捐款、收款及所得收益，即便金額微不足道，你也必須這麼做。就算對方（或中間人）沒有寄給你稅務相關的文件，例如 1099 表單或 W-2 表，那也無所謂。國稅局要你負責申報所有收入及交易，無論你是否收到某人寄來的稅務表單都一樣。數位資產沒有什麼特別或神奇的地方，讓它得以免課稅。

為了幫助你了解你需要考慮的所有問題，我們來探討數位資產所有權的生命週期吧，這其中有三個階段：收購、持有及處分。

> 任何人都能安排自己的事務，盡可能繳納最低稅額；他不必然要選擇對國庫最有利的模式，甚至沒有愛國義務去增加某人的稅額。
>
> ——勒恩德‧韓德（Learned Hand）法官

收購數位資產

請注意我沒有說買進（buying），因為要收購（acquire）數位資產的方法有很多種，你甚至可以不採取任何行動就能持有數位資產，你可能只是「接收」它而已。我們來看看你能收購數位資產的所有方式吧。

收購

你能透過以下方式收購數位資產：
一、中心化交易所：例如你付現金去買比特幣。
二、去中心化交易所：例如你持有比特幣，然後用它去買以太幣。
三、非加密貨幣平台：例如你可以在 Robinhood、PayPal 或 Venmo 擁有帳戶。
四、使用 ATM 換取現金。
五、銀行（不行耶，你還不能這麼做，不過有一天……）

對每個案例來說，課稅基礎（tax basis）是該資產在買進當時以美元計價的公平市價（fair market value，FMV），其基礎是你收購數位資產所花費的金額，包括手續費、佣金及其他費用，調整課稅基礎（adjusted tax basis）是成本基礎加上某些可扣除的開支。

收取數位資產作為薪資或服務的支付款項

你的雇主可能以比特幣代替現金支付你的薪資，西恩・庫爾金（Sean Culkin）就是這樣拿到他的 92 萬美元薪酬。身為堪薩斯酋長隊邊鋒，他成為第一個全部以比特幣支付薪資的 NFL 球員。進攻截鋒羅素・奧昆（Russel Okung）的薪酬是 130 萬美元，有一半是以比特幣支付，另一半是美元。洛杉磯公羊隊外接手小奧德爾・貝克漢（Odell Beckham Jr.）三度獲選 NFL 職業盃球員，收取的全部薪酬 425 萬美元都是以比特幣支付。綠灣包裝工四分衛

亞倫‧羅傑斯（Aaron Rogers）三度獲選 NFL MVP，他有部分薪酬也是收取比特幣。

從稅務的觀點來看，這些人做什麼都沒關係，因為薪資就是薪資，無論支付型態是什麼都一樣。49

稅務法在這點表達得很清楚：假如你收到以數位資產支付的薪資，那份資產以美元計價的公平市價，在你收到時是應稅所得，而你收到的金額應該依據你的稅級，當作一般收入來課稅（編按：臺灣投資數位資產者，須根據交易屬地繳稅，若屬境外交易，超過 100 萬元且與其他所得相加逾 670 萬元時，需繳納稅金；隨著數位資產法規修訂，稅制也會有調整可能，投資人需密切關注）。50

假如你收到的數位資產沒有公告值，那麼公平市價就等於交易發生時該服務的公平市價。51 舉例來說，一名擁有 100 萬美元合約的 NFL 球員可能選擇

「如果對你來說都沒差的話，我的零用錢想要領比特幣。」

---

49. 國稅局的虛擬貨幣交易常見問題，FAQs #9 and #11, https://www.irs.gov/individuals/international-taxpayers/frequently-asked-que stions-on -virtual-currency-transactions.
50. 國稅局的虛擬貨幣交易常見問題，FAQ #13, https:// www.irs.gov/individuals/international-taxpayers/frequently-asked-questions-on-virtual -currency-transactions.
51. 國稅局的虛擬貨幣交易常見問題，FAQ #28, https:// www.irs.gov/individuals/international-taxpayers/frequently-asked-questions-on-virtual -currency-transactions.

接受 NTF 而不是美元，這些 NFT 可能沒有公告值。在這種情況下，這名球員必須使用他合約中訂定的 100 萬美元價格。

對承包商來說也是如此，你的房屋油漆工可能要求以數位資產支付，而不是現金，處理的方式也和上述一致。

收取數位資產以交換財產

假如你把財產 A 轉給某人，然後收取數位資產 B 作為交換，你的數位資產課稅基礎等同於在你收取那筆數位資金時，數位資產 B 以美元計價之公平市價。[52]

假如財產 A 是資本資產，你在處置它時會有資本收益或虧損；假如財產 A 不是資本資產，那麼你會有一般收益或虧損。[53] 在這兩個案例中，當你收取數位資產 B 時（通常是指記錄在分散式帳本上的日期）的公平市價，以及轉出財產 A 時的調整課稅基礎，這兩者之間的差異就是收益或虧損。[54]

假如這些數位資產沒有公告值，那麼公平市價就等同你在交易日期拿來交換數位資產的財產價值。[55]

◆ 收取數位資產用於抵消欠款

比方說莎莉欠你 1000 美元，她匯了價值 1000 美元的數位資產給你，你們兩人就和使用現金一樣來處理這筆交易。

◆ 使用簽帳金融卡或信用卡時，收取數位資產作為回饋金

多年來，信用卡公司提供回饋金和獎勵，鼓勵你使用它們的信用卡。獎勵

---

52. 國稅局虛擬貨幣交易的常見問題，FAQ #21, https://www.irs.gov/individuals/international-taxpayers/frequently-asked-questions-on-virtual-currency-transactions.
53. 國稅局虛擬貨幣交易的常見問題，FAQ #19, https://www.irs.gov/individuals/international-taxpayers/frequently-asked-questions-on-virtual-currency-transactions.
54. 國稅局虛擬貨幣交易的常見問題，FAQ #20, https://www.irs.gov/individuals/international-taxpayers/frequently-asked-questions-on-virtual-currency-transactions.
55. 國稅局虛擬貨幣交易的常見問題，FAQ #28, https://www.irs.gov/individuals/international-taxpayers/frequently-asked-questions-on-virtual-currency-transactions.

包括飛行哩程及現金,現在還有數位資產,這其中有稅務影響(當然了!),所以我們來檢視細節吧。

◆ 使用信用卡

無論你使用個人或商務信用卡,國稅局長期以來都把回饋金視為是售價的調整。因此回饋金不算是所得,不過在涉及加密貨幣時便產生了課稅基礎。

比方說你購物使用信用卡刷了 5000 美元,你的信用卡公司便將價值 50 美元的比特幣存進你的加密貨幣帳戶。國稅局看待這筆交易的方式是你花 4950 美元購物,並且花 50 美元買入比特幣。你收取比特幣時不會有應稅所得,不過當你把它賣出時,你會有 50 美元的課稅基礎。(這是好事,因為你的基礎愈高,繳納的稅就愈少。)

◆ 當商品退貨時,個人使用信用卡

大家很常使用個人信用卡來進行商務消費(例如差旅),然後再跟雇主申請核銷。假如你從信用卡公司拿到核銷費用的回饋金,這筆獎勵的公平市價就是應申報所得,即便你沒有收到 1099 表單或是其他稅務文件,而且金額會被視為你的課稅基礎。

◆ 假如你以信用卡購買約當現金,獲得加密貨幣回饋金或獎勵

假如你使用信用卡購買「約當現金」,例如匯票或可重複儲值的簽帳金融卡,稅務法院已經裁決,你獲得的任何回饋金或獎勵都是應稅所得。[56]

◆ 假如你開立帳戶賺取的紅利是以數位資產支付

你可能只因為開立一個信用卡帳戶便收到數位資產,假如你收到了,公平

---

56. Anikeev and Ankeev v. Commissioner of Internal Revenue, T.C. Memo, 2021-23, https:// assets.kpmg/content/dam/kpmg/us/pdf/2021/02/tc-memo-2021-23.pdf.

市價通常會被視為是應稅所得。假如價值超過 600 美元，信用卡公司應該會把 1099-MISC 表單寄給國稅局和你（無論你是否收到這張表單，你還是需要在退稅時把這些金額申報為所得）。和上面的案例一樣，你的課稅基礎會是應申報所得的金額。

◆ 假如你因為推薦朋友或其他促銷活動而收取數位資產

假如你不需購買商品就能收到獎勵，這時公平市價通常被視為是應稅所得。假如它的價值超過 600 美元，信用卡公司應該會把 1099-MISC 表單寄給國稅局和你。（無論你是否收到這張表單，你還是需要在退稅時把這些金額申報為所得。）和上面的案例一樣，你的課稅基礎會是應申報所得的金額。

學以致富

有些數位資產交易所會在它們的官網張貼教育性內容，為了吸引你去瀏覽，它們會在你的帳戶存入一枚價值不多的代幣（值 5 美元）。當你賺取這些代幣，你便賺進了應稅所得，你的課稅基礎是你在收取那枚代幣時以美元計價的公平市價。

因為金額通常很小，有些交易所就不寄發 1099-MISC 表單。儘管如此，你需要在退稅時申報這筆收入。

收取贈與

假如你收到數位資產的贈與，你會保有贈與人的課稅基礎。當你賣出或處分它時，你會有資本收益或損失（除非你捐給慈善機構）。假如你沒有任何文件去證實贈與人的基礎，那麼你的基礎就是零，也就是說你要支付最高可能稅額。換言之，要取得並保留贈與人的課稅基礎！[57]

---

[57]. 國稅局虛擬貨幣交易的常見問題，FAQ #32, https:// www.irs.gov/individuals/international-taxpayers/frequently-asked-questions-on-virtual-currency-transactions.

遺產

假如你收到數位資產的遺產，遺囑執行人會根據死亡日期或六個月後的日期，以較高的公平市價來判斷你的成本基礎，當你賣出或處分它，你會有資本收益或損失。

取得數位資產的不尋常方式

我們到目前為止探討的一切，可能對你來說都很熟悉，因為我描述的規則涉及所有資產，不只是數位資產而已。不過你可能以較不常見的方式收購或收取數位資產，包括：

◆ 賺取數位資產

一般而言，你因為提供商品或服務而換取來的任何物品，它的價值都是應課稅的，除非是特例或是稅務法的排除條款。這份所得是你在收取它那時的公平市價，你在收取數位資產時申報的所得，這時變成了那份資產的課稅基礎，然後當你處分它時，再使用這份資料去判斷你的資本收益或損失。

然而，你賺取數位資產的方式會影響你如何、何時以及在哪裡申報你的收益。舉例來說，採礦衍生稅務影響，根據你的參與方式而有所不同，例如使用你自己的採礦設備、加入礦池（一群人透過網路合作，例如由諾頓防毒軟體提供的礦池〔第6章〕），或是雲端採礦（你對礦池的貢獻是你從雲端服務購買的計算能力）。

身為礦工，你通常被視為賺取收入，並且根據你在收取代幣當天的公平市價，以一般收入課稅。不過你的退稅要如何及在何處申報，要看你是否把採礦當嗜好或是事業。

假如這是一種嗜好，你可以使用1040表單附表1。假如你的採礦行動是交易或事業的一部分，你要在附表C申報所得。（國稅局說礦工是自營作業，這表示你可能要負責為採礦收入繳納自營職業稅，我們稍後會詳盡討論自營作業所得的部分。

◆ 質押

在我下筆之際，國稅局在質押稅及賺取質押獎勵的部分，並未提供太多明確說明。因此審慎的做法是把質押產生的收入當成是收取當時的一般收入，然後把代幣當成你收取之後那天的資本資產，所以任何隨後的增值都會被視為你在處分它時的資本收益。[58]

假如你情願採取較不嚴苛（也比較不貴）的立場，可以詢問你的稅務顧問，要如何以處理可出租物業的方式來處理質押。在這個理論之下，質押獎勵可以被視為租賃收入（使用1014表單附表E），這麼做有機會降低應納稅額。

◆ 從你的一個錢包轉帳到你的另一個錢包

投資人經常在不同的交易所及託管公司擁有數個錢包及帳戶，在錢包之間轉移代幣很容易。假如你從你的儲蓄帳戶轉1美元到你的支票帳戶，不會有任何的稅務影響，但是把數位資產從一個錢包或帳戶轉到另一個，是否會被視為應稅事件呢？

你不會這麼認為，不過假如你把加密貨幣從一個交易所轉移到另一個，那個轉出的交易所可能會把轉帳「到」另一個交易視為是處分，因此會寄給你1099表單。國稅局查覺到這種錯誤可能會產生，進一步發布令人安心的指引，說明即便你收到這種1099表單，你不會有應稅事件。[59] 你可能要填寫一些文件，向國稅局說明你收到的1099表單是搞錯了，不過至少你不必因為那個錯誤而繳稅。

◆ 把數位資產轉帳給另一個人或實體

假如你從一個數位錢包、地址或帳戶轉帳一枚貨幣或代幣到另一個由他人

---

58. 國稅局虛擬貨幣交易的常見問題，FAQ #29, https:// www.irs.gov/individuals/international-taxpayers/frequently-asked-questions-on-virtual -currency-transactions.
59. 國稅局虛擬貨幣交易的常見問題，FAQ #38, https:// www.irs.gov/individuals/international-taxpayers/frequently-asked-questions-on-virtual -currency-transactions.

持有的數位錢包、地址或帳戶，國稅局會把你的轉帳視為資產買賣或禮物，因此要遵從我們在本書討論過的相關規定。

這其中可能沒有任何中介，意味著沒人會簽發 1099 表單。無論如何，雙方都有責任遵從稅務法。

◆ 把數位資產所有權轉移給共同所有人

假如你從自己擁有的一個數位錢包、地址或帳戶，把一枚貨幣或代幣轉到一個由你和另一個人共同擁有的數位錢包、地址或帳戶，這可能會有許多稅務後果。

從你的所有權轉出數位資產有可能產生立即的稅務影響，這要看你轉移的對象是誰。（是配偶？你的配偶以外的人？未成年者？[60] 你擁有或控制的實體？信託？假如是的話，是哪種信託，可撤銷、不可撤銷，或是慈善？）有那麼多不同的選項，可能需要另外寫一整本書來說明所有的考量及策略。[61] 所以請找金融規劃師、稅務顧問或房地產律師，就你的情況尋求建議。

◆ 把數位資產轉入你的個人退休帳戶

你不能把數位資產轉入個人退休帳戶，所有的個人退休帳戶存款都必須是以美元存入。不過現金一旦存入個人退休帳戶，你就能用那些錢來買入數位資產，只要確定你找的是合格託管人，允許購買你想要的資產。

你的個人退休帳戶一旦有了數位資產，就能隨時把它轉給不同的託管人，不會造成稅務後果。假如想保有你的數位資產，應該執行實物轉移（in-kind transfer），讓你的貨幣或代幣以現狀轉移給新的託管人。這位新託管人會以所謂的「受託人到受託人轉移」（trustee-to trustee transfer）的方式，替你進行轉移作業，且不需要報稅。

---

60. 我指的是兒童（minor），不是比特幣礦工（miner）。
61. 喔，我寫了那本書，書名是 *The Truth About Money*，售價 19.95 美元，你可以在你喜歡的書店購買。

◆ 空投

空投通常和一般所得一樣，在你收取的日期便應納稅，因此你可以交易或移除它。假如你不能（因為發行人還不允許），在你能夠轉移、賣出、交換或處分它的日期，把它申報為收入。這時你會有一個成本基礎，等同你申報為收入的金額。[62]

◆ 分叉

回想一下軟分叉和硬分叉之間的差異（第5章），因為在軟分叉，你沒有接收任何全新的東西，所以不會造成任何應申報的收入。[63]

不過假如你從硬分叉收取加密貨幣，那個新加密貨幣就和一般收入一樣（讓你能控制它，意思是你能轉移、賣出、交易或是處分），是應課稅的。[64]公平市價是在你接收它的那一天，有人會買下它的價格。

在第5章，我提過硬分叉和公司分割很相像，這是真的，除了稅務影響。涉及股票分割的稅則不適用於加密貨幣硬分叉。這裡有寶貴的一課：不要假設你熟悉的其他方面稅收法規對這個類別有幫助。我先前說過了，現在再說一遍：數位資產和其他資產不同，因此不能把你使用在其他資產的規則套用在這個資產類別。

---

62. 國稅局虛擬貨幣交易的常見問題，FAQ #25, https:// www.irs.gov/individuals/international-taxpayers/frequently-asked-questions-on-virtual -currency-transactions.
63. 國稅局虛擬貨幣交易的常見問題，FAQ #30, https:// www.irs.gov/individuals/international-taxpayers/frequently-asked-questions-on-virtual -currency-transactions.
64. 國稅局虛擬貨幣交易的常見問題，FAQ #24, https:// www.irs.gov/individuals/international-taxpayers/frequently-asked-questions-on-virtual -currency-transactions.

數位資產產業律師

Anthony S. Park, PLLC anthonyspark.com	Park 代表世界各地的客戶，擔任他們的專業執行人、受託人或遺囑認證律師。這個團隊擅長應付法院、稅務機關、銀行，以及所有其他和遺囑認證過程相關的公家機構。
Brady Cobin Law Group, PLLC ncestateplanning.com	Brady Cobin 協助客戶確保能適當存取及分配他們的數位資產。
Dilendorf Law Firm dilendorf.com	Dilendorf 為區塊鏈及金融科技領域的各種參與者，包括代幣發行人、加密貨幣交易、傳統與加密投資基金，以及想把區塊鏈技術整合到現有事業及投資模式的企業及管理者，提供先進的策略、交易及監管方案。
E.A. Goodman Law eagoodmanlaw.com	Goodman 是高齡法及物業規劃公司，服務紐澤西地區的客戶，它的服務範圍從小型物業的規劃到高淨值人士的複雜策劃都有，其律師也為經營閉鎖型公司及專業業務的客戶設計接班人規劃策略。
Estate & Probate Legal Group estateandprobatelegalgroup.com	Estate & Probate Legal Group 專門處理遺囑認證、信託管理及訴訟業務。
Frost Law askfrost.com	Frost Law 協助處理稅務爭議、商務、訴訟、物業規劃及破產事宜。
Gordon Fischer Law Firm gordonfischerlawfirm.com	Gordon Fischer Law Firm 協助人們規劃他們的遺產，並且幫助非營利組織管理其慈善事業。

欲知最新名單及超連結，請瀏覽 https://dacfp.com/cryptocatalog/

數位資產產業律師

Guttman Law guttmanlaw.com	Guttman Law 協助處理各式的數位資產規劃，幫助客戶預備處理線上帳戶、密碼保護檔案、數位儲存媒體等會發生的問題。
Harrison Estate Law harrisonestatelaw.com	Harrison Estate Law 提供多年經驗打理一切，包括基本遺囑及信託到複雜的物業計畫。
Hart David Carson, LLP hartdavidcarson.com	Hart David Carson 是芝加哥律師事務所，和企業及個人合作。
John Mangan, P.A. palmcitylawyer.com	Mangan 協助客戶打造物業計畫。
McCord & Hemphill ourbendlawyer.com	McCord & Hemphill 協助規劃你的數位資產，和你處理實質財務、房地產及金融帳戶一樣。
Murphy & Berglund, PLLC murphyberglund.com	Murphy & Berglund 保護家族裡的每一分子，它們努力打造和客戶之間持續一生的關係，專注於提供客戶精準的法律建議，並且引導他們走過人生的轉變。
Paul Black Elder Law & Estate Planning georgia-estatelaw.com	Paul Black 是物業規劃律師，為亞特蘭大地區的人們提供法律服務。
Poole Shaffery pooleshaffery.com	Poole Shaffery 協助制定及執行符合每位客戶意願的物業計畫。
Proskauer proskauer.com	Proskauer 擁有 725 位以上的律師，從位於美洲、歐洲及亞洲各領先金融及商業中心的辦公室服務客戶。

欲知最新名單及超連結，
請瀏覽 https://dacfp.com/cryptocatalog/

數位資產產業律師	
Singh & Singh singhandsingh.com	Singh & Singh 是一家具有多年經驗的印度律師事務所,提供智慧財產權法、媒體及電信法、仲裁、競爭法、稅務法,以及藥品管制法方面的服務。
White and Bright, LLP whiteandbright.com	White and Bright 在南加州各地,為企業及個人提供交易事務及訴訟服務。

> 欲知最新名單及超連結,請瀏覽 https://dacfp.com/cryptocatalog/

「其他人也必須納稅,赫恩登先生,所以請你別在我們面前演這一齣了。」

持有數位資產

現在你持有數位資產,不能轉移或處分它,它就放在那裡……無論是哪裡,可能是錢包或帳戶之類的。

還沒有任何稅務後果,對吧?

不盡然,分叉及空投可能會造成課稅,即使你並沒有尋求或引發這些活動。正如我們所見,質押你的數位資產也可能產生應納稅額,借出或貸入數位資產也是。

借款

借錢(然後償還貸款)絕不會是應稅事件。然而,假如你無法償還貸款,你會衍生應稅事件。舉例來說,假如你借款 10 萬美元並且違約,你會有 10 萬美元的應稅所得。

擔保品

比方說你有數位資產,但是需要現金,你不想賣掉數位資產,因為這麼做會引發稅務影響。所以你把你的數位資產抵押給貸方,作為擔保品,然後貸方借給你法幣。當貸款期滿,你要以相同的法幣加上利息償還給貸方,貸方則把你的數位資產還給你。

假如你沒有償還貸款,貸方會賣出(或保留)你的擔保品。無論貸方從這場出售交易得到多少錢,你(而非貸方)要承擔資本收益或虧損。

大部分貸方都要求現金作為擔保品,不過有些會接受數位資產,但是要和你貸入的種類不同(比方說,你提出比特幣作為擔保品,讓你能貸入以太幣)。償還貸款時,你歸還的數位資產要和你所貸入的種類及數量都相同,你償還之後,貸方會歸還你的擔保品。

貸款的課稅處理方式

在我下筆的此時,國稅局或財政部沒有任何與數位資產相關的指引,無論是借方或貸方都一樣,因此我們不得不使用適用於一般貸款的課稅原則。

國稅局表示,貸款是付款的合約,不是交付財產的合約。不過同時國稅局也說「可轉換虛擬貨幣」被視為財產,這就是這場對話如此模糊難懂的原因。大家通常認為大部分數位資產是同質化的(很顯然地是除了非同質化代幣之

外），不過有些稅務從業人員不確定國稅局會同意。假如他們是對的，一般數位資產，例如任何一枚比特幣，「相似但不同於」其他個別的比特幣，然後借方（在償還貸款時）及貸方（在歸還擔保品時）會交還類似但並非和原來一模一樣的財產。假如這是真的，這些稅務從業人員不禁要問，國稅局會把貸款歸納為應稅銷售嗎？畢竟假如你提供一輛車作為貸款的擔保品，可是貸方還給你一輛不同但類似的車，國會局會把這交易視為銷售。

我不支持這個理論或是對上述的顧慮有同感，不過由於缺乏國稅局提供的明確性，我想我們必須承認這種可能性的存在。

情況愈來愈模糊不清了，來思考以下的問題：

- 假如數位資產的價格下跌，哪一方會承擔經濟損失的風險？假如價格上漲，哪一方會從中獲利？以及隨之而來的稅務影響為何？
- 假如在貸款期間發生空投或分叉，哪一方會取得新單位？

在缺乏官方稅務指引的情況下，你應該：

一、和你的稅務顧問討論你涉及數位資產的貸款之中，支付或收取利息的適當處理方式。你如何處理它，有部分要看借用的財產如何被運用（個人或投資用途）來決定。

二、正確紀錄雙方的用意是要把這筆交易當作借貸。

三、成立貸款的方式要和標準的借貸機構一致。

最後，和其他作為貸款擔保品的任何資產一樣，要注意萬一資產價格下跌的後果。貸方可能會提出追加保證金（margin call），要求你提出額外的擔保品，假如你無法照辦（經常要求在 24 小時之內），貸方可以賣出你的擔保品來彌補虧損。這種清算可能為你帶來實際資本收益（或損失），這意味著你可能不只失去你的擔保品，還有稅單要繳。可惡！

特定信託的所有權

我們在第 16 章討論過私募及隨後的場外交易信託，那些工具本身不必課稅，而是把任何的應納稅額轉嫁到你這個投資人身上。

這表示你必須繳納信託所產生的任何應納稅額之持分比例份額。假如信託賣出資產來募集資金，讓它能支付開支，這就像是你賣出一部分投資。這意味著你會有收益或損失，即便你並未採取任何行動。雪上加霜的是，那些開支被視為投資管理開支，因此你無法在退稅時扣除損失。

數位資產的處分

每當你處分數位資產，然後收取一些東西作為報酬，無論是賣出、交易或使用它來購買商品或服務，你都觸發了應稅事件。

這表示對於為了投資目的而持有的資產，你在交易時衍生了資本收益或損失，就像你在處分任何其他投資一樣。

- 假如你的持有期是一年或以下，你會有短期資本收益或損失。
- 假如你的持有期超過一年，你會有長期資本收益或損失。

持有期從你取得資產的那天開始，在你賣出或交換的那天結束。你以 8949 表單申報淨收益及損失，然後在 1040 表單附表 D 做出總結。[65]

重點是你應該為每份數位資產保留詳細紀錄，包括所有購買及處分的日期、課稅基礎，以及銷售時間的公平市價。[66] 這一切的解決方案就要出現了，所以請繼續看下去吧。

處分數位資產最常見的方式是把它們賣出，然後收取美元。但是還有其他

---

65. IRC Section 1001, 26 CFR 1.61-6.
66. 國稅局虛擬貨幣交易的常見問題，FAQ #26, https:// www.irs.gov/individuals/international-taxpayers/frequently-asked-questions-on-virtual -currency-transactions.

的處分方法,我們來看看吧。

把一種數位資產轉換成另一種

這被視為出售。舉例來說,你將比特幣換成以太幣,其實是兩筆買賣:賣出比特幣及買入以太幣,你必須計算在交易當時每種資產的公平市價。

使用數位資產支付商品或服務

AMC電影院讓你用比特幣、以太幣、萊特幣及比特幣現金購買電影票,真好玩!

只不過這麼做會產生稅務問題,使用數位資產來支付和賣出它是一樣的。因此你為了看那部電影,已經進行資本買賣,於是會有資本收益或損失。[67] 你的收益或損失不同於你收取的財產或服務之公平市價,以及你交換的數位資產之調整基礎。[68]

這一切會發生是因為聯準會及國稅局都表示,數位資產不是貨幣。使用貨幣時,你可以隨時拿美元去交換產品或服務,而這種事件不會被視為資本交易。(現在你知道數位資產是否被宣布為貨幣,為何有那麼重要了。這時你很羨慕薩爾瓦多人吧。)

贈與

適用於所有資產的贈與稅法則,也適用於數位資產。假如你把數位資產贈與某人,你不會衍生任何應納稅額(註:國稅局對於你每年及一生能免稅贈與多少都有所限制)。接受你的數位資產的人,在贈與的當下也不會衍生任何應納稅額,然而當他們賣出資產,他們用來計算應稅收益或損失的課稅基礎會是

---

[67]. 國稅局虛擬貨幣交易的常見問題,FAQs #14 and 16, https://www.irs.gov/individuals/international-taxpayers/frequently-asked-questions-on-virtual-currency-transactions.
[68]. 國稅局虛擬貨幣交易的常見問題,FAQs #15 and 17, https://www.irs.gov/individuals/international-taxpayers/frequently-asked-questions-on-virtual-currency-transactions.

你的課稅基礎，這是所謂的轉移稅基（carryover basis）。

舉例來說，你買入一枚比特幣，支付 5 萬美元。這個金額就是你的課稅基礎。你把這枚比特幣送給你妹妹，這時比特幣值 5 萬 8000 美元。你妹妹後來把它賣了 6 萬美元。她的應稅收益是 1 萬美元，而不是只有 2000 美元，因為她必須用你最初購買時留下的延續稅基。

捐贈

適用於財產的慈善贈與法則，也適用於數位資產，你能以 IRC Section 501(c)(3) 非營利機構來扣除你的捐款。

- 假如你持有你要捐出的資產超過一年以上，你得以在慈善機關收到捐款的那天，扣除它的公平市價。
- 假如你持有你要捐出的資產一年或以下，減免會低於你的課稅基礎或它的公平市價。[69]

捐贈現金給慈善機關很容易，它們都會接受，大部分也會接受證券，例如股票、債券、共同基金及 ETF，有些甚至會收汽車、船隻和房地產。不過很少機構接受數位資產，因為它們不習慣這麼做，也不知道要如何建立及管理錢包。

假如你想捐出令人感激的數位資產給慈善機構，你有兩種做法。第一，賣掉那份資產，把收入捐給慈善機關。比方說你花 1 萬

> 美國最大的募款組織富達慈善基金會（Fidelity Charitable）在 2021 年收到將近 2 億 7500 萬美元的加密貨幣捐款，是 2017 年創下的紀錄四倍之多。數位資產所有人證明了比其他美國人更慷慨，基金會表示：所有的捐款人有 33% 每年捐款 1000 美元或以上，而加密貨幣持有人有 45% 會這麼做。

---

69. 國稅局虛擬貨幣交易的常見問題，FAQ #35, https:// www.irs.gov/individuals/international-taxpayers/frequently-asked-questions-on-virtual -currency-transactions.

接受數位貨幣的捐贈者建議基金

Endaoment endaoment.org	Endaoment 是免稅社群基金會及公共慈善機構，提供建立在以太坊區塊鏈上的捐贈者建議基金，協助捐款給美國幾乎任何非營利機構。
富達慈善基金會 fidelitycharitable.org	Fidelity Charitable's Giving Account 是一個簡單又有效的方式，讓捐贈者取得稅收利益，同時支持他們喜愛的慈善機構。它是收費最低的捐贈者建議基金之一。
National Philanthropic Trust nptrust.org	National Philanthropic Trust 是美國捐贈者建議基金的最大獨立供應商。
嘉信慈善基金會 schwabcharitable.org	嘉信慈善基金會服務各類公益投資人，持有的帳戶從 5000 到 5 億美元不等，它讓客戶及投資顧問的慈善贈與能輕鬆節稅、簡單又有效率。

欲知最新名單及超連結，請瀏覽 https://dacfp.com/cryptocatalog/

美元買了比特幣，然後以 5 萬美元賣出，並且把所有收益都捐給慈善機關。你必須在退稅時申報 4 萬美元資本收益，以及 5 萬美元捐款，這會造成非故意的副作用。比方說，申報這份收入戶會導致你繳交更多健保保費，影響學生貸款或學費補助資格，或是把你劃分到其他所得稅法則，逐步取消你擁有較高應稅所得的資格。

更好的策略是將比特幣捐給捐贈者建議基金（Donor Advised Fund），這些看起來跟表現都像共同基金，不過卻是慈善機關。所以當你把數位資產捐給它們，你會獲得完整的稅額扣除，無需先賣出資產。捐贈者建議基金賣出數位資產，然後把收益投資到股票及債券裡，和任何共同基金一樣。

數位資產鑑價者

Charitable Solutions, LLC charitablesolutionsllc.com	Charitable Solutions 是計畫贈與風險管理顧問公司，專注於非現金資產收取及處分、慈善贈與年金風險管理、贈與年金再保險經紀服務，以及壽險及數位資產鑑價。
MPI Management Planning Inc. mpival.com	MPI 是商業估值、訴訟支援、鑑識會計及合併及收購顧問公司，提供稅務、金融申報、訴訟及其他商務應用，並且為企業主及他們的企業提供公司諮詢服務。
普華永道 pwc.com	PwC 提供一站式的加密貨幣服務，包括交易諮詢、估值及盡職調查。
Redwood Valuation redwoodvaluation.com	Redwood 提供卓越的代幣估值，和各大律師事務所及科技尖端公司合作，確保代幣保險完全符合法規。
Teknos Associates teknosassociates.com	Teknos 提供全球估值及顧問服務，在區塊鏈及數位資產領域也擁有豐富經驗。
Valtech valtech-valuation.com	Valtech 的專業團隊在許多產業都擁有估值專業。

欲知最新名單及超連結，請瀏覽 https://dacfp.com/cryptocatalog/

然後每當你想捐款，你就指示捐贈者建議基金把錢捐到你指定的慈善機構，多少錢都可以。你能立刻要求這麼做，或者延遲數年，也能捐出部分或全部的資產。你擁有幾乎完整的機動性，而捐贈者建議基金會為你處理一切。

要注意的是，5000 美元或以上的捐贈需要鑑價，這條國稅局法則適用於現今及證券之外的所有捐贈（這件事十分重要的另一個原因是，美國證券交易委員會及國稅局都表示數位資產不是證券），所以你可能要花數百美元鑑價，而且這筆花費在納稅時是不能減免的。

先進先出、後進先出及高進先出

你是否買過一次比特幣，然後再也不碰了？不會啦。假如你買入比特幣、代幣，或是和它們相關的共同基金或 ETF 股份，你很可能會常常再買入，尤其是假如你從事定期定額投資（第 17 章）。每筆投資都構成一個交易口（trade lot），每一口都有自己的日期及每枚貨幣、代幣或股份的成本。

所以當你想要賣出一些，要先做一個決定：你要賣出哪一些？你可以選擇，不過只在你能辨識出這筆交易涉及哪些單位，而且能證實你在這裡面的基差才行。[70]

選擇交易口有一個好處，你得以選擇具有最高基差的那一口而獲得最低收益，因此繳交最低稅額，這叫做高進先出（highest in, first out，HIFO）。

假如你不特別指定某一個交易口，會需要依時間順序來處分它們，從時間最久的交易口開始，這叫做先進先出（first in, first out，FIFO）。[71] 不過有可能你持有最久的那些口具有最高的收益，因此當你處分它們時會衍生最高的稅額。

有個替代方案是後進先出（last in, first out，LIFO）。這些是你最新的口，很可能具有最少收益。不過你也可能持有這些口不到一年的時間，因此要當心衍生短期而非長期收益的風險。

正如你所見，你需要非常注意如何及何時售出。為了讓生活輕鬆一點，你應該考慮使用稅務追蹤服務，這些公司管理你的所有紀錄，並且替你處理報稅瑣事，包括交易、採礦、質押及利息。有些甚至提供替你預填國稅局表格的服務。稅務追蹤公司對你的財務及稅務顧問也很有幫助。

---

70. 國稅局虛擬貨幣交易的常見問題，FAQ #39，https:// www.irs.gov/individuals/international-taxpayers/frequently-asked-questions-on-virtual -currency-transactions.
71. 國稅局虛擬貨幣交易的常見問題，FAQ #41，https:// www.irs.gov/individuals/international-taxpayers/frequently-asked-questions-on-virtual -currency-transactions.

數位資產投資組合追蹤服務

Altrady altrady.com	Altrady是由交易員為交易員組成的完整加密貨幣交易平台，它把一些最受歡迎的交易所整合到一個容易上手的介面。
BitUniverse bituniverse.org	BitUniverse提供一個交易6000多種數位資產的平台，它的交易機器人讓程式設計師設計他們自己的交易策略。
CoinGecko coingecko.com	CoinGecko是世界領先的加密貨幣資料聚合器。2014年起，它便成為數百萬名數位資產投資人的可信賴資訊來源。
CoinMarketCap coinmarketcap.com	CoinMarketCap以容易使用的平台，讓用戶能持續追蹤獲利、損失及投資組合估值。用戶能將電腦及行動應用程式的資料同步化，在多重地點持續追蹤數位資產。CoinMarketCap提供最大型交易所的數千種貨幣及代幣的即時價格資料，它成立於2013年，總部設於德拉瓦（Delaware）。
Coin Market Manager coinmarketman.com	Coin Market Manager是產業投資組合追蹤器，用以協助交易員進行風險管理及盡責交易，以便增加獲利能力。
CoinStats coinstats.app	CoinStats讓100萬名月活躍用戶得以從超過300個交易所及錢包供應商，全部一起即時檢視及管理他們的加密持股。
CoinTracker cointracker.io	CoinTracker是比特幣稅務軟體及加密投資組合管理者，讓用戶得以連接到Coinbase、幣安，以及所有的其他交易所及錢包。

欲知最新名單及超連結，
請瀏覽 https://dacfp.com/cryptocatalog/

數位資產投資組合追蹤服務

Delta
delta.app

Delta 提供免費行動版本，以及要收費的 Pro 方案，支援多種錢包及超過 300 家交易所，包括 Coinbase、幣安、Bithumb、Bitstamp、Bit-Z、Gemini、HitBTC 及 Kraken。Delta 支援超過 7000 種貨幣，並且提供客製化服務，包括多種法幣，它是 eToro 的子公司。

FTX
ftx.com

FTX 創立於 2014 年，是受歡迎又免費的僅供行動版投資組合追蹤器。這個應用程式包含投資組合管理、新聞及數位資產交易，它的儀表板支持追蹤超過 1 萬種數位資產。這個應用程式為 600 多萬名用戶提供它的免費 Signal 可供客製化新聞應用程式。用戶能在交易時賺取數位資產利息，對於最活躍的交易者還有隨機的貨幣紅利。

Kubera
kubera.com

Kubera 是財富管理平台，讓用戶能以試算表格式去追蹤他們的數位資產、股權及銀行帳戶。

Messari
messari.io

Messari 提供投資人、監管者及大眾數位資產投資組合追蹤、分析及評論，協助促成明智的投資決策。

TradeBlock
tradeblock.com

TradeBlock 是世界領先的供應商，提供數位資產的機構交易工具。

欲知最新名單及超連結，
請瀏覽 https://dacfp.com/cryptocatalog/

數位資產的稅務規劃及稅務諮詢／顧問服務

Azran Financial azranfinancial.com	Azran Financial 提供數位資產會計、審計、稅務規劃及法令遵循、盡職調查及諮詢，公司專精未來代幣簡單協議及證券型代幣。Azran 準備聯邦及各州所得稅退稅，並且提供國際稅務申報協調。
Bitcoin Tax Solutions bitcointaxsolutions.com	Cross Law Group 為美國及海外的加密貨幣投資人提供稅務服務。
Cohen & Co cohencpa.com	Cohen & Co 是全球領先的數位資產審計及稅務公司，它為投資人準備美國聯邦及各州退稅，為數位資產生態系統企業提供諮詢支援，包括穩定幣驗證服務、託管人的資安監控中心（SOC）報告、CFO 營運及風險管理、顧問的稅務法令遵循、數位資產基金及交換。
Colby Cross colbycrosscpa.com	Colby Cross 的服務對象為個人及小型企業主，管理他們的財務及他們的美國納稅義務。
Crypto Tax Advisors crypto-taxadvisors.com	Crypto Tax Advisors 為個人及企業提供各式會計及稅務服務，著重於加密貨幣稅務。
The Wolf Group thewolfgroup.com	The Wolf Group 為數位資產礦工、投資人、經銷商及交易者提供各種機會的建議，包括減稅、簡化資訊收集及報告，以及建構提高稅務效率的計畫。

欲知最新名單及超連結，
請瀏覽 https://dacfp.com/cryptocatalog/

數位資產的稅務紀錄保存及申報服務

Accointing accointing.com	Accointing 是加密貨幣及比特幣的稅務平台,讓你能追蹤自己的數位資產投資組合。
BearTax bear.tax	BearTax 幫助你從任何地方進行交易,跨交易所辨識轉移,以及自動生成報稅文件。
CoinTracker cointracker.io	CoinTracker 是數位資產的統一介面,它讓加密貨幣持有人連結到他們的錢包及交易所,同時檢視他們的投資組合、錢包及交易,並且只要按下一個按鍵就能生成他們的數位資產退稅資料。
CoinTracking cointracking.info	CoinTracking 是加密貨幣報稅軟體,讓用戶能追蹤加密貨幣交易及追蹤投資組合。
CryptoTrader.tax cryptotrader.tax	CryptoTrader.tax 是專為成長的市場使用的報稅軟體。
Ledgibile ledgible.io	Ledgible Crypto TaxPro 協助投資顧問,藉由輕鬆處理稅務規劃並提供數位資產的顧問服務,保留客戶並吸引新客戶。它直接和顧問的客戶合作,收集、改正及提報資料,其特色是交換及錢包整合,還有直接匯入 1040 稅務準備系統的報稅軟體整合。
Lukka lukka.tech	Lukka 為個人及專業人士提供全套稅務相關服務。Essentials by Lukka 讓客戶能連結到他們的帳戶,同時檢視他們的交易及結餘。
ProfitStance profitstance.com	ProfitStance 是服務數位資產投資人的優質稅務及會計平台。
TaxBit taxbit.com	TaxBit 為消費者及企業提供數位資產稅務軟體。

欲知最新名單及超連結,
請瀏覽 https://dacfp.com/cryptocatalog/

數位資產的稅務紀錄保存及申報服務

TokenTax tokentax.co	TokenTax 是加密貨幣稅務軟體平台，也是全方位服務之加密貨幣稅務會計公司。
ZenLedger zenledger.io	ZenLedger 提供客戶使用者友善的稅務及會計軟體，以供加密貨幣投資、交易及基金運作，協助數位資產交易者在一個平台上連結到他們的錢包及交易所，以快速生成報稅表格。

> 欲知最新名單及超連結，
> 請瀏覽 https://dacfp.com/cryptocatalog/

同類財產交換

IRC Section 1031 讓你賣出投資而不必支付資本收益，前提是你使用金錢去買入類似的投資（收益會延後徵收，直到你賣出取代品）。嘿，比特幣及以太幣很類似，對吧？它們都是數位資產！所以你能賣出一種去買入另一種，然後延後徵收資本收益嗎？

呃，沒有喔。國會通過 2018 減稅與就業法案，就是清楚表示 Section 1031（也叫做 Starker exchanges）僅適用於不動產（意即房地產），所有其他財產都排除使用這個條款，包括數位資產也是。

虛售交易法

假如你虧本賣出投資資產，你可以申報稅額減免。如果你這麼做，在這筆交易之前或之後至少 30 天，不能買入相同的資產。假如你違反這項規定，這筆交易就會被視為「虛售交易」，你不能獲得稅額減免，直到賣出新持有資產為止。

虛售交易法防堵了讓人們能造假減少納稅金額的漏洞，這個遊戲是這樣運作的：你花 10 美元買一張股票。它跌到 8 美元。你還是想持有那張股票，並且相信它的長期發展，所以賣了它，然後立刻又買回來。你還是持有那張股票，不過因為賣出的動作，你得以申報 2 美元的退稅。

　　由於你被迫等待 30 天才能買回那張股票，而在這段期間，股價可能上漲，虛售交易法讓你打消賣出的念頭，於是漏洞堵住了。

　　因此壞消息是，你不能立刻買回你剛賣出的股票（至少如果你想獲得損失的稅額減免的話，你不能這麼做）。不過有好消息：根據 IRC Section 1091，虛售交易法僅適用於證券。比特幣、以太幣及許多其他數位資產都不是證券，因此虛售交易法不適用在它們身上，對吧？

　　在我下筆的同時，是這樣沒錯，不過當我在寫這部分時，拜登總統（Joe Biden）正設法讓國會通過《重建美好法案》（Build Back Better Act）。這項法案有一個條款是讓所有交易都要遵從虛售交易法，而不只是證券而已。意思是，假如這項法案依目前草擬的內容簽署為法律，所有的數位資產都要遵從虛售交易法。繼續透過國會追蹤這項法案的發展，看最後的結果如何，詢問你的顧問，或是至少要收聽我的 podcast：thetafy.com。

非同質化代幣的課稅

　　在我下筆的同時，國稅局還沒發行任何非同質化代幣（NFT）相關指引。但是透過觀察 NFT 如何運作，我們能在它的稅務方面做出一些基本假設。

- **創建：**創建 NFT 不太可能會造成任何稅務後果，畢竟畫家只是創作一幅畫，不會知道任何收益或虧損。
- **由創建者原始售出：**假如你創建了一枚 NFT，然後把它賣出，你會得

---

72. 在我下筆的同時，自雇稅是 15.3%。假如你的自雇所得超過 25 萬美元（夫妻合併申報）或是 20 萬美元（單身納稅人），要再加 0.9%。

到一般所得。這份所得也要繳納自雇稅。[72] 假如你因為別人瀏覽 NTF 而收到權利金，那些權利金也是應稅所得。
- **買家的稅務後果**：假如你使用數位資產去買入 NTF，會在處分數位資產時衍生資本收益或損失，就如我們先前討論過的。
- **後續出售**：假如你買入 NTF，後來賣出而獲利，要以資本收益率或收藏品稅率繳稅（在買賣收藏品與藝術品的業界人士要遵從其他法規）。

什麼是收藏品？

國稅局 Section 408(m) 對收藏品的定義是：

- 藝術作品
- 地毯或骨董
- 貴金屬或寶石（有例外）
- 郵票或錢幣（有例外）
- 酒精飲料（雖然大家常說這些只是暫時收藏）[73]
- 其他國稅局認定是收藏品的任何東西，[74] 或許除了 NTF 之外，因財政部條例草案表示，國稅局有權將收藏品視為任何法規內未特定列出的有形財產，但是有形（tangible）這個詞不適用於 NFT。國稅局官方是否刻意排除 NFT，或者他們只是在制定法規時沒考慮到這些？

雖然國稅局尚未提供 NFT 相關指引，畫作顯然是收藏品，因此合理的假設是畫作的 NFT 是收藏品。

但是透過 Top Shot（第 9 章）販售的 NBA 數位收藏卡呢？雖然國稅局並

---

73. 我有時會搞笑一下。
74. 26 US Code β 408—Individual retirement accounts | US Code | US Law | LII / Legal Information Institute (cornell.edu).

未特別列出收藏卡，但是它們一直以來都被當成收藏品在課稅，顯示國稅局把 Top Shop 的卡片、CryptoKitties 及類似物品也視為收藏品。

這種區別很重要，因為收藏品的稅率比長期資本收益率還要高。持有超過一年的收藏品要課 28% 的稅，較短期持有的則繳納短期資本收益率。

假如你是藝術代理人，而 NFT 是你的投資的一部分，這便適用一般所得稅率。假如你是為了個人目的買入 NFT，而不是「投資」，就不能減免任何損失。

假如你擁有一家公司，並且以數位資產支付服務

據美國國稅局 2014-21 通告，假如你在一個年度內，以數位資產支付某人 600 美元（含）以上，就必須向國稅局申報那些支付款項及收款人，如同你支付他們美元一樣。

第 21 章
營運及法令遵循

> **生活大解密**
> **你的財務顧問**
>
> 本章是為金融專業人士所寫。你不是其中一員？但你還是可能會想一探究竟，因為這麼做會幫助你選擇一位出色的顧問，並且證實你目前合作的那位和你想的一樣棒。你也能一探顧問公司每天努力服務客戶所面對的問題。

假如你是金融顧問或金融服務業的高階主管，並且希望把數位資產類別包含在你的客戶投資組合裡的話，你需要熟悉法令遵循以及與這類資產相關的申報義務。

假如你是金融專業人士，而你已經熟悉託管、資產管理規模（AUM）vs. 資產諮詢規模（AUA）、認識你的客戶（KYC）／防制洗錢（AML）、受託責任，以及相關議題等，因此我們在這裡就把這些都略過。

我只提供你三個重點，從最重要的開始：

一、**總是表現得像受託人：**沒錯，我知道我在前面提過，我不會涵蓋這部分，不過這一項是如此重要，以至於必須總是再三強調。所以開始囉，你必須總是遵守信託標準，以每位客戶的最佳利益為主，無論是否涉及數位資產。

> 如果你是理財顧問，卻始終沒有盡到受託人的義務，那麼請為我和其他人著想，立即離開這一行！

二、**把數位資產當成證券**：要記住，有些數位資產被美國證券交易委員會當成證券，而其他數位資產則否。假如你懷疑某種特定的資產是否為證券，要不是在確認之前不要使用，要不就是把它當成是證券。這樣從法規的角度來看，你是以最安全的方式在操作。

三、**注意美國證券交易委員會發出的最新聲明**：舉例來說，2021年2月26日，該委員會的審查部門發布風險警示：「審查部門持續關注數位資產證券。」這個警示聚焦在數位資產固有的「獨特風險」，並為美國證券交易委員會註冊顧問及公司提出指引。重要的是你要隨時關注最新的法規公告，右頁的新聞服務名單，幫助你關注最新消息。

揭露

你管理多少錢？這數字對顧問及他們的公司來說很重要。對許多人來說，它提供吹噓的本錢，幫助你吸引及留住客戶。畢竟投資人在投資時，會想找那些他們相信會替他們賺大錢的人，而且他們經常假設有很多錢的公司一定很會賺錢。

正因如此，美國證券交易委員會要確認你真的在管理你聲稱在管理的錢，因此每一年，你向委員會申報投資顧問自願披露表（ADV），製作副本給你的客戶及大眾，揭露這個數字（及其他）。

在計算資產管理規模（AUM）時，證券交易委員會要求你區別證券及非證券；你在AUM計算裡，只包含那些至少有50%的總額是由證券組成（包括現金及約當現金）的帳戶或投資組合。

區塊鏈及數位資產的新聞服務

Bankless banklesshq.com	Bankless 是每週寄送三次的新聞通訊，幫助你在這種新加密經濟中持有、借貸、賺取、花費、投資及質押你的錢。
Bitcoinist bitcoinist.com	Bitcoinist 提供與去中心化數位資產及區塊鏈技術相關的最新消息、指南及價格分析。
Bitcoin Magazine bitcoinmagazine.com	Bitcoin Magazine 是歷史最悠久的數位資產及區塊鏈出版品，從 2012 年起率先開發這個領域，它提供以嚴格編輯及新聞標準為主的思維領導力。
Bitcoin News bitcoin.com	Bitcoin News 是數位新聞平台，報導的主題包括首次發行代幣、去中心化應用程式（Dapp）、區塊鏈，以及加密貨幣的市場更新。
Blockworks blockworks.co	Blockworks 是金融媒體品牌，為數百萬名投資人提供關於數位資產的最新消息及優質洞察力。
CoinCentral coincentral.com	CoinCentral 為數位資產熱愛者提供全方位新聞通訊、podcast 及教育網站。
CoinDesk coindesk.com	CoinDesk 是媒體平台，探索數位資產如何對全球金融系統的發展做出貢獻，它創立於 2013 年，透過它的網站、社群媒體、新聞通訊、podcast、影片、研究及現場活動，接觸數百萬名對數位資產有興趣的人。
Coinstats coinstats.app	Coinstats 是領先的加密資產組合追蹤器，提供 24 小時的加密資產報導及最新的加密資產新聞。

欲知最新名單及超連結，
請瀏覽 https://dacfp.com/cryptocatalog/

區塊鏈及數位資產的新聞服務

Cointelegraph cointelegraph.com	Cointelegraph 創立於 2013 年，是領先的獨立數位媒體來源，報導區塊鏈技術、數位資產及新興金融科技趨勢的新聞，其記者、專家及投稿人每天報導去中心化及中心化世界的最新消息。
Crypto Daily cryptodaily.io	Crypto Daily 聚焦在 Binance Smart Chain、Solana、Polygon 及 Ethereum 以太坊生態系統的最新消息。
DappReview dapp.review	Dapp Review 協助用戶找出更多有趣的 Dapps，並且協助研發者推廣他們的 Dapps 及取得更多客戶。
Delphi Insights delphidigital.io	對於進階使用者，Delphi 的 Insights 會員資格包括的內容涵蓋市場報導、宏觀分析，以及 DAO 治理及收益策略。
Digital Asset Research Newsletter digitalassetresearch.com	DAR 為機構客戶提供多重新聞通訊，範圍從日常故事到最新數位資產法規，以及數位資產市場的定性和定量分析。
NewsBTC newsbtc.com	NewsBTC 是加密新聞服務，報導比特幣新聞、技術分析，以及數位資產預報。
Quantum Economics Newsletter quantumeconomics.io	它的新聞通訊為投資人提供數位資產的消息，衡量帳戶市場狀況及鏈上分析，用以評估數位資產的下一個舉動。
Securities.io securities.io	Securities.io 提供每日新聞、訪談，並且每月回顧證券行代幣、代幣化基金，以及房地產、法規和集資。

欲知最新名單及超連結，請瀏覽 https://dacfp.com/cryptocatalog/

區塊鏈及數位資產的新聞服務

The Bitcoin Forecast by Willy Woo willywoo.substack.com	The Bitcoin Forecast 是付費新聞通訊，由技術專家 Willy Woo 撰寫。Willy 聚焦在比特幣區塊鏈的鏈上結構。
The Block theblockcrypto.com	The Block 是數位資產領域的研究、分析及新聞領導品牌，其團隊遍及七個時區，全天候報導全球加密貨幣及區塊鏈消息。
The Daily Gwei thedailygwei.libsyn.com	The Daily Gwei 讓你能隨時跟上以太坊的最新消息。
The Defiant thedefiant.io	The Defiant 是去中心化金融的內容平台，它策畫、整理及分析去中心化金融的所有重大發展。
The Pomp Letter pomp.substack.com	The Pomp Letter 的高人氣來自於它的商業、金融及科技產業的每日分析。
Unchained Newsletter unchainedpodcast.com	Unchained Newsletter 是勞拉・辛（Laura Shin）每天必讀的最新數位資產新聞。勞拉是《富比世》資深編輯，也是第一位全職報導數位資產的記者。

> 欲知最新名單及超連結，
> 請瀏覽 https://dacfp.com/cryptocatalog/

所以假如某個帳戶的持股有 75% 是數位資產，例如比特幣，而不是證券時，你該怎麼做？你必須把整個帳戶或投資組合從你的 AUM 計算裡排除。

同時要注意，只擁有某位客戶帳戶的數位資產裁量權，並非就自動符合 AUM 的資格。想符合這項資格，你必須能記錄你和客戶進行定期審查會議或財務規劃對話之外，另外獨立監測及評估客戶的數位資產地位。因此你必須了解區塊鏈及數位資產的最新發展，這樣在美國證券交易委員會造訪時（這向來是有趣的時光），才能向他們顯示你在進行持續又規律的監測及配置服務。

即便沒有裁量權，你可能依然能夠把那些資產視為 AUM，不過在本質上，只有當公司擁有客戶執行建議的授權書，或者某種途徑去完成交易才可以。假如客戶自行決定是否要執行，那就不算 AUM。（那份 2021 年 2 月的風險警示將「AUM 之計算」列為投資人的法令遵循議題。）

估值

全球的數位資產交易在許多交易所全天候進行，每一家交易所公布的價格各異，這使得它的估值比股票或共同基金更難。估值很重要的原因有很多，例如它們決定你的 AUM，而你使用它來判斷要向客戶收取多少費用。所以假如你使用了不正確的估值，會跟客戶提出不正確的帳戶價值，這不僅會影響你提供的建議，也可能會造成你向客戶超收費用。

你的託管人應該要聘僱或訂閱估值服務，提供數位資產的每日收盤價；你通常會仰賴那份資訊。不過估值在這個領域還在發展中，所以你的公司必須隨時注意這些發展，以便確定你採取了最佳做法。假如你不信賴託管人的報價，需要另外找方法去判斷估價。這表示找到獨立又可信賴的一方，對任何公司來說都是困難的過程。

個別管理帳戶

個別管理帳戶可以算在 AUM 裡，不過只限於你取得授權書去聘僱或解僱經理人，或是重新配置資產給另外的經理人。即使你推薦個別管理帳戶給你的客戶，他們也要支付你資產基礎費用，而且客戶的帳戶是全權委託，因為個別管理帳戶要求裁量權。

ADV（投資顧問自願披露表），Part 1, Item 5.G.7

你在此揭露你提供的諮詢服務類型。「其他顧問選項」是一個選擇；假如他建議個別管理帳戶或透過私募基金投資，你的公司應該勾選這個方塊。

ADV, Part 1, Item 8A

這一節強調客戶交易的任何潛在利益衝突。假如你個人投資數位資產，同時建議那些相同的資產給客戶（除非那些資產僅限於共同資金），你應該回答是。

ADV, Part 1, Item 8C

當回答這個項目時，你需要決定你是否擁有客戶帳戶的數位資產交易裁量權。8C 項只涉及證券之裁量權，不包括非證券（所以要把豪威測試謹記在心）。

ADV, Part 1, Schedule D, Section 5K

這是一張大表格，以數位資產分割你的 AUM。在我下筆的此時，數位資產尚未顯示為項目之一，不過這可能會有改變。

ADV, Part 2A

正如你所知，客戶不會看到 Part 1，但是他們會收到 Part 2（所以這才叫做揭露手冊），因此數位資產參考在這裡尤其重要。假如你是第一次建議客戶投資數位資產，必須更新這一節，以便承認你已經對你的 ADV 做出實質變更。

ADV, Part 2, Item 4

這部分描述公司的顧問服務,它可能需要基於 Part 1 顯示的 AUM 來進行更新。你可以在 Part 2 對 AUM 進行不同的描述,不過會需要管理文件紀錄,內容為描述你使用的方法,以及為何你在每一部分的回答雖然不同,卻不會造成誤導。假如你提供數位資產諮詢作為個別服務,也可能需要更新你提供的諮詢服務類型。

ADV, Part 2, Item 5

這或許是客戶最感興趣的部分,因為它描述你在提供數位資產建議時如何獲得報酬,以及客戶可能衍生的其他費用及開支。任何在其他地方尚未揭露的數位資產費用及開支,應該在這裡敘述。

ADV, Part 3, Item 8

你在這裡揭露你的分析方法、投資策略及損失風險,假如你現在開始推薦數位資產,這部分應該有所變更。假如任何證券涉及巨大或不尋常之風險(而且我們就承認吧,數位資產確實涉及巨大或不尋常的風險),那麼你需要在這裡詳述細節。

在決定你是否需要改變或新增風險因子到 Part 3, Item 8 時,重要的考量包括:

- 價格波動性
- 數位資產的投機本質
- 數位資產通常沒有硬資產或現金流支撐
- 定價的供需驅動力

- 技術網路風險，同時也叫做詐騙風險或存取風險
- 未授權交易及竊盜風險
- 數位資產的保管及儲存風險
- 企業持續營運計畫
- 私鑰遺失
- 低流動性
- 不確定監管環境
- 綜合帳戶或基金內持有的資產受到債權人請求權之約束，託管人能擁有實際所有權的利益
- 數位資產帳戶及價值不受 EDIC 或 SIPC 之保障
- 和數位資產投資相關的費用及開支通常不可比較

託管

託管（custody）意即持有客戶基金或證券（直接與非直接），或是擁有取得這些資產所有權之權利。假如你客戶的基金或證券交由你託管，你必須保護那些基金。託管法是設計來保護投資人免受竊盜或投資顧問挪用的風險，因此你必須在 ADV 表格的 Parts 1 及 2 揭露關於託管的資訊。

數位資產受託管法的約束嗎？在我撰寫本書的同時，依然缺乏法規明確性，答案顯然要依事實及法規而定，而這兩者都會隨著時間改變。因此要考慮：

- 國會通過 1940 年投資顧問法的用意
- 美國證券投資委員會保護投資人和其資產的概括章程；以及
- 數位資產及傳統證券遭遇相同的問題

如果公司沒有權力直接（或透過清算數字資產並分配收益）獲得數位資產的實際擁有權，則證券律師普遍認為託管不存在。

交易託管數位資產證券的技術需求和傳統證券不同，舉例來說，傳統證券交易通常涉及中介，例如基礎設施供應商及交易對手，不過數位資產證券市場沒有類似的中介。

雖然美國證券交易委員會公布某些指引，表示託管法僅適用具基金或證券特徵之數位資產，但別忘了即使數位資產不被視為證券，你依然需要表達數位資產部屬於「客戶基金」的類別，以避免套用託管法。

合格託管人

涉及數位資產託管的法律還在發展中，不過其中一項要求是你必須只使用合格託管人來持有客戶的資產。2020年11月，美國證券交易委員會發布一份聲明，承認「判斷誰符合合格託管人的資格很複雜，而且要依事實及情況而定」。某些公司放棄爭取美國證券交易委員會認證的「合格託管人」地位，改為尋求州級許可，成為州特許信託公司，這也讓它們在監管（儘管是由州政府而非美國證券交易委員會執行）之下提供託管服務。

合格託管人的選擇是受託人的重責大任，選擇託管人時要考慮這些問題：

1、你從事這一行有多久？
2、你聘僱多少工程師或軟體研發工程師？
3、你已經被視為是合格託管人嗎？
4、你託管哪些資產，沒有託管哪些資產？
5、你是否接受合格及非合格帳戶？
6、你持有哪些執照或證照？
  a、你持有多久了？
  b、那些執照及證照是否過期了？
7、描述你的財務穩定程度。
  a、你是否願意提出證明？

b、你是否做過獨立第三方的審查？

　　c、你會把那些審查結果提供給我嗎？

8、你是否做過安全審查？

　　a、你會把那份審查結果告訴我嗎？

9、你能否提供要求證實資產可用性的存在證明審查呢？

10、你提供數位資產有多久的時間了？

11、你的數位資產儲存在哪個國家？

　　a. 假如是美國境外，你如何評估政府沒收的風險？

12、數位資產是存放在隔離錢包或綜合帳戶呢？

　　a. 為什麼以這種方式保管？

13、你託管的數位資產是存放在熱或冷錢包？

　　a. 假如是冷錢包，敘述該冷儲存協議。

14、你使用多重簽名協議嗎？

　　a. 如果是的話，敘述你的方法及理由。

15、你如何處理分叉及空投？

16、你如何產生金鑰？

　　a. 你如何保護那些金鑰的安全？

　　b. 那些私鑰是否曾暴露在別人面前？

17、你如何驗證使用者及批准者？

18、你如何防範共謀及脅迫？

19、你的投資組合會計 App 是否會每晚更新倉位、淨資產值和價格數據？

　　a. 是哪一些？

20、敘述你的保險範圍。

　　a. 承保人是誰？

　　b. 保單是否只保障託管人，或者還有我的客戶和我？

　　c. 每次理賠、每個帳戶及每位客戶的保單限制是什麼？

　　d. 保單涵蓋什麼？

21、你是否為大公司的子公司？
   a. 如果是的話，你的母公司是否為你的錯誤及疏忽負責，或是它不為你的行為負責？
22、你能否處理大宗或集合交易，以便再平衡所有帳戶？
23、你是否提供最佳執行？
   a. 交易通常多快能完成？
24、你如何將我的顧問費用從客戶帳戶中扣除，然後把費用匯給我？
25、你的收費價目表為何？

託管人對以上問題的回答可能導致你更新我們的 ADV。

隱私及保密

顧問不該接受關於任何客戶的私鑰或助記詞的任何資訊，假如你這麼做的話，可能會被視為可以存取客戶資產，即便金鑰是由託管人保管。

除了安全性風險，接受這類資訊的託管可能會讓你或你的公司難以顯示交易是由公司、客戶或其他方完成，無論是否有合格託管人的參與。

道德規範

你想要個人投資數位資產嗎？在你這麼做之前，先閱讀你們公司的道德規範，它會敘述你的義務，可能包括在買入任何證券類數位資產之前，要取得公司的核准。你的公司可能也會要求任何購買的預先核准，這樣它才能預防及監督搶先交易、存股行為及其他問題。

你們公司的道德規範也規定，你有義務向公司提出每季報告，揭露你個人的各種持股及所有證券。道德規範可能也要求你揭露資產名稱及地點，包括託管人、交易所、你使用的硬體及錢包，再加上買入的日期及地點、買價及買

入的數量。對任何售出來說也是如此，但是絕不要提供關於你的私鑰或助記詞的任何資訊，即使有人要你這麼做（也絕對別要求任何員工提供他們的這類資訊）。

假如你透過機構第三方投資，這很可能會產生活動摘要，你可以下載並提供給你的法令遵循部門，那份下載文件或許足以讓你履行申報義務。（假如不能的話，你的法令遵循專員會讓你知道！）

你有責任了解你的公司要求什麼，而且遵守它的規定。假如你負責為公司做出那些決定，要確定你提出適當指引給員工及任何有機會接觸到的人員（例如董事會成員或審查員），他們才知道該與不該做些什麼。

利益衝突

你的道德規範說明必須如何避開和客戶的利益衝突，並且當這種情況無可避免時要揭露它們。

對於數位資產來說，特定考量包括你或公司是否也投資推薦給客戶的相同數位資產。假如是的話，在 Form ADV 揭露這種情況呈現的衝突，以及你如何解決那些衝突。

要解決的問題包括：

- 假如你為自己和你的客戶買入低成交量的數位資產，誰的交易會先被排除，是你的或者客戶的交易？換言之，公司要如何避免搶先交易？
- 公司是否會要求顧問及其他員工在替個人帳戶買賣數位資產前，先取得預先核准？
- 公司是否會限制限量提供的數位資產交易，例如私募？
- 假如需要揭露的話，有哪些會在交易時向客戶提出？

認識你的客戶

雖然投資顧問沒有認識你的客戶（Know Your Customer，KYC）守則，不過還是有信託義務要為每位客戶爭取最佳利益，這意味著了解每位客戶適合哪些投資。換句話說，這表示知道客戶的投資需求、目標、標的、風險容忍度及其他細節，例如客戶要求的任何限制。把這一切加總，基本上你便有義務去認識你的客戶。

你的 KYC 需求程度視你和客戶的關係而定。比方說，某位管理客戶資產限定部分的資產經理人，可能對客戶一無所知，這對於例如共同基金經理人來說，是常見的事。假如這形容了你和客戶的關係，則一定要向客戶揭露，而且反應在客戶於用戶引導期所簽署的協議。

擔任受託人的一個重要部分，是對於你推薦的投資進行盡職調查。你提供某種數位資產證券，因為客戶要求或是「其他人」都在買它，這樣還不夠。別忘了美國證券交易委員會的 2021 年 2 月風險警示，將投資組合管理列為是一種法令遵循風險，意思是 SEC 正在注意顧問向客戶推薦的數位資產。這包括了數位資產的證券類別、那些資產的盡職調查、風險緩解，以及你對客戶盡到信託人的職責。

在展開一段客戶關係時做到 KYC，這樣還是不夠。你的需求是持續不斷的。你和你的公司應該定期要求得到客戶的生活及財務狀況更新消息，讓你能對先前的建議在必要時做出變動，即使你的客戶對你的更新要求不予回應（這很常見），你和你的公司應該運用嘗試，做出你知道有必要的變動。比方說，跟了你 20 年的客戶可能和當初跟你認識的時候狀況不同，這時你就要這麼做。假如你不覺得你能在這種缺乏資訊的情況下有效行動，那麼跟你的法令遵循部門討論終止關係的可能。

防制洗錢

投資顧問不受《美國愛國者法案》（USA PATRIOT Act）在洗錢防制法方面的規定約束。然而，你的公司可能為了其他原因而制定防制洗錢計畫，或許是自願的最佳實踐決定，也可能是因為第三方的要求。

假如你們公司有防制洗錢計畫的話，應該考慮與數位資產相關的特定風險。投資顧問的最大風險最可能是匿名的問題，這在數位資產交易所也很常見。（假如你不知道你和你的客戶交易的對象是誰，要防範洗錢便很困難。）

雖然投資顧問不需要有防制洗錢計畫，但所有美國公民都要遵從《美國愛國者法案》，這意味著如果客戶得以進行洗錢或資助恐怖行動，可能導致你或你的公司違反這個法案。

即使這個行動是合法的，你依然面臨極大的商譽風險，所以要確定你的公司保證第三方檢視每位客戶的行動，以防止潛在的洗錢及恐怖分子資助行動。

最佳執行

你在這裡的職責深植於受託人責任之中。所有顧問在執行證券交易時必須抱持的態度是，客戶的每筆交易總成本或收益都是最有利的情況。決定性因素不是最低的可能佣金，而是這筆交易是否代表最佳品質的執行。

因此最佳執行並不意味著以客觀方式來說的「最佳」，令公司訝異的是，它視事實及情況而定，而那些事實及情況對數位資產來說並不相同。

舉例來說，當不同的數位資產交易所同時提供不同價格時，設法表現出你的最佳執行職責吧。由於所有交易所的價格不斷變動，你怎麼可能知道哪一家交易所提供最好的價格呢？這是不可知的，所以當你做選擇時，把考慮的標準換成速度、安全性、透明化、平台品質、研究、職員服務、交易所商譽，以及定價追蹤紀錄。

法令遵循政策及實踐

假如你公司決定把數位資產增加到它推薦的投資組合裡，你需要對公司的整體法令遵循計畫進行全面檢視，要檢視的領域有以下幾種：

- 監督責任
- 監控個別管理帳戶
- 託管
- 交易配置
- 為計費及申報進行投資估值
- 最佳執行
- 證券下單
- 交易檢視
- 交叉代理及本金交易

萬一數位資產遭竊，通常會比其他資產更難找回來，因此公司應該審視美國證券交易委員會對這個問題的觀點。你也要追蹤這個產業的最佳實踐，這些通常都比美國證券交易委員會的警示、行動及指引超前布署。

紅旗身分竊盜計畫

你公司應該審查及強化它的紅旗身分竊盜計畫（Red Flags Identity Theft Program，編按：這是美國公平與正確信用交易法的規定，用以規範金融機構及授信單位降低身分盜用之風險），這一來你和公司才能斷定客戶售出或轉移數位資產的要求，是否真的來自客戶，而不是駭客假裝成客戶。

行銷

你公司應檢視它涉及數位資產的行銷計畫，因為這些投資需要的曝光方式，可能有別於你使用在其他行銷活動上的標準範本。在對大眾公布任何行銷資料之前，先取得你們公司的廣告或法令遵循部門的核准。

ADV, Part 3

又名 Form CRS，即客戶關係摘要（Client Relationship Summary，CRS），它是一到兩頁的文件，摘要說明你們公司的服務、投資權限、手續費、成本、利益衝突，以及其他重要事項。你必須在客戶關係實質改變的 30 天內更新 Form CRS，而且必須在這種改變發生的 60 天內和每位客戶溝通那些變動。（要記住，你必須提供客戶一份強調這些改變的修正版本，以及一份全新修訂版本。）

保密

你的信託人責任要求你對你的客戶及他們的交易保密，這是成規，不過區塊鏈為這種需求帶來新焦點。在你的業務裡部署區塊鏈技術，代表著你在保密方面有新的事物要考慮，舉例來說，你必須預防錢包追蹤，在此之前從來沒有這個問題。你也必須確定只有必要人員才能存取公司使用的區塊鏈。由於有不當存取、轉換或轉移數位資產的潛在可能性，所以這點尤其重要。

雙重註冊登記者

我們在目前為止談過美國證券交易委員會，現在我們把焦點放在美國金融業監管局（FINRA）。數千名金融顧問在美國證券交易委員會及美國金融業監

管局雙重登記註冊，假如你符合以上敘述，你必須遵循由這兩個監管機關發布的規則。

你的證券經紀商可能會要求你，身為註冊代理人，在為你自己或客戶買入數位資產之前要取得它的許可。假如你、任何同事或下屬從事或有意從事和數位資產相關的活動，你也必須立刻通知你們公司的風險監管分析師，這些活動包括：

- 買賣數位資產或投資它們的基金；
- 買賣與數位資產掛鉤的期貨或選擇權；
- 參加首次貸幣發行；
- 接受數位資產託管；
- 從客戶手中接受數位資產；
- 採礦；
- 顯示數位資產的報價；
- 使用區塊鏈技術。

別假設你的 ADV 揭露能滿足美國金融業監管局。美國金融業監管局有它自己的規定，所以要確定你也能滿足它們的要求。

在處理數位資產保單時，保護你和你的公司，你的客戶也涵蓋在內

首先，數位資產及它們存放的帳戶，絕大部分都不在美國聯邦存款保險公司及美國證券投資者保護公司的保險範圍內。在你決定是否及如何推薦數位資產給客戶的分析裡，一定要納入缺乏保險的部分。

為了替你自己及公司取得保險，和你的保險供應商聯絡，看你現有的職業責任險或錯誤疏漏責任險是否涵蓋與數位資產相關的活動。詢問你和你的公司

是否需要額外的保單、附加條款，或是把提供關於數位資產的建議，以及／或是擁有數位資產投資的裁量權納入承保範圍。還要確定在把數位資產增加到你的業務之前獲取這份保險，因為許多保單不保障前述的行為。

透過經紀商／自營商取得錯誤疏漏責任險的註冊代理人所進行的收費活動可能不受保障，即使這些活動受到經紀商／自營商的核准或者甚至是監督。

此外，檢視你的保單網路承保範圍。你會想要在一些問題方面受到保護，像是資料外洩、轉帳詐騙、媒體責任（編按：指侵害隱私等危險。包括系統服務提供者、使用 cookies 技術追蹤使用者的交易記錄或是其他的資料等，均會造成隱私權侵害）及人為錯誤。

忠誠保證

忠誠保證（fidelity bond）是一種保險，專為保護你和你的客戶免於遭受竊盜或犯罪，例如員工或約聘人員做出錯誤行為而造成的財務損失。

比方說，雖然你不會託管客戶的私鑰，和你公司相關的某人可能會接觸到關於那些金鑰的資訊，或是透過不安全的方式（可能是意外或惡意）轉移那些資料，最後帶來不好的後果。忠誠保證能協助保護你。

假如你提供與數位資產相關的稅務及會計服務，也應該考慮擴展承保範圍。

許多保險業者尚未提供該領域承保，而其他業者則限制他們會提供的承保範圍。當數位資產市場成熟時，承保機會便很可能增加。在此同時，假如你和公司無法取得你們目前想要的承保範圍，你必須就是否及如何處理數位資產方面做出業務決定。

數位資產保險供應商

BitGo bitgo.com	BitGo 提供投資人機構託管、交易及保險，為託管人及企業提供各種安全保險方案。BitGo Business Wallet 客戶能透過第三方公司 Digital Asset Services 購買 Key Recovery Service 保險及自我託管金鑰的附加保險。
Coincover www.coincover.com	Coincover 保障數位基金不會遺失或失竊，其技術結合保險及安全特色，確保數位資產投資對投資人及企業來說都安全無虞。
HCP National hcpnational.com	HCP National 協助企業透過一般商業保險、董監事暨重要職員責任保險、錯誤及疏忽保險、犯罪保險、託管保險，以及去中心化金融保險保單，為它們的數位資產提供高品質的保險承保範圍。
Marsh marsh.com	Marsh 的區塊鏈及數位資產風險轉移保險方案的服務對象是區塊鏈技術、加密貨幣及數位資產領域的公司。

> 欲知最新名單及超連結，
> 請瀏覽 https://dacfp.com/cryptocatalog/

如何把數位資產加入你的業務

雖然數位資產愈來愈受到金融社群的接受，許多顧問依然告訴客戶：「我們不做這種業務。」

因為客戶愈來愈常要求把數位資產包含在他們的投資組合裡，其他顧問（也就是你的競爭對手）也逐漸滿足那項需求，你可能覺得除了加入戰場之外，別無選擇。畢竟假如你不這麼做，會有損失客戶及資產管理規模的風險。事實上，一份由紐約數位投資集團（NYDIG）所做的調查顯示，92% 的客戶期望他們的金融顧問能給他們關於比特幣的建議；假如他們的顧問無法幫助他

們的話，有 62% 的客戶會換掉顧問。所以你要自負束手旁觀的風險。

當我說風險，我不只是表示你讓自己暴露在可能失去客戶的風險，你也可能要承受監管者的怒火。要記住你是受託人，這意味著有法律責任要做對客戶最好的事。假如你甚至不考慮數位資產，怎能說你符合那項標準呢？

當美國證券交易委員會的審查員造訪時，你會需要能解釋你為何沒有投資數位資產，你會需要讓他們看到你從事盡職調查的證據，還有你的研究與分析導致你做出結論，認為不要把這項新資產類別包含在任何客戶投資組合裡是正確的做法。

假如你能說的只有「我認為比特幣和鬱金香球莖或豆豆公仔（Beanie Babies）的一時熱潮沒兩樣」，卻沒有資料來支持那種論點，那麼祝你審查順利囉。

所以讓我來幫助你一種設計業務管理方法，讓你在沒有偏見或先入為主的觀念之下，真正判斷數位資產是否該加入顧客投資組合裡。

公司理念：你們的未來計畫是什麼？

讓我們從理念開始，你目前的答案可能是以下任何一種：

- 我們探索了這個資產類別，結論是它不適合我們的客戶。我們會持續觀察發展，在未來可能會改變心意。
- 我們目前不推薦數位資產給客戶，但是我們在監控這個議題，而且繼續獲得新知，我們可能會決定在未來某個時間點投入這部分。
- 我們正積極尋求經理人，讓我們能提供這項資產類別給客戶。
- 我們目前為客戶提供這個選項，但是只針對那些對它表達興趣的人。
- 我們根據每位客戶的情況，讓某些客戶有機會接觸到它，但不是全部客戶。
- 我們讓所有客戶都能接觸到這項資產類別，沒有例外。

這些立場都很適合建立你們公司的觀點，為你及公司裡的每個人定調，而且在客戶提出這個疑問時，為你們排除任何挫折或紛擾；這種客戶提問的情況在他們跟某人談過或是看到新聞提及某件事時，經常會發生。

在證據支持之下，將這個理念建立好之後，萬一當美國證券交易委員會對你提出這方面的疑問，對你也會有所幫助。

公司政策

你和公司選擇的理念會決定你們必須採取哪些政策，例如在交易執行、投資方案、盡職調查等方面的政策。

你也會需要更新你的內部法遵程序，例如在外部商業活動及員工認證部分。你想知道哪些資訊，你多常需要它，以及你如何收集？

公司應該由員工抽樣調查開始，找出誰對這個主題有興趣、誰擁有數位貨幣，以及他們的計畫為何。公司這麼做能展現領導力，讓大家知道公司正在注意這些，也能得知它可以找誰幫忙，因為從事這個領域的人很可能比公司的法務及遵從部門同仁知道得更多。

身為其中一員，你必須決定你對數位資產 vs. 屬於證券的數位資產之觀點。比方說，根據美國證券交易委員會表示，比特幣及以太幣不是證券，不過瑞波幣是。所以你會要求公司裡的每個人揭露他們持有的比特幣嗎？你不會問員工他們是否擁有棒球卡或罕見郵票，畢竟那些不是證券，所以你為何要問他們比特幣的事呢？既然持有比特幣的人很可能明白這一點，你要如何處理對你的詢問所提出的異議呢？

客戶溝通及文件紀錄

要確定你記錄你客戶涉及數位資產的所有對話，即使當那些對話涉及非證券資產，例如比特幣，要以處理任何其他交易的相同過程來處理所有的數位資產交易。

你要特別跟客戶說清楚你的營業時間政策，最好是在客戶協議書及投資政策說明書中（假如你提出這個的話），也包括了目前的對話及電郵。紐約證券交易所的營業時間是週一到週五，東部標準時間早上 9：30 到下午 4 點，聯邦假日除外。因此假如客戶在週六晚上 8 點寄了電郵給你，要買賣 IBM 股份，你（及他們）知道，他們要等到市場開始之後才能進行交易。不過數位資產交易是一年到頭不分時間都能進行，而我們知道價格波動會有多厲害。所以假如你在週六晚上收到交易的電郵，但是你沒有執行，直到週二早上回到辦公室才執行，你是否沒有滿足客戶的期待呢？或者更糟的是，你要為此負責？你的客戶協議書、投資政策說明書以及現有的溝通，能夠幫助你避免爭議或聲譽受損。

區塊鏈研究及分析公司

AnChain anchain.ai	AnChain 提供智慧合約情資，保護金融機構及政府機關在數位資產的領域不受惡劣行為的危害。
Amberdata amberdata.io	Amberdata 是區塊鏈及加密資產市場資料供應商。
Binance Research binance.com	Binance Research 為數位資產業的所有參與人提供機構級的分析、深入觀察，以及持平的資訊。
Blockchain Research Institute delphidigital.io	對於進階使用者，Delphi 的 Insights 會員資格包括的內容涵蓋市場報導、宏觀分析，以及 DAO 治理及收益策略。
Digital Asset Research Newsletter blockchainresearchinstitute.org	Blockchain Research Institute 是獨立全球智庫，致力於探索及分享知識，內容包括商業、政府及社會方面的區塊鏈策略意涵。
BTCS btcs.com	BTCS 是區塊鏈基礎設施及研究公司，專注於提供鏈上分析。
ByteTree bytetree.com	ByteTree 提供區塊鏈網路的即時資料，也是機構及加密資產資料的領先供應商，其投資人終端機即時追蹤數位資產超過 80 種指標。
CertiK certik.org	CertiK 是領先的安全性排行平台，分析及監測區塊鏈協議及去中心化金融專案。

欲知最新名單及超連結，
請瀏覽 https://dacfp.com/cryptocatalog/

區塊鏈研究及分析公司

Chainalysis chainalysis.com	Chainalysis 為建立於區塊鏈之上的全球經濟打造透明化，讓銀行、企業及政府能了解個人及機構如何使用區塊鏈。它提供軟體及研究給 60 多個國家的政府機關、交易所、金融機構，以及保險及加密安全公司，其平台讓用於解決虛擬犯罪案件的調查、法令遵循及風險管理工具發揮作用。
Chainbeat chainbeat.io	Chainbeat 協助投資人了解去中心化金融應用的實際用途及保留，提供應用去中心化金融的整體了解。
Ciphertrace ciphertrace.com	Ciphertrace 保護區塊鏈公司及金融機構，避免安全性及法令遵從風險，讓區塊鏈經濟變得可行。
CoinMetrics coinmetrics.io	CoinMetrics 是加密金融情資的領先供應商，提供網路數據、市場數據、指數，以及為接觸數位資產最知名的機構提供網路風險解決方案。
Crystal Blockchain crystalblockchain.com	Crystal Blockchain 提供加密交易分析，並且為交易所、銀行及法令遵循的需求進行監測。
Delphi Digital delphidigital.io	Delphi Digital 在它的主要垂直領域（研究、實驗室、創投）建立了良好聲譽，也被視為是致力於加密及數位資產市場的優質研究公司，客戶群包括業界許多最出色的基金會、金融機構及投資人。
Digital Asset Research digitalassetresearch.com	Digital Asset Research 提供全面數位市場資料給機構參與人。

欲知最新名單及超連結，
請瀏覽 https://dacfp.com/cryptocatalog/

區塊鏈研究及分析公司

DMG dmgblockchain.com	DMG（代碼：DMGGF）是公開交易、垂直整合區塊鏈及數位資產公司，管理、操作及研發端對端數位解決方案，將區塊鏈生態系統貨幣化。
Elementus elementus.io	Elementus 是第一個全域區塊鏈搜尋引擎及機構級加密鑑識解決方案。
Elliptic elliptic.co	Elliptic 為加密企業、金融機構及監管機構提供區塊鏈分析、訓練及認證，它提供服務及軟體，偵測並預防金融犯罪，分析上百個數位資產資料點，提供可行動式見解，讓客戶能減少風險及維持固定的法令遵從。
Flipside flipsidecrypto.com	Flipside 直接和領先的加密專案合作，透過結構性獎勵計畫來獎勵根據需求提供的分析。
Glassnode glassnode.com	Glassnode 是區塊鏈資料及情資供應商，為數位資產利害關係人提供創新的鏈上指標及工具，透過聚焦在來自區塊鏈本身的資料，提供區塊鏈及數位資產的觀察。
IntoTheBlock intotheblock.com	IntoTheBlock 是科學公司，運用 AI 的尖端技術研究，為加密市場提供可行動型情資。
Lukka lukka.tech	Lukka 提供資料及軟體解決方案，在為商業未來打造的基礎設施上管理數位資產。
Mosaic mosaic.io	Mosaic 是區塊鏈研究平台，讓加密金融的透明化及機構分析變得更強大。
Nansen nansen.ai	Nansen 是區塊鏈分析平台，以數百萬個錢包標籤讓鏈上資料更豐富。

欲知最新名單及超連結，
請瀏覽 https://dacfp.com/cryptocatalog/

區塊鏈研究及分析公司

NYDIG nydig.com	NYDIG 提供跨產業的比特幣產品及觀察，從銀行及保險業到金融科技和非營利機構都有。
Omniex omniex.io	Omniex 是金融服務技術公司，提供投資、交易及管理加密及數位資產的全套方案。
QLUE qlue.io	QLUE 是由資深執法調查員及防制洗錢專家攜手打造的調查方案，結合先進的專有研究演算法，偵測罪犯試圖以使用數位資產來掩飾的可疑活動。
ScoreChain scorechain.com	ScoreChain Analytics 追蹤數位資產，並協助你識別、評估及管理風險，打造有組織又連貫的防制洗錢策略。
Sherlock (Fidelity Digital Assets) fidelitydigitalassets.com	Sherlock 由 Fidelity Digital Assets 提供，是數位資產及分析解決方案，協助機構投資人評估市場。
SIMETRI cryptobriefing.com	SIMETRI 是全世界最大的獨立加密研究供應商之一，它提供特有的方法，透過研究與分析來替加密貨幣專案評分。
Streaming Fast streamingfast.io	Streaming Fast 是區塊鏈 API 公司，可以串流即時狀態更新、進行光速搜尋，並且使用簡單的 API 呼叫，提供不可逆的交易。
Totle totle.com	Totle 把去中心化交易所及合成型資產供應商集中到一套工具裡，讓你能輕鬆取得大量資金，以最佳價格買入去中心化金融資產。

欲知最新名單及超連結，
請瀏覽 https://dacfp.com/cryptocatalog/

區塊鏈研究及分析公司

TradeBlock tradeblock.com	TradeBlock 是在機構交易工具、資料及數位貨幣指數方面,歷史最悠久的供應商。它計算及發布數位資產的參考利率,用來替無數的場外交易、資產管理規模及衍生性金融商品定價。
TROY troytrade.com	TROY 提供整合式中心化交易平台、資料監測及線上交易的功能,帶給用戶全方位的交易服務。
zK Capital zkcapital.substack.com	zK Capital 是專注研究區塊鏈投資的公司。

欲知最新名單及超連結,
請瀏覽 https://dacfp.com/cryptocatalog/

內部系統

你的公司如何管理涉及數位資產的活動呢?比方說,Excel 不是為了處理這些資產而設計,所以假如你的公司使用 Excel 來處理資料輸入及儲存,你很可能需要考慮安裝資料整合軟體,讓資料能在公司裡的所有系統順利轉移,在他們需要的那個當下給予適當的人事資訊。

顧問費用的計費及收取

這裡有個不是那麼容易解決的問題:確保你收到費用。

所以你要自問,假如你建議某位客戶把一些資產換成數位資產,從收益的角度來看,你得到哪些暗示呢?

你有五種選擇。第一是完全不要跟客戶收取那個資產管理規模的費用,這顯然不是一個理想的選項,而且不只是因為這會讓你虧錢。這個方法的真正問題是,它在利益衝突及你的建議合法性方面會引發質疑。「假如你告訴

我，你不能收取將資產投入比特幣的資產管理規模費用，而且你又告訴我不要投資比特幣，你的意思是叫我不要投資的原因，只是因為你不想承受收益損失嗎？」忽然間，這位客戶再也不能相信你說的任何話了。

你的第二個選擇是根據持有的數位資產，寄發帳單給你的客戶。不過假如收取這個費用時，你必須開發票給客戶，這是讓你的業務管理新添了一個累贅，你會因為這件事而衍生出新的開支。而且萬一客戶沒付錢，你要怎麼辦呢？

第三個選項是把投資組合分為兩部分：一個持有一般投資，另一個持有數位資產，而且只有第一個部分先收費。它的運作方式是：比方說客戶請你幫忙投資 10 萬美元，你不要把所有的錢投入投資組合 A，而是把 99% 的資產投入投資組合 A（用來買入一般投資），然後 1% 的資產投入投資組合 B，用來買入比特幣。現在投資組合 A 持有 9 萬 9000 美元，投資組合 B 持有 1000 美元。接下來，你不要從投資組合 A 及 B 按比例收取你的費用，而是從投資組合 A 收取全部的費用，如下頁圖表 21.1 顯示。

第四種選項是把數位資產證券和其他的證券放在同一個帳戶裡，一個帳戶，一次計費，簡單又輕鬆，不花腦筋。

第五種選項是和對你的業務管理需求有幫助的交易所或託管人合作，不只是計費，還有投資組合再平衡、稅務管理及相關服務。

預先計費

大部分的顧問會每季預先從客戶的帳戶扣款,這對客戶來說並非最有利的做法。你預先收取費用,等於是減少他們能投資的金額,因此也減少他們的報酬率。假如你考慮數位資產的波動性,這個問題就更嚴重了。

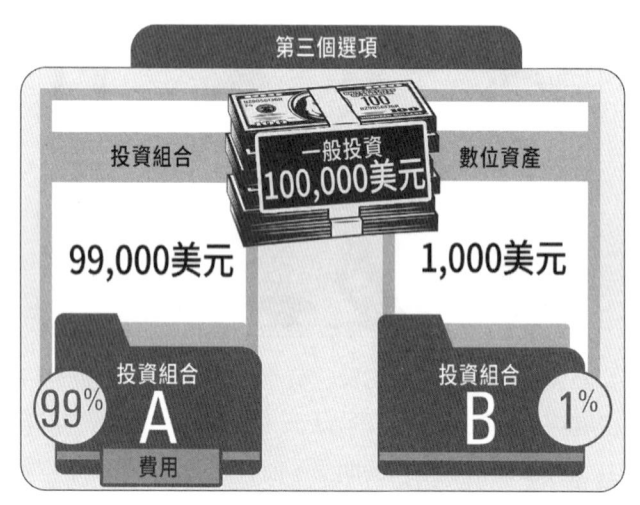

圖 21.1

所以你應該在每季結束之後,再收取你的費用,市面上有很多技術讓你能使用這種方式運作,而且能向客戶展示你從事最佳的實踐方式。

假如操作及法令遵循的挑戰讓你有意避開數位資產,那麼你應該採取以下的三種行動之一:

- **一、克服它:** 這是你的工作。你有義務為客戶提供好的服務,即便你必須做一些你當初進這一行時沒打算做的事。
- **二、委派任務:** 只因為這件工作很重要而且非做不可,不代表你要親自去完成它,可以僱用員工或是把工作外包給其他顧問。
- **三、離職:** 在一個比較輕鬆的領域另尋出路,讓你不必專注於其他人的最佳利益。

第五部
開始著手

第 22 章
十個常見問題的答案

恭喜！你對區塊鏈及數位資產已經有了相當的了解。但可能還是有些顧慮，我要在此回答幾個最常見的問題。

在我們開始之前，還記得我們談過把你的投資組合之中的一小部分投資到這個新的資產類別，所以這是我們的大方向，好嗎？正如我們先前的了解，完全摒除這部分投資並不會妨礙你在退休後享受財務方面的保障。

其次，把焦點放在獲利而不是特點上。比方說，有文件處理或新託管人，這些是特點。把焦點放在獲利上，包括加強的多元化、較低的風險、較高的報酬率，以及財務目標的達成。

現在，我們來思考你的顧慮吧。

一、我對於投資數位資產感到不安

我知道你的感受，當我一開始接觸比特幣，它看起來很奇怪，和我見過的一切都不同。我當時的感覺可能和你現在一樣，投資這麼新穎、不尋常又「不真實」的東西，讓人感到不安心。

不過當我學到愈多，我就愈明白了。而且當我愈明白，我就變得愈安心，這份安心感讓我能繼續下去……一開始是慢慢來。

你應該考慮相同的方法。比方說你的投資組合總值 10 萬美元，1% 的配置是 1000 美元。假如你把那筆資金分成 12 個月投資（使用平均成本法，如第 17 章的說明），你每個月會投資 83 美元，這樣等於是 20 個月，或是每天不到 3 美元。你每天花費超過 3 美元去買軟性飲料及零食，而且那筆錢一去不復返，不過投資數位資產，你可能會拿回一些錢！當你這麼想，要開始著手就變得比較容易了。

假如你還是在想投資與怕虧錢之間苦苦掙扎，而且不知道如何解決這場爭辯的話，那麼使用班傑明・富蘭克林（Benjamin Franklin）在面對選擇時所使用的策略。在 1771 年出版的富蘭克林自傳裡，他敘述他的策略是會拿一張白紙，在中間畫一道線，在左邊列出做這件事的所有理由，右邊寫下應該拒絕的理由，然後比較兩邊的內容。

　　富蘭克林領悟到沒有什麼事會是完美的，每個決定都有優缺點。藉著列出左右兩排清單，他能輕易明白哪一排清單比較長，假如優點多過缺點，他的結論是去做這件事的好處會勝過停滯不前。

　　所以來試試富蘭克林的方法吧，讓我們從列出投資數位資產的好處清單開始，包括：

1、多元化
2、和其他資產類別無相關性
3、減少投資組合風險
4、可能增加投資組合報酬率
5、增加投資組合稅務效率
6、投資門檻低
7、抗通膨
8、全天候存取

該你了，新增更多好處吧：

9、

10、

11、

現在列出避免數位資產的理由
1、這是新的資產類別，所以還是有不確定性
2、貨幣可能會因為遭駭而損失

哪一邊列的清單比較長呢？你就依此辦理吧，而且要有信心，所有的事情都考慮進去了，你正在做出最佳的選擇。

二、它是流行熱潮

在投資時，重要的是要區分流行熱潮和風潮趨勢，前者是暫時的，後者是持續的。比方說，服飾是風潮趨勢，喇叭牛仔褲是流行熱潮。

豆豆公仔是流行熱潮，不是風潮趨勢，有一陣子，這種毛絨絨的公仔要價數百甚至數千美元。這股新奇感不可避免地消退了，每個人都失去了興趣。熱潮結束，價格暴跌。

歷史上有太多類似的故事，最早從 1636 年的鬱金香狂熱開始。所有的狂熱經歷相同的生命週期：它們興起，很快地贏得人氣，導致價格一飛衝天，然後興趣忽然消退，價格暴跌。寵物石頭、溜溜球、寶可夢，全都是流行熱潮。

所以沒錯，我知道，你在想比特幣是否只是最新的熱潮、豆豆公仔的現代版本。

它不是，數位資產是風潮趨勢，不是流行熱潮，這兩者之間有一個重要差別：實用性。豆豆公仔抱起來很有趣，外觀很漂亮，不過僅此而已，你不能拿它們來做任何事，它們沒有實際的用處。

相反地，數位資產及區塊鏈有數千種商業用途，正如我們在第 2 章的說明。這些好處讓公司運作得更快、更便宜、安全性更高也更透明化，這些都是這種技術會永續長存的原因。

「我在 1999 年的豆豆公仔大崩盤時失去了一切。」

三、它是騙局

你肯定聽過很多故事,是和比特幣及其他數位資產有關的騙局,我當然也聽過,那些故事也令我感到擔心。不過我發現的是,比特幣本身沒有詐騙的本質,只是有時候捲入了詐欺活動。以相同的觀點來說,美元本身沒問題,儘管它和許多銀行搶案脫不了關係。

的確,每種資產類別都涉及詐欺、騙局和公然竊盜。美國賣出的第一種證券是在 1792 年由美國財政部發行的債券,但是涉及一起內線交易醜聞。儘管有那些龐氏騙局、拉高倒貨騙局、熟人詐欺,以及和股市、房地產市場、黃金市場相關的電話行銷騙局,投資人依然對投資那些資產類別有信心。我們在投資時一定要總是謹慎行事,在投資數位資產時也是一樣。

四、沒有合法方式去確定價值

我同意你的看法，幸好這不重要。在投資時，價格是一切，而且比特幣和所有其他數位資產都有交易的價格。那個價格的設定方式和所有資產都一樣：基於供需而定。比特幣的供應量有限，所以你只能決定需求是否會增加，這是數位資產最棒的特色之一。和飯店訂定房價不同，數位資產是去中心化，不是由某家公司或個人來設定價格；它是由全球網路決定，這是數位資產的一個令人放心的特點。

五、波動性太大

在我下筆的同時，比特幣從 2014 年起已經崩盤五次了，大多數觀察者相信未來很可能也會發生崩盤。

新聞回顧：股市自從 1929 年起也崩盤了五次。在同一段時期，房地產也崩盤數次，黃金及石油市場也是。

崩盤只是投資的一部分。你不必喜歡波動性，但是因為擔心可能會發生崩盤就不去投資某種資產類別，代價太大了。原因是：歷史上的每次崩盤隨後都會再創歷史新高，雖然不能保證市場週期總是以這種方式表現，但是也沒理由相信它不會。

所以與其害怕波動，不如微笑以對，把下一次崩盤當成是低價買入的好時機。當你等待崩盤時，以平均成本法規律投資，並且進行投資組合再平衡。我們在第 17 章有詳細的說明。

我們也要記住，波動有兩種方向：價格會上漲及下跌，不是只有下跌。你猜怎麼著？波動上揚時可沒人抱怨。不過假如你想享受上漲的價格，你也必須忍受價格下跌的偶發時期。

最後的重點。你是否確定數位資產具有如你所想的波動性呢？2020 年標普 500 指數的 500 檔股票裡，有 112 檔的波動幅度大過比特幣。所以假如你

願意把資金的 40% 到 80% 投入股市，你應該願意拿 1% 投資數位資產。

六、風險太高

所有新資產類別都有風險，所以我才建議把你的投資限制在投資組合的 1%。即使那筆投資全部損失，也不會對你造成重大的財務損害。

七、我認為我的投資組合不需要這個

你的投資組合需要這種資產類別，原因和你需要其他資產類別一樣：為你自己提供更多元的選擇。

投資組合裡的資產類型愈多，你承受的風險便愈小，這是數位資產投資的一個主要特色。它們沒有相關性，意思是它們的價格變動和你已經擁有的其他資產類別無關。

八、現在入手太遲了，因為價格太高

買入的最佳時機永遠在過去。你不希望在 30 年前購入房地產，或是在 20 年前入手蘋果公司的股份嗎？

拿現在的價格和過去相比，這是人類的天性。不過時間是往前走，不會倒流，所有的指標顯示這種數位資產的未來價格會比目前還要高。全世界只有 3 億人擁有比特幣，這是全世界人口的 3% 左右。假如有 6% 的人口決定買入比特幣，它的價格會發生什麼變化呢？如果有 12% 的人入手呢？或是 24%？逐漸增加的採用率是關鍵，因此許多人相信比特幣的未來價格會比目前的價格更高。

有些人說，上漲的價格也讓比特幣的價格更安全。這個理論的意思是，較高價格反映出較大的採用率；愈多人持有並使用比特幣，價格就愈不可能下

跌。再者，這個情況和股市的運作方式正好相反，股票價格愈是上漲，投資人就愈想賣出，因為他們把價格和附屬公司的獲利連結在一起。但是比特幣沒有所謂的「公司獲利」，因此典型的「賣出訊號」並不適用。依照這個想法來看，假如比特幣的價格高，你應該更樂意買入，而不是降低意願。

我記得讀過萊特兄弟早期飛行的事。第一次墜機事件發生在1908年9月17日。飛機在空中飛行了大約150呎，然後墜毀在地面。飛行員歐威爾（Orville）倖存，但是乘客湯姆士・賽福瑞吉中尉（Lt. Thomas Selfridge）罹難了。在回顧事件時，歐威爾表示如果他當時能飛得更高，事情不會變得這麼糟。這種說法豈不是違反直覺嗎？畢竟假如當問題發生時，歐威爾能更接近地面，賽佛瑞吉中尉可能不會死。但是歐威爾說，不是這樣的。他的飛行高度僅達150呎，發生問題時沒有多少時間反應；在1000呎的高度，他有更多時間去修正問題。同理可證，比特幣在2021年的價格高達5萬美元，卻比2012年的479美元來得更安全。

不要害怕比特幣的高價。

九、比特幣價格起伏波動，所以我要等到下一波的下跌才要買進

在買東西時，每個人都想買得比別人便宜，但是真正做到的人不多。

這個想法有個問題：價格在下跌之前可能會漲得更多，它的價格可能大幅飛漲，等到價格下跌時，那個價格還是高過於現在的價格。

所以與其坐等，希望你能以平均成本法抓住最好的價格，這樣你會在你的投資期間取得平均低成本。

十、我不知道如何開始，甚至無從著手

我要告訴你一個好消息：你已經開始了！你已經完成了前三個步驟，你發

現了數位資產，擁有足夠的好奇心去學習更多，而且快要看完這本書了。你知道的已經足以讓你決定是否要把一小部分投資組合分配到這個資產類別，以及如果投資的話，你將如何進行。在這個階段，我會建議你和財務顧問談談，對方對這個資產類別有深入的了解，可以提供更多的指引。

要如何找到這樣的顧問呢？可以上 DACFP.com 查看。金融專家數位資產委員會（Digital Assets Council of Financial Professionals，DACFP）是我建立的教育機構，教導金融顧問關於這個新資產類別的知識，委員會提供區塊鏈及數位資產證書，並且提供世界各地持有這份證書的顧問名錄。這些顧問對於數位資產的了解比其他大多數人更深入，他們能給予你所需的建議。這份名錄是免費提供的，所以盡量取用別客氣。

從個人財務的各方面來看，你沒理由要單打獨鬥。找一位有能力又學識豐富的顧問來幫忙，讓你能安心一些。DACFP 顧問名錄可以幫助你。

你已經順利踏上這趟令人興奮的旅程了，而且它輕鬆得讓你幾乎感覺不到！

感謝詞

我答應自己不會再寫另一本書。更糟的是，我向我的太太珍保證，我不會再寫另一本書了！這是一件漫長又困難的事，書中內容必須完整又正確，這表示花在研究的時間比實際寫作要多很多。然後還有整合到相關結構裡的資料。這整件事就像是一場棋局，而且總是輪到你走下一步；犯一個錯，結局就是一場災難。

寫了十本書之後，我發誓不會再寫另一本了。不過這個題材如此新奇又不同，而且充滿潛力能大幅提升每個美國人的人生，我發現這種需求和機會太吸引人而無法錯過。

幸好我有好些人的幫忙和支持，他們功不可沒。我要從我長期以來的經紀人開始：Gail Ross，他和我的出版商一起指導這項企畫。感謝 Simon & Schuster 團隊，特別是執行編輯 Stephanie Frerich 及副主編 Emily Simonson。S&S 團隊的其他成員包括出版編輯 Morgan Hart，仔細校對草稿並且抓出數千個打字錯誤及其他差錯；設計總監 Paul Dippolito 設計頁面編排；Beth Maglione 組織本書的印刷。

DACFP 團隊，包括 Rene Chaze、Don Friedman、Janice Murphy 及 Max Torres，不辭辛勞地集結在本書中出現的產品、服務及公司；除此之外，他們也和同事們攜手合作，包括 Maribeth Bluyus、Anna Dawson、Liz Dougherty、Rick Fowler、Hank Hanna 及 Monay James，提供我關於草稿的寶貴意見。

說到這個，我要特別感謝財務策劃師 Scott Butera、Loran Coffman、Pat Day、Alan Facey、Doug Keegan、Felix Kwan、Andrew Massaro、Mark Palmer，以及 Bob Sargent；他們是難得的財務顧問，對比特幣方面的知識淵博，所以我才請他們閱讀本書的初稿；他們的評論及建議讓我對本書的內容作出重大更動，我感謝他們有深刻見解又寶貴的貢獻。

我要特別感謝 Bitwise Asset Management，允許我使用他們研究裡的調查：The Case for Crypto in an Institutional Portfolio；我的讀者和我都感激這份

研究的作者——Bitwise 的 David Lawant 及 Matt Hougan。

我也要感謝 Paul Blumstein，幾十年來他一直為我的書提供漫畫建議，Paul 把閱讀變成參與運動，謝謝他幫我把無聊的金錢主題變得生動活潑。

我要感謝 DACFP 的創意總監 Michaele Kayes，他除了對草稿提出許多建議，還設計及繪製內文所有的圖表。Michaele 長時間工作到截稿至為止，而且他的工作十分出色。謝謝你，Michaele。

更重要的是，我要向我最親愛的太太表達最深的謝意。寫作是一種精神緊繃的活動，需要長時間獨處，珍毫不遲疑地鼓勵我展開這項計畫，因為她知道這有多重要，而且願意給我寫作所需的獨處時光，一天只進來幾次，把食物放在我的鍵盤上。珍比聖人更有耐心，我們從她身上能學習的太多了。珍，謝謝妳一直給我那麼多的愛和支持，對我來說無比重要。而且我保證，我不會再寫任何一本書了。

詞彙表

51% 攻擊（51% attack）
駭客透過控制網路的大部分節點，企圖竊取區塊鏈資料及資產。

合格投資人（accredited investor）
富有及資深的投資人。

ADV
所有金融機構必須提供給客戶的聯邦揭露文件。

空投（airdrop）
由實體分配的數位資產，作為行銷目的使用，也叫做直升機撒錢（helicopter money）。

防制洗錢（Anti-Money Laundering）
要求金融機構協助防止逃稅的法規。

資產配置（asset allocation）
投資組合如何投資各種資產類別。

資產諮詢規模（assets under advisement）
由金融顧問或公司持有的資金，但不是由它們獨立管理。

資產管理規模（assets under management）
由金融顧問或公司管理的資金。

驗證經濟（authentication economy）
一種經濟系統，不需要買方或賣方信任彼此，而是以加密認證雙方的行動。

以物易物系統（barter system）
人們及實體交易物品及服務的經濟系統。

基礎層協議（base layer protocol）
根區塊鏈網路,能鑄造、轉移及儲存數位資產,也叫做原生層。

比特幣（Bitcoin）
使用區塊鏈技術的電腦網路。

比特幣（bitcoin）
交易及價值儲存的媒介,在比特幣區塊鏈上運作。

比特幣披薩日（Bitcoin Pizza Day）
2010 年 5 月 22 日,第一筆使用比特幣的商業交易。

虛擬貨幣許可證（BitLicense）
紐約發給從事數位資產業的公司。

區塊獎勵（block reward）
在你驗證區塊鏈上的資料之後收取的補償。

區塊鏈（blockchain）
存放在網際網路的帳本,也叫做分散式帳本技術。

買入持有（buy and hold）
在買入投資之後存放多年的策略。

中央銀行（central bank）
由政府授權的銀行,為貨幣定價及訂定利率。

中央銀行數位貨幣（central bank digital currency）
以數位形式發行的法幣。

客戶關係摘要（Client Relationship Summary，CRS）
簡短文件，摘要記錄金融機構的服務、費用、衝突及其他事實。

道德規範（code of ethics）
由金融機構制定的政策，管理員工的行為。

冷錢包（cold wallet）
保管數位資產的帳戶，不連接網際網路，因此不會受到線上駭客攻擊。

收藏品（collectible）
畫作、地毯、骨董、貴金屬或寶石、珍稀郵票及錢幣。

電腦農場（computer farm）
從事開採比特幣的大量電腦設備。

共識機制（consensus mechanism）
讓那些驗證區塊鏈資料的人產生共識的方法。

可轉換虛擬貨幣（convertible virtual currency）
具有和法幣同等價值的虛擬貨幣。

跨國轉帳（cross-border transmittal）
把錢從一個國家轉移到另一個國家。

加密資產（crypto asset）
使用密碼學以保障帳本交易紀錄的任何數位資產。

加密貨幣（cryptocurrency）
一種使用密碼學來保護交易的虛擬貨幣，交易數據被數字化記錄於區塊鏈。

貨幣（currency）
代表錢的實質物體。

託管人（custodian）
替你收取並保管資產的個人或實體。

交易流（deal flow）
發現可能投資或買入的私人公司。

去中心化自治組織（Decentralized Autonomous Organization）
在網際網路上獨立營運的實體,沒有負責人。

去中心化金融（decentralized finance）
在網際網路上運作的線上系統。

衍生性金融商品（derivative）
基於某項資產的投資合約。

數位資產（digital asset）
以二進位表示任何能被擁有且具有經濟價值的東西。

折價（discount）
在資產淨值之下交易的證券價格。

分散式紀錄（distributed record）
在網際網路上公告周知的資料。

狗狗幣（Dogecoin）
數位寵物石頭。

平均成本法（dollar cost averaging）
定期定額的投資策略。

捐贈者建議基金（Donor Advised Fund）
把捐款拿去投資的慈善機關,直到捐贈者決定把款項分配給其他慈善機構。

雙重註冊登記者（dual registrant）
由 SEC 及 FINRA 雙重發給證照的金融顧問。

胖手指風險（fat-finger risk）
意外錯誤輸入訂單，因此匯出錯誤的數位資產或金額，或是錯誤的對象。

法定貨幣（fiat currency）
由政府發行的錢。

忠誠保證（fidelity bond）
金融機構購買的保險，以便保護自己及客戶免於遭受竊盜或犯罪造成的財物損失。

受託人（fiduciary）
要維護你最佳利益的人。

先進先出（FIFO）
你買入最久的股份要先賣出。

金融科技沙盒（FinTech sandbox）
政府政策，讓公司在沒有罰金或制裁的恐懼之下，進行改革創新。

礦工費（gas fee）
付給礦工的費用，請他們驗證你的交易。

創世區塊（Genesis Block）
寫在比特幣區塊鏈上的第一個區塊，也叫做區塊 0。

取消前有效（GTC）
一種限價單，會一直保持有效直到成交，無論需要多長時間才能以你設定的價格進行交易。這種交易也被稱為「開放委託」（Good Till Cancelled）。

減半（halvening）
將區塊的獎勵減少 50% 的事件，也叫做 halving。

硬分叉（hard fork）
區塊鏈一分為二，是開發者對於區塊鏈該如何運作產生意見分歧的結果。

雜湊值（hash）
代表數據的一串電腦編碼。

避險基金（hedge fund）
致力降低風險的投資。

高進先出（HIFO）
獲取最大收益的股份先售出。

熱錢包（hot wallet）
保管數位資產的帳戶，連結到網際網路。

Howey Test
SEC 使用的方法，用來判定某項投資是否為證券。

實物轉移（in-kind transfer）
貨幣或代幣轉移給另一個託管人，也叫做受託人到「受託人轉移」（trustee-to-trustee transfer）。

首次代幣發行（initial coin offering）
代幣首次發行上市。

中介（intermediary）
某個人或實體為雙方進行交易。

傑米・戴蒙（Jamie Dimon）
對比特幣一無所知的人，並且藉由發表荒謬言論來展現這點。請見華倫・巴菲特。

知道你的客戶（know your customer）
禁止金融機構和匿名對象有商業往來的規則。

帳本（ledger）
記錄存提款或其他資料的文件。

槓桿（leverage）
借錢投資以增加報酬率。

後進先出（LIFO）
最新持有的股份會首先售出。

同類財產交換（like-kind exchange）
賣出一種投資然後買入另一種，卻沒有支付任何資本收益，也叫做 Starker exchange。

限價單（limit order）
這種交易讓你設定你願意接受的最差價格；交易會在那個價格或是更好的價格時執行，如果限價單到年底尚未執行的話便取消。

長期資本收益或損失
持有期間超過一年。

追加保證金（margin call）
要求你提出額外擔保品，失敗的話會造成要出售你的資產。

市價單（market order）
立刻或一有機會便執行的交易。

最大跌幅（max drawdown）
投資組合的最大損失。

元宇宙（metaverse）
廣泛用語，意指由虛擬實境玩家支持的網際網路經濟。

梅特卡夫定律（Metcalke's Law）
這個概念是當網路增加使用者時，網路的價值便大幅成長。

小額支付（micropayment）
金額很小的支付，經常不到 1 美分。

採礦（mining）
驗證區塊鏈資料的過程。

現代投資組合理論（Modern Portfolio Theory）
這個概念是投資兩種有風險的資產比只投資其中一種更安全。

倍數（multiple）
以公司的價格除以盈利來為它估價。

負相關（negative correlation）
兩種資產的價格在任何時間都朝反方向移動。

資產淨值（net asset value）
證券的價格。

節點（node）
區塊鏈網路上的電腦。

無相關（non-correlation）
兩種資產的價格變動和彼此無關。

非同質性代幣（non-fungible token）
獨一無二的代幣。

預言機（oracle）
軟體編碼，連結數位世界及實體世界。

出站預言機（outbound oracle）
這種演算法把區塊鏈上發生的事件告知真正實體。

場外交易（over the counter）
不在交易所交易的證券。

許可制系統（permissioned systems）
一種由人或實體控制的電子系統，要有他們的許可才能存取或使用，也叫做中央化帳本（centralized ledger）。

非許可制系統（permissionless systems）
任何人都能存取的電子系統。

寬容國家（permissive countries）
不干預數位資產交易的政府。

邊玩邊賺的遊戲（play-to-earn game）
一種線上遊戲，玩家根據表現來賺取數位資產。

正相關（positive correlation）
兩種或以上的資產同時上漲或下跌。

授權書（power of attorney）
這種文件把你的資產合法控制權交給某個人或實體。

溢價（premium）
證券以超出資產淨值的價格交易。

私鑰（private key）
密碼，讓你能存取你擁有的數位資產。

私募（private placement）
只有合格投資人能取得的投資基金。

持有量證明（proof of stake）
驗證區塊鏈資料的協議。你持有的數位資產愈多，收取區塊獎勵的機會愈大。

工作量證明（proof of work）
驗證區塊鏈資料的協議，需要解決複雜的計算。成功的話能收取區塊獎勵。

公鑰（public key）
你和他人分享的密碼，讓他們能傳送數位資產給你。

合格託管人（qualified custodian）
由銀行、經紀商／自營商、期貨經紀商，或是由 SEC 或州立機關委任的境外實體來擔任託管人。

再平衡（rebalancing）
透過賣出某些資產並買入其他資產，恢復投資組合的資產配置。

紅旗身分竊盜計畫（red flags identity theft program）
由金融機構制定的程序，保護它的客戶及其資產。

註冊代理人（registered representative）
股票經紀人。

限制期（restricted period）
6 或 12 個月，在這段期間不能賣出你的投資。

瑞克・艾德曼的 1% 數位資產配置策略（Ric Edelman's 1% Digital Assets Allocation Strategy）
一個聰明的投資策略，尤其是對那些數位資產新手而言。

第二層協議（second layer protocol）
建立在基礎層協議之上，提供額外的特色及能力。

個別管理帳戶（separately managed account）
直接及透過基金擁有投資的綜合體。

夏普值（Sharpe ratio）
這種方法是用來衡量資產或投資組合每單元波動率所獲得的報酬。

賣空交易（short selling）
賭注公司的價值會下跌。

短期資本收益或損失（short-term capital gain or loss）
持有期間一年或更短。

SIM 卡劫持（SIM card hijacking）
駭客透過存取智慧型手機的可移動式記憶晶片來盜取資料。

未來股權簡單協議（simple agreement for future equity）
公司承諾給予股權的合約。

未來代幣簡單協議（simple agreement for future tokens）
公司承諾如果發行代幣的話，會給予代幣的合約。

智慧合約（smart contract）
只有在預先安排的事件完成後,才會自動轉移資金。

軟分叉（soft fork）
使用原始區塊鏈去鑄造新代幣。

索提諾值（Sortino ratio）
這種方法是用來測量資產或投資組合的下行波動率。

穩定幣（stablecoin）
數位資產,價格和法幣掛鉤。

質押（staking）
把你的數位資產公布在網際網路上,以便贏得區塊獎勵或轉取利息。

標準差（standard deviation）
資產的實際報酬率和平均報酬率之間的差異。

嚴格國家（strict countries）
禁止數位資產交易的政府。

供應鏈（supply chain）
商品從工廠到消費者的移動。

供應 vs. 需求
一種經濟理論,當某種資產的需求超過供應時,價格便會上漲。

應稅事件（taxable event）
任何會造成應納稅額的事件。

代幣（token）
一個無形物體的小型實體呈現。

交易口（trade lot）
在單一交易買入的一組資產。

信任經濟（trust economy）
一種經濟系統，要求買方及賣方信任彼此的行動。

全託資產管理平台（turnkey asset management program）
由金融顧問部署的後台系統。

無銀行戶頭（unbanked）
某個人沒有足夠的資金開啟銀行帳戶，或是住家附近沒有銀行。

獨角獸（unicorn）
成立不到 10 年、市值超過 10 億美元的公司。

貨幣流通速度（velocity of money）
貨幣在經濟系統流通的速度。

創投（venture capital）
投資初創期公司的資金。

虛擬貨幣（virtual currency）
交易媒介、帳戶單位或法幣以外的價值儲存之數位呈現。

溫錢包（warm wallet）
一種熱錢包，只能把數位資產傳送到你指派的錢包，可減少駭客及胖手指風險。

華倫・巴菲特（Warren Buffett）
對比特幣一無所知的人，並且藉由發表荒謬言論來展現這點。請見傑米・戴蒙。

虛售交易法（wash-sale rule）
買入證券而在 30 天內售出，不符合資本損失減免的資格。

流動性挖礦（yield farming）
放款或質押你的數位資產以賺取利息。

創新觀點
數位資產投資聖經
比特幣、區塊鏈、NFT及其他數位資產的實用易懂指南

2024年8月初版　　　　　　　　　　　　　　　　　定價：新臺幣520元
有著作權・翻印必究
Printed in Taiwan.

著　　者	Ric Edelman			
譯　　者	簡　秀　如			
叢書主編	林　映　華			
副總編輯	陳　永　芬			
特約編輯	林　佳　慧			
校　　對	鄭　碧　君			
內文排版	林　佳　玉			
封面設計	F　E　設　計			

出　版　者	聯經出版事業股份有限公司	編務總監　陳　逸　華
地　　　址	新北市汐止區大同路一段369號1樓	總編輯　涂　豐　恩
叢書編輯電話	（02）86925588轉5315	總經理　陳　芝　宇
台北聯經書房	台北市新生南路三段94號	社　長　羅　國　俊
電　　　話	（02）23620308	發行人　林　載　爵
郵政劃撥帳戶第0100559-3號		
郵　撥　電　話	（02）23620308	
印　刷　者	文聯彩色製版印刷有限公司	
總　經　銷	聯合發行股份有限公司	
發　行　所	新北市新店區寶橋路235巷6弄6號2樓	
電　　　話	（02）29178022	

行政院新聞局出版事業登記證局版臺業字第0130號

本書如有缺頁，破損，倒裝請寄回台北聯經書房更換。　ISBN 978-957-08-7371-9 （平裝）
聯經網址：www.linkingbooks.com.tw
電子信箱：linking@udngroup.com

The Truth About Crypto
Complex Chinese Translation copyright © 2024 by LinkingPublishing Company Limited
Original English Language edition Copyright © 2022
All Rights Reserved.
Published by arrangement with the original publisher, Simon & Schuster, Inc.
through Andrew Nurnberg Associates International Limited.

國家圖書館出版品預行編目資料

數位資產投資聖經：比特幣、區塊鏈、NFT及其他數位資產
的實用易懂指南/ Ric Edelman 著．簡秀如譯．初版．新北市．聯經．
2024年8月．328面．14.8×21公分（創新觀點）
譯自：The truth about crypto: a practical, easy-to-understand guide to bitcoin,
blockchain, NFTs, and other digital assets
ISBN　978-957-08-7371-9（平裝）

1.CST：電子貨幣　2.CST：個人理財

563.146　　　　　　　　　　　　　　　　　　113005739